Tax Case Studies on M&A in Listed Companies

上市公司并购重组税务处理案例解析

姜新录 著

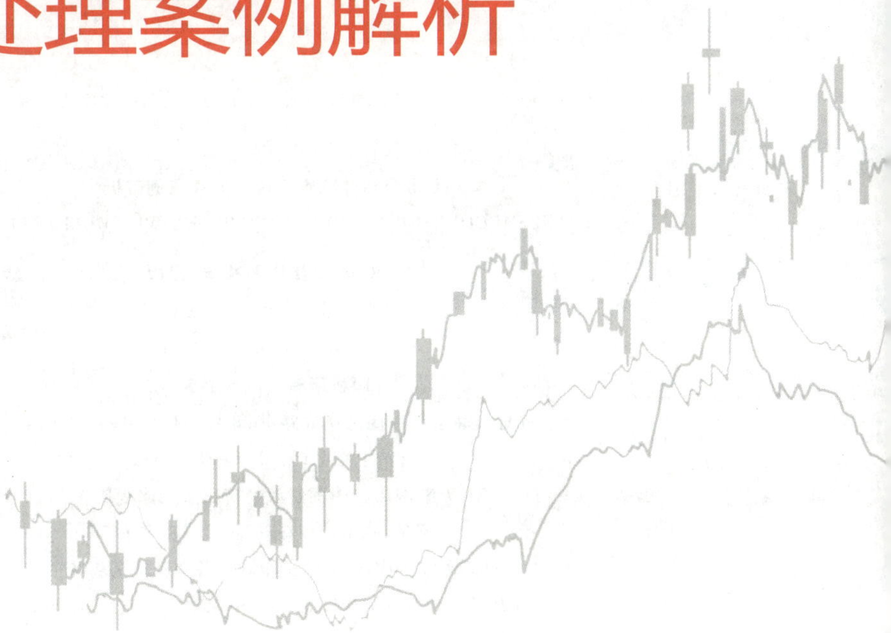

中国财经出版传媒集团
中国财政经济出版社

图书在版编目（CIP）数据

上市公司并购重组税务处理案例解析／姜新录著
. -- 北京：中国财政经济出版社，2021.12（2024.7 重印）
ISBN 978 - 7 - 5223 - 1013 - 8

Ⅰ.①上…　Ⅱ.①姜…　Ⅲ.①企业合并－税收管理－案例－中国　Ⅳ.①F812.423

中国版本图书馆 CIP 数据核字（2021）第 264305 号

责任编辑：潘　飞　　　责任印制：史大鹏
封面设计：卜建辰　　　责任校对：张　凡

上市公司并购重组税务处理案例解析
SHANGSHI GONGSI BINGGOU CHONGZU SHUIWU CHULI ANLI JIEXI

中国财政经济出版社 出版
URL：http：//www. cfeph. cn
E - mail：cfeph@ cfeph. cn

社址：北京市海淀区阜成路甲 28 号　邮政编码：100142
营销中心电话：010 - 88191522
天猫网店：中国财政经济出版社旗舰店
网址：https：//zgczjjcbs. tmall. com
北京中兴印刷有限公司印刷　各地新华书店经销
成品尺寸：170mm × 240mm　16 开　21.5 印张　313 600 字
2022 年 1 月第 1 版　2024 年 7 月北京第 4 次印刷
定价：99.00 元
ISBN 978 - 7 - 5223 - 1013 - 8
（图书出现印装问题，本社负责调换，电话：010 - 88190548）
本社质量投诉电话：010 - 88190744
打击盗版举报热线：010 - 88191661　QQ：2242791300

推荐语

（按姓氏笔画排序）

一个企业的发展成长，道阻且长；一个企业面临的税务风险，滩多水急。姜新录老师从企业的生命周期写起，研讨企业设立、并购重组、收益分配涉及的经典税务问题，资料翔实、案例紧凑，读来从山重水复到柳暗花明，甚是喜欢！

王骏

中翰税务集团理事长、“中国财税浪子”

如果说并购重组税务是税务规则中的“皇冠”，那么上市公司并购重组税务就是“皇冠”上的“明珠”；如果说税务研究最重要的视角有三个——学者、税官和中介，那姜老师就是那少数可以兼具三个角度的人。当然，我们今天的税务实践有太多的内容其实很难在一本书里穷尽，规则的冲突、理解的差异和非税的因素，凡此种种，且听姜老师娓娓道来。是为荐。

叶永青

金杜律师事务所高级合伙人

姜新录老师深耕资本交易税收多年，他在浩瀚无垠的资本税收“大海”中，精心撷取数十个上市公司的并购重组案例，并对其中的涉税事项进行了精准点评和实务分析，全书案例为经，税种为纬，源于实践，高于实践，值得推荐！

何广涛博士

中国建筑财税深耕者

在全国各大城市中，兰州的上市公司并不算多，但供职于兰州税务局的姜新录缘何能够脱颖而出，成为全国有影响力的上市公司涉税问题专家？当我详细了解了这本书的内容和成稿背景后，我心中的问号打开了——在不到一年的时间里，能把这么多上市公司公开涉税信息系统梳理出来，逐一认真研究并给出独到见解的专家实不多见。

张剀

中国大企业税收研究所常务副所长

姜新录老师是国内著名的资本税务专家，长年专注于从税收视角研究上市公司真实的并购重组案例。其新书体系新颖，案例经典，解读透彻，启迪思考，值得研读。

吴健

宿迁市税务局

企业重组是优化社会资源配置的重要手段，业务复杂，形态多样。企业重组的税务处理涉及税收、会计、法律等诸多领域，对从业人员的要求极高。新录以上市公司的企业重组案例为研究对象，凭借深厚的理论功底和丰富的实践经验撰写了此书，多角度、全方位地分析了企业重组的税务处理，是一本不可多得的学习和研究企业重组税务处理的参考书，对企业重组的实务操作也极具借鉴意义。

陈斌才教授

国家税务总局税务干部学院

资本市场是重组并购的主战场，各类上市公司并购重组公告给我们提供了大量一手案例。特别是在税务处理上，很多公告披露了各地税务机关对不同类型重组税收优惠备案的处理方法，非常值得参考借鉴。新录不辞劳苦，近几年来搜集了大量珍贵的上市公司并购重组涉税案例，给我们呈现了这样一本宝贵的案例分析，既可以作为我们学习并购重组税收规则的案例集，也是我们从事具体并购重组涉税服务的参考书。

赵国庆博士

国内知名财税专家

以案说税，图表呈现，层层递进，姜新录老师的《上市公司并购重组税务处理案例解析》一书，收录上市公司经典样本案例，以税务视角，从情况到分析、启示与建议，抽丝剥茧，一气呵成，没有眼花缭乱的“引经据典、拿来主义”，真实、实用，是财税从业者快速提升实战技能、服务合规落地的好智囊，也是税务干部透过形式看本质、发现问题的好助手。

郝龙航（第三只眼）

“大力税手”创始人

与股权、资产重组等相关的税收政策向来都是比较抽象和晦涩难懂的，通过分析来自实践中的案例处理，能让这些政策更加具体化和便于理解，同时通过作者专业翔实的分析也可进一步明确政策运用执行中的边界。本书是学习重组税收政策落地操作难得的精品佳作！

徐贺

大信税务师事务所合伙人

市面上关于上市公司并购重组税收的专业书籍实不多见，既源于上市公司案例信息披露的数量、质量之局限与纷繁芜杂，也源于著者自身对信息（政策）分析、解读的广度、深度、力度之功底。姜新录老师新作《上市公司并购重组税务处理案例解析》即将付梓。初阅之，予我“耳目一新”之感；深品之，则“如饮醇醪”，令人“翘首以盼”。全书分为“企业设立”“并购重组”和“投资收回与其他”三篇，精选了30个上市公司典型案例，涵盖了企业设立的各种方式、并购重组的典型模式以及对赌、股权代持、定向分红等热点资本税收话题，称之为一本资本市场税收的实务指南亦不为过。

雷霆

华润啤酒（控股）有限公司四川区域法务总监

PREFACE 自序

以吾真心，换君同行

2020年1月11日，《中国税务报·纳税服务专刊》专门为即将开设的新栏目《上市公司》召开了一场专题策划会，邀请来自税务机关、上市公司和涉税专业服务机构的专家出谋划策，我也有幸受邀参加。会上，大家认为，上市公司发布的各类公告，是企业发展状况的“晴雨表”，其中有许多涉税信息可以挖掘——无论是企业还是税务机关，都应该利用好这座“数据富矿”。近年来，随着企业上市注册制改革的深入，越来越多的并购重组事项被披露，这座“数据富矿”显得越来越“富”——可以说，这也是《上市公司》栏目越办越好的现实基础。

一直以来，我持续关注上市公司并购重组中的税收问题，收集了很多有意思的案例。从不同的案例中可以看出，有些公司对并购重组税收政策理解到位，能够通过适当的税收筹划有效降低交易中的税收成本；有些公司则对并购重组税收政策一知半解，其税收筹划也漏洞百出，经不起推敲，隐藏着诸多税务风险；还有一些公司借并购重组之名，行偷逃税之实，给企业留下巨大的税收隐患。对其中的一些案例，我陆陆续续在微信公众号“陇上税语”分享过，一些朋友留言道，希望我能对案例进行深入点评或分析，但由于资本市场税收属于敏感话题，在公众号实名分析会有一定的风险，公众号的分享也就没有涉及这些内容。参加完《上市公司》栏目专题策划会后，我产生了系统梳理上市公司并购重组案例涉税问题并出书的想法。加之最近一年多来，有意思的上市公司并购重组涉税案例不断出现，我几乎每天都能收到网友有关上市公司涉税问题的提问，出书的想法也就越来越强烈。其实，在信息已经非常透明的当下，一些并购重组案例暴露的税务风险，在企业自己还没意识到的时候，税务机关可能就已经通过公开资料发现了。我想，基于真实案例的税务分析，更能让读者了解真实的业务逻辑，清楚应该注意的事项，真正将税务风险防患于未然。

很多事，说起来容易做起来难。上市公司并购重组税收属于税收管理领域的非常规事项，有其自身的特点。首先是涉税事项较复杂。由于并购重组业务本身就较为复杂，新型商业模式和创新经济行为又层出不穷，而相关税收政策不可能做到同步更新，这导致税务机关在日常管理中很难对其准确地作出税收定性。其次是标的金额均较大。不同于一般以单项资产作为交易标的的经济行为，并购重组往往以企业整体资产或产权作为交易标的，涉及金额较大，动辄数亿元、数十亿元，甚至数百亿元的交易金额并不鲜见。最后是人员素质要求高。由于并购重组事项复杂，其税务处理涉及税收、会计、法律等诸多领域，对从业人员的综合素质提出了很高的要求，不仅要精通税收业务，还须了解并购重组操作实务，熟悉上市公司的运作流程等。

本书以企业、税务机关和涉税专业服务机构的实际需求为出发点，突出了三个鲜明特点：

第一，整体策划上具有针对性。无论是企业财务人员、税务机关或是涉税专业服务机构，在处理并购重组税收业务时，往往感到操作难度和风险较大。对企业财务人员来说，政策尺度不好把握，理解容易出现偏差，涉税风险较高；对基层税务机关来说，相关业务及政策复杂，自己的接触面也比较小，容易产生征管漏洞；对涉税专业服务机构来说，由于一些政策在各地的理解存在差异，导致政策执行尺度未必统一，对其执业能力提出了很高的要求。基于此，这本书融合了企业、税务机关和涉税专业服务机构的共同需求，坚持从业务实际出发，具有针对性。

第二，语言阐述上具有通俗性。并购重组事项涉及的金额往往巨大，一旦出现问题，各方都将面临较大的涉税法律风险，所以都希望能尽快掌握相关知识。然而，并购重组税收政策比较复杂，文件较多且晦涩难懂，要熟练掌握运用比较困难。基于此，本书试图通过案例的形式，介绍并购重组相关税收政策及其运用，不讲解“高大上”的枯燥理论，只展示实操中发生的真实业务，力争通俗易懂、务实落地，将本书打造成一本实用性较强的普及性读物，供并购重组初学者学习，同时也能使征纳双方均有所获益。

第三，案例选择上具有真实性。本书所有案例都来自上市公司公开披露的信息资料，如招股说明书、重大资产重组报告书、问询函回复、公司年度报告等。为避免对上市公司造成不必要的负面影响，本书绝大部分案例没有使用实名。在精选的三十个案例中，我以企业生命周期为线，分企业设立篇、并购重组篇、投资收回及其他篇这三个篇章，对常见的并购重组类型进行分类，并兼顾增值税、土地增值税、契税、企业所得税、个人所得税等税种的税务处理，不仅有常见的并购重组模式，而且涵盖对赌协议、股权代持、定向分红等资本税收热点话题。

在本书写作过程中，得到很多朋友的大力支持。中国财政经济出版社商业出版中心尉敏主任在本书酝酿时就给予诸多宝贵意见。感谢“中国财税浪子”王骏老师、“大力税手”创始人郝龙航先生、并购重组专家雷霆先生、被业界称为“赵大拿”的财税专家赵国庆博士、国家税务总局税务干部学院陈斌才教授、哈尔滨工业大学李秀华教授、兰州财经大学苏强教授、宿迁市税务局吴健老师、西南证券投行部魏海涛老师等专家学者给予的无私帮助与指导；感谢我的两位学生——兰州财经大学硕士研究生尚静同学和辛悦同学对于书稿的校对及数据的复核。

由于本人水平有限，且一些税收政策存在争议，虽尽力撰写本书，仍难免存在错漏之处，欢迎广大读者朋友批评指正！特别需要说明的是，本书的税务处理分析仅为笔者自己的学术探索，并不代表笔者供职单位的意见，也不代表案例企业所在地主管税务机关的具体意见或实际处理结果。

书山策马，可攀学术之峰；学海畅游，一解求知之渴。我自以为属于强迫症患者，看见一些有意思的上市公司税务案例，总是真心希望和大家分享，一起交流，共同探讨。愿我用真心融汇成的这本书，可以助您拨开层层迷雾，成为打开这晦涩难懂并购重组之门的一把钥匙，在研究资本税收的路上与君同行！

姜新录

2022 年 1 月

CONTENTS 目录

01 第一篇 企业设立篇

02 第二篇 并购重组篇

03 第三篇 投资收回及其他

01

第一篇

企业设立篇

案例1
红筹架构的搭建、存续与拆除案例

所谓红筹企业，一般是指注册地在境外，但主要经营活动在境内的企业。一些境内主体为了实现在境外上市，在开曼群岛、英属维尔京群岛、香港等地注册境外上市主体，但将中国内地的有关资产、业务置入境外上市主体名下，从而搭建红筹架构。在过去，红筹企业如果计划在A股上市，须先拆除红筹架构。本案例介绍聚辰半导体股份有限公司（以下简称“聚辰”）在2019年11月4日公布的《科创板首次公开发行股票招股说明书（注册稿）》披露的红筹架构的搭建、存续与拆除情况，并对红筹架构拆除中的税收问题进行简要分析。

一、案例介绍

（一）红筹架构搭建过程

1. 设立聚辰开曼

2009年7月31日，聚辰开曼由注册代理公司MCS发起设立，发行1股普通股，每股面值0.001美元。同日，MCS向Pu Hanhu（浦汉沪）转让1股普通股。2009年8月7日，聚辰开曼向ISSI发行2股普通股。

此次变更后，聚辰开曼的股权结构见表1-1。

表 1－1　聚辰开曼的股权结构

序号	股东名称	股份类别	持股数量（股）	持股比例（%）
1	ISSI	普通股	2	66.67
2	Pu Hanhu（浦汉沪）	普通股	1	33.33
合计			3	100

2. 聚辰开曼设立聚辰香港

2009 年 9 月 1 日，香港公司注册处向聚辰香港下发“公司注册证书”（编号 1368790），股份数量为 1 000 股，每股面值为 1 港元，全部由聚辰开曼享有。

聚辰香港设立后，其股权结构见表 1－2。

表 1－2　聚辰香港的股权结构

序号	股东名称	股份类别	持股数量（股）	持股比例（%）
1	聚辰开曼	普通股	1 000	100
合计			1 000	100

3. 聚辰香港设立聚辰上海

聚辰香港于 2009 年 11 月 13 日设立外商独资企业聚辰上海，注册资本 700 万美元。聚辰上海设立后，其股权结构见表 1－3。

表 1－3　聚辰上海的股权结构

序号	股东名称	出资形式	认缴出资额（万美元）	出资比例（%）
1	聚辰香港	货币	700	100
合计			700	100

至此，红筹架构搭建完毕，见图 1－1。

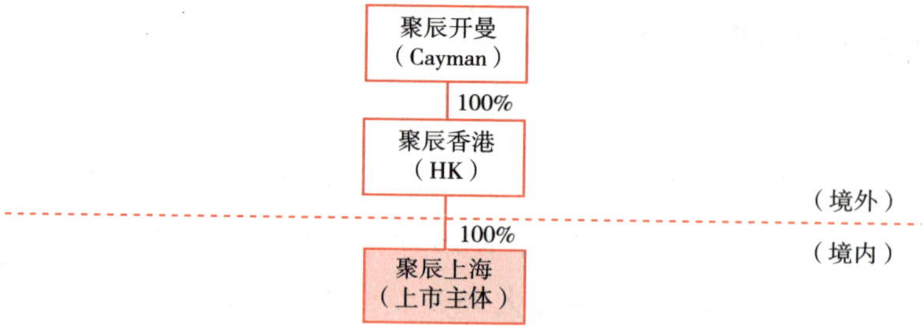

图 1－1　聚辰的红筹架构

（二）红筹架构存续过程

1. 聚辰开曼的股权变动情况

（1）聚辰开曼发行普通股及 A 轮优先股。2009 年 12 月 19 日，聚辰开曼以 0.025 美元/股的价格向 Pu Hanhu（浦汉沪）发行了 3 565 732 股普通股。

2010 年 1 月 14 日，聚辰开曼以 0.25 美元/股的价格向 ISSI、张江聚科和 Pu Hanhu（浦汉沪）分别发行 24 000 000 股、15 000 000 股和 138 377 股 A 轮优先股。此外，ISSI 向聚辰开曼书面确认，2010 年 1 月 14 日聚辰开曼向 ISSI 发行 24 000 000 股 A 轮优先股的同时，ISSI 放弃了 2009 年 8 月 7 日聚辰开曼向其发行的 2 股普通股。

2010 年 10 月 29 日，聚辰开曼与浦科开曼签署 SERIES A PREFERENCE SHARES PURCHASE AGREEMENT①，约定由聚辰开曼以 0.25 美元/股的价格向浦科开曼发行 15 000 000 股 A 轮优先股，相关股份可由浦科开曼指定的第三方承接。

2010 年 12 月 22 日，浦科开曼与纽士达香港签署 DEED OF ASSIGNMENT②，浦科开曼将其在一系列投资协议项下的所有权利及义务转由浦科开曼唯一股东浦东科投的全资子公司纽士达香港享有并履行。

2010 年 12 月 30 日，聚辰开曼将 2010 年 8 月向 SSL 签发的 25 万美元可转换票据转换为向 SSL 发行 1 000 000 股聚辰开曼 A 轮优先股。

上述交易完成后，聚辰开曼的股权结构见表 1 - 4。

表 1 - 4　　聚辰开曼的股权结构

序号	股东名称	股份类别	股份数量（股）	持股比例（%）
1	Pu Hanhu（浦汉沪）	普通股	3 565 733	6.07
2	ISSI	A 轮优先股	24 000 000	40.88
3	张江聚科	A 轮优先股	15 000 000	25.55
4	纽士达香港	A 轮优先股	15 000 000	25.55
5	SSL	A 轮优先股	1 000 000	1.7
6	Pu Hanhu（浦汉沪）	A 轮优先股	138 377	0.24
合计			58 704 110	100

① A 轮优先股购买协议。

② 转让协议。

（2）聚辰开曼吸收合并美凌开曼。2011年8月23日，聚辰开曼与美凌开曼签署PLAN OF MERGER，AGREEMENT AND PLAN OF MERGER①，聚辰开曼通过吸收合并的方式对美凌开曼进行收购。收购完成后，聚辰开曼成为存续公司，美凌开曼依法解散，美凌开曼的香港全资子公司Maxllent Limited于2014年7月注销，Maxllent Limited的全资子公司美凌微电子（上海）有限公司于2013年12月注销。

根据AGREEMENT AND PLAN OF MERGER，美凌开曼股东持有的普通股和优先股均按照1∶1.03371转换为聚辰开曼普通股和A轮优先股，本次吸收合并的转换情况见表1－5。

表1－5　吸收合并的转换情况

序号	股东名称	原持有美凌开曼股份数量（股）	转换为聚辰开曼股份数量（股）
一、普通股			
1	Pu Hanhu（浦汉沪）	50 000	51 685
2	Fan Renyong（范仁永）	2 880 000	2 977 084
3	Zhang Hong（张洪）	2 680 000	2 770 342
4	Yang Qing（杨清）	2 480 000	2 563 600
5	Gao Xiaoning	20 000	20 674
6	Li Baoqi	20 000	20 674
二、优先股			
1	Miao Yubo	7 760 000	8 021 589
2	Fan Renyong（范仁永）	40 000	41 348
3	Pu Hanhu（浦汉沪）	40 000	41 348
4	Zhang Hong（张洪）	40 000	41 348
5	Yang Qing（杨清）	40 000	41 348
6	Yu Xinhua	40 000	41 348
7	WS	40 000	41 348

此外，Fan Renyong（范仁永）、Zhang Hong（张洪）、Yang Qing（杨清）、Yu Xinhua及Cao Liansheng分别以0.25美元/股的价格认购聚辰开曼A轮优先股200 000股、80 000股、80 000股、80 000股和720 000股。

① 合并计划、协议及合并计划。

2011年8月31日，ISSI以0.251美元/股的价格将2 220 000股A轮优先股转让至AI，将5 780 000股A轮优先股转让至Miao Yubo，将200 000股A轮优先股转让至Ahsan Kyu及将600 000股A轮优先股转让至John Seto。Pu Hanhu（浦汉沪）另以0.25美元/股的价格购买52 163股A轮优先股。

经上述交易后，聚辰开曼股权结构见表1-6。

表1-6　聚辰开曼的股权结构

序号	股东名称	股份类别	股份数量（股）	持股比例（%）
1	Pu Hanhu（浦汉沪）	普通股	3 617 418	4.72
2	Fan Renyong（范仁永）	普通股	2 977 084	3.89
3	Zhang Hong（张洪）	普通股	2 770 342	3.62
4	Yang Qing（杨清）	普通股	2 563 600	3.35
5	Gao Xiaoning	普通股	20 674	0.03
6	Li Baoqi	普通股	20 674	0.03
7	ISSI	A轮优先股	15 200 000	19.85
8	张江聚科	A轮优先股	15 000 000	19.58
9	纽士达香港	A轮优先股	15 000 000	19.58
10	Miao Yubo	A轮优先股	13 801 589	18.02
11	AI	A轮优先股	2 220 000	2.9
12	SSL	A轮优先股	1 000 000	1.31
13	Cao Liansheng	A轮优先股	720 000	0.94
14	John Seto	A轮优先股	600 000	0.78
15	Fan Renyong（范仁永）	A轮优先股	241 348	0.32
16	Pu Hanhu（浦汉沪）	A轮优先股	231 888	0.3
17	Ahsan Kyu	A轮优先股	200 000	0.26
18	Zhang Hong（张洪）	A轮优先股	121 348	0.16
19	Yang Qing（杨清）	A轮优先股	121 348	0.16
20	YuXinhua	A轮优先股	121 348	0.16
21	WS	A轮优先股	41 348	0.05
合计			76 590 009	100

（3）聚辰开曼回购部分A轮优先股并发行A-1轮优先股。2013年6月14日，聚辰开曼以0.28美元/股回购ISSI持有的15 200 000股、纽士达香港持有的15 000 000股A轮优先股。同日，华芯创业、同华鼎融、邦明投资

及 IPV 以 0.28 美元/股分别向聚辰开曼认购 17 200 000 股、13 400 000 股、5 000 000 股及 9 600 000 股的 A－1 轮优先股。

经上述回购及融资后，聚辰开曼股权结构见表 1－7。

表 1－7　　聚辰开曼的股权结构

序号	股东名称	股份类别	股份数量（股）	持股比例（%）
1	Pu Hanhu（浦汉沪）	普通股	3 617 418	3.95
2	Fan Renyong（范仁永）	普通股	2 977 084	3.25
3	Zhang Hong（张洪）	普通股	2 770 342	3.02
4	Yang Qing（杨清）	普通股	2 563 600	2.8
5	Gao Xiaoning	普通股	20 674	0.02
6	Li Baoqi	普通股	20 674	0.02
7	张江聚科	A 轮优先股	15 000 000	16.38
8	Miao Yubo	A 轮优先股	13 801 589	15.07
9	AI	A 轮优先股	2 220 000	2.42
10	SSL	A 轮优先股	1 000 000	1.09
11	Cao Liansheng	A 轮优先股	720 000	0.79
12	John Seto	A 轮优先股	600 000	0.66
13	Fan Renyong（范仁永）	A 轮优先股	241 348	0.26
14	Pu Hanhu（浦汉沪）	A 轮优先股	231 888	0.25
15	Ahsan Kyu	A 轮优先股	200 000	0.22
16	Zhang Hong（张洪）	A 轮优先股	121 348	0.13
17	Yang Qing（杨清）	A 轮优先股	121 348	0.13
18	YuXinhua	A 轮优先股	121 348	0.13
19	WS	A 轮优先股	41 348	0.05
20	华芯创业	A－1 轮优先股	17 200 000	18.78
21	同华鼎融	A－1 轮优先股	13 400 000	14.63
22	IPV	A－1 轮优先股	9 600 000	10.48
23	邦明投资	A－1 轮优先股	5 000 000	5.46
合计			91 590 009	100

注：A 轮优先股与 A－1 轮优先股对于股东权利义务两者不存在差异，以下表格同。

（4）IPV 收购 SSL、Ahsan Kyu、John Seto、Cao Liansheng、Yu Xinhua 所持有的 A 轮优先股。2013 年 12 月 11 日，SSL、Ahsan Kyu、John Seto、Cao

Liansheng、Yu Xinhua 分别将其持有的 1 000 000 股、200 000 股、600 000 股、720 000 股和 121 348 股聚辰开曼 A 轮优先股以 0.3 美元/股的价格转让至 IPV。

本次交易完成后，聚辰开曼股权结构见表 1－8。

表 1－8　　聚辰开曼的股权结构

序号	股东名称	股份类别	股份数量（股）	持股比例（%）
1	Pu Hanhu（浦汉沪）	普通股	3 617 418	3.95
2	Fan Renyong（范仁永）	普通股	2 977 084	3.25
3	Zhang Hong（张洪）	普通股	2 770 342	3.02
4	Yang Qing（杨清）	普通股	2 563 600	2.8
5	Gao Xiaoning	普通股	20 674	0.02
6	Li Baoqi	普通股	20 674	0.02
7	张江聚科	A 轮优先股	15 000 000	16.38
8	Miao Yubo	A 轮优先股	13 801 589	15.07
9	IPV	A 轮优先股	2 641 348	2.88
10	AI	A 轮优先股	2 220 000	2.42
11	Fan Renyong（范仁永）	A 轮优先股	241 348	0.26
12	Pu Hanhu（浦汉沪）	A 轮优先股	231 888	0.25
13	Zhang Hong（张洪）	A 轮优先股	121 348	0.13
14	Yang Qing（杨清）	A 轮优先股	121 348	0.13
15	WS	A 轮优先股	41 348	0.05
16	华芯创业	A－1 轮优先股	17 200 000	18.78
17	同华鼎融	A－1 轮优先股	13 400 000	14.63
18	邦明投资	A－1 轮优先股	5 000 000	5.46
19	IPV	A－1 轮优先股	9 600 000	10.48
合计			91 590 009	100

2. 聚辰香港的股权变动情况

聚辰香港自设立以来，未发生股权变动。

3. 聚辰上海的股权变动情况

聚辰上海的股权变动情况已于招股说明书“第五节、二、发行人设立及重组情况”中予以披露。

红筹架构拆除前公司境内外结构见图 1-2。

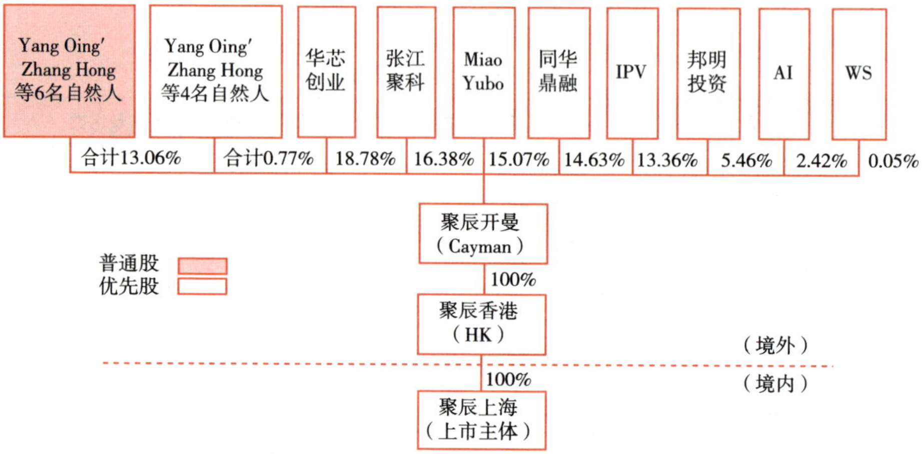

图 1-2　红筹架构拆除前公司境内外的结构图

（三）红筹架构拆除过程

历史上发行人红筹拆除共分为两步：2015 年 8 月，陈作涛通过其控制的 BVI 公司富桥国际委托 IPV 收购聚辰开曼；2016 年 6 月，陈作涛通过其控制的境内公司江西和光收购聚辰上海。拆除过程如下所述。

1. 陈作涛通过富桥国际委托 IPV 收购聚辰开曼

富桥国际于 2006 年 11 月 13 日设立于英属维京群岛，公司编号为 1063073。2015 年 7 月 31 日，陈作涛与富桥国际唯一股东、香港籍自然人 LI KAI KEUNG Norman（以下简称 Norman）签署了 DECLARATION OF TRUST①，Norman 声明自愿为陈作涛代为持有富桥国际的相关权益。

2015 年 8 月 2 日，IPV 与张江聚科、Pu Hanhu（浦汉沪）、Miao Yubo、Fan Renyong（范仁永）、Zhang Hong（张洪）、Yang Qing（杨清）、AI、WS、华芯创业、同华鼎融、邦明投资签署了 SHARE PURCHASE AGREEMENT②，

① 信托声明。

② 股份购买协议。

购买该等股东持有的31 778 869股A轮优先股和35 600 000股A－1轮优先股，转让价格约为0.51美元/股。

本次IPV购买的聚辰开曼股权类别、数量和收购对价详见表1－9。

表1－9　IPV购买的聚辰开曼的股权类别、数量和收购对价表

序号	股东名称	股份类别	股份数量（股）	收购对价（万美元）
1	张江聚科	A轮优先股	15 000 000	770
2	Pu Hanhu（浦汉沪）	A轮优先股	231 888	11.8
3	AI	A轮优先股	2 220 000	115
4	Miao Yubo	A轮优先股	13 801 589	700
5	Fan Renyong（范仁永）	A轮优先股	241 348	12.1
6	Zhang Hong（张洪）	A轮优先股	121 348	6.2
7	Yang Qing（杨清）	A轮优先股	121 348	6.2
8	WS	A轮优先股	41 348	2
合计（A轮优先股）			31 778 869	1 623.30
9	华芯创业	A－1轮优先股	17 200 000	880
10	同华鼎融	A－1轮优先股	13 400 000	680
11	邦明投资	A－1轮优先股	5 000 000	250
合计（A－1轮优先股）			35 600 000	1 810.00

本次交易完成后，聚辰开曼股权结构见表1－10。

表1－10　聚辰开曼的股权结构

序号	股东名称	股份类别	股份数量（股）	持股比例（%）
1	Pu Hanhu（浦汉沪）	普通股	3 617 418	3.95
2	Fan Renyong（范仁永）	普通股	2 977 084	3.25
3	Zhang Hong（张洪）	普通股	2 770 342	3.02
4	Yang Qing（杨清）	普通股	2 563 600	2.8
5	Gao Xiaoning	普通股	20 674	0.02
6	Li Baoqi	普通股	20 674	0.02
7	IPV	A轮优先股	34 420 217	37.58
8	IPV	A－1轮优先股	45 200 000	49.35
合计			91 590 009	100

注：上述登记在IPV名下的79 620 217股优先股中，其中有67 378 869股系代富桥国际持有，其余12 241 348股系IPV真实持有。

该等收购完成后，富桥国际为明确与 IPV 之间的法律关系，双方于 2015 年 10 月共同签署《代持协议》，确认 IPV 共计持有聚辰开曼 100% 优先股，其中 84.63% 系代富桥国际持有，15.37% 系 IPV 自身持有。至此，陈作涛实现间接享有聚辰开曼的相关权益。

2016 年 2 月 26 日，聚辰开曼回购 Pu Hanhu（浦汉沪）、Fan Renyong（范仁永）、Zhang Hong（张洪）、Yang Qing（杨清）、Gao Xiaoning 及 Li Baoqi 等人持有的普通股及 IPV 持有的部分 A－1 轮优先股，回购股份的类别、数量和单价详见表 1－11。

表 1－11　　回购股份的类别、数量和单价表

序号	股东名称	股份类别	股份数量（股）	回购单价（美元/股）
1	Pu Hanhu（浦汉沪）	普通股	3 617 418	0.204
2	Fan Renyong（范仁永）	普通股	2 977 084	0.204
3	Zhang Hong（张洪）	普通股	2 770 342	0.204
4	Yang Qing（杨清）	普通股	2 563 600	0.204
5	Gao Xiaoning	普通股	20 674	0.204
6	Li Baoqi	普通股	20 674	0.204
7	IPV	A－1 轮优先股	37 638 648	0.138

在上述股份回购完成后，聚辰开曼的唯一股东 IPV 作出决议，决定将聚辰开曼在外发行的全部 A 轮优先股和全部 A－1 轮优先股转为普通股。

经上述回购和转换，聚辰开曼股权结构见表 1－12。

表 1－12　　聚辰开曼的股权结构

序号	股东名称	股份类别	股份数量（股）	持股比例（%）
1	IPV	普通股	41 981 569	100
合计			41 981 569	100

注：上述登记在 IPV 名下的 41 981 569 股普通股中，其中有 35 527 040 股系代富桥国际持有，其余 6 454 529 股系 IPV 真实持有。

2. 陈作涛通过江西和光收购聚辰上海

2016 年 6 月 17 日，聚辰上海作出股东决定，同意聚辰香港全资持有的聚辰上海 73.46% 的股权转让至江西和光，转让对价为 24 829 918 美元。

2016 年 6 月 17 日，聚辰上海作出股东决定，同意：（1）积矽航、固矽

优、增矽强及聚祥香港对公司进行增资，公司投资总额由1 750万美元增加至3 801.5058万美元，公司注册资本由1 100万美元增加至1 267.1686万美元；积矽航以等值于32.1904万美元的人民币认购公司新增注册资本32.1904万美元，并获得本次增资后公司2.54%的股权，固矽优以等值于32.1903万美元的人民币认购公司新增注册资本32.1903万美元，并获得本次增资后公司2.54%的股权，增矽强以等值于32.1903万美元的人民币认购公司新增注册资本32.1903万美元，并获得本次增资后公司2.54%的股权，聚祥香港以70.5976万美元认购公司新增注册资本70.5976万美元，并获得本次增资后公司5.57%的股权。（2）在本次增资完成后，由聚辰香港将所持增资后公司73.46%的股权（对应公司930.8785万美元注册资本）作价2 482.9918万美元转让给江西和光。

2016年6月17日，就本次增资，聚辰上海向上海自贸区管委会办理了备案并取得“中国（上海）自由贸易试验区外商投资企业备案证明”（备案号：ZJ201600466）。

2016年7月7日，聚辰上海于自贸区工商局换发新的“营业执照”（证照编号：41000002201607070049）。本次变更完成后，聚辰上海的股东及其出资情况见表1－13。

表1－13　　　　聚辰上海的股东及其出资情况表

序号	股东名称	出资形式	认缴出资额（万美元）	出资比例（%）
1	江西和光	货币	930.8785	73.46
2	聚辰香港	货币	169.1215	13.35
3	聚祥香港	货币	70.5976	5.57
4	积矽航	货币	32.1904	2.54
5	固矽优	货币	32.1903	2.54
6	增矽航	货币	32.1903	2.54
合计			1 267.1686	100.00

2016年7月15日，富桥国际与IPV共同签署《〈代持协议〉之解除协议》，确认双方解除代持关系。

至此，发行人控股股东变为实际控制人陈作涛控制的江西和光，发行人红筹架构拆除完毕。

二、红筹架构拆除中的税收问题

红筹架构可分为“股权控制”模式和“协议控制”模式（即通常所说的“VIE 架构”），在股权控制模式下，境内运营实体的股权或资产通常需要被以并购重组的方式置入境外上市主体的体系中。典型的红筹架构如图 1－3 所示。

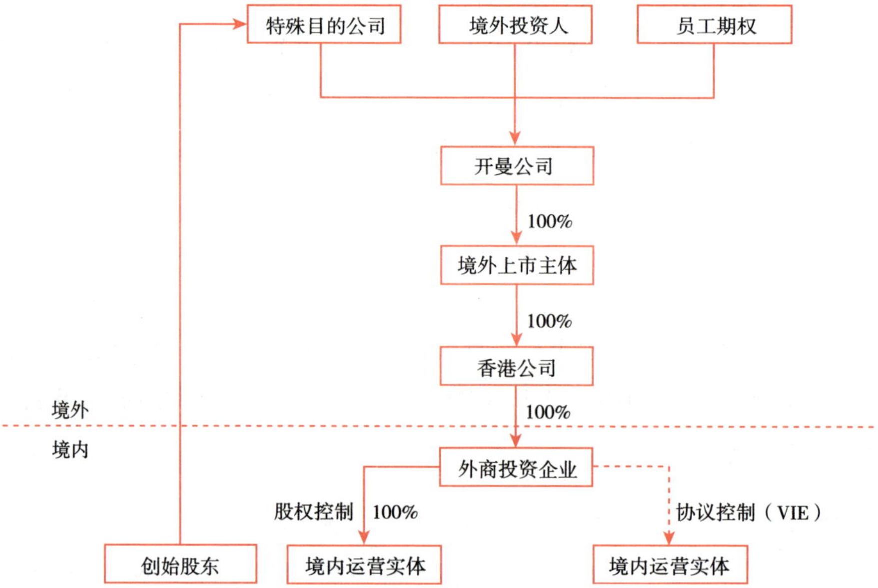

图 1－3　红筹架构图

近年来，随着科创板的设立以及注册制的试点，越来越多的红筹企业选择在国内上市融资。红筹企业计划在境内上市时，由于各种原因，一般需要拆除红筹架构。在拆除过程中的税收问题主要有如下几个方面。

（一）境外公司清算中的税收问题

在红筹架构拆除过程中，境内的创始人股东（居民个人）可能会转让境外公司的股权，或者境外企业清算注销，此时，如果产生所得，则境内自然人可能会产生个人所得税的纳税义务。如图 1－3 中创始股东转让境外特殊目的公司股权或境外特殊目的公司清算，创始股东需要就所得缴纳个人所得税。

（二）直接转让中国境内企业股权中的税收问题

在红筹架构拆除过程中，如果境外企业直接转让境内企业股权，需要计算缴纳非居民企业所得税。在聚辰股份案例中，假设聚辰香港转让其持有的聚辰上海100%股权，其需要按照10%的税率缴纳非居民企业所得税。但如果符合《财政部 国家税务总局关于企业重组业务企业所得税处理若干问题的通知》（财税〔2009〕59号）和《国家税务总局关于非居民企业股权转让适用特殊性税务处理有关问题的公告》（国家税务总局公告2013年第72号）规定，也可以适用特殊性税务处理。财税〔2009〕59号第七条规定："企业发生涉及中国境内与境外之间（包括港澳台地区）的股权和资产收购交易，除应符合本通知第五条规定的条件外，还应同时符合下列条件，才可选择适用特殊性税务处理规定：……（二）非居民企业向与其具有100%直接控股关系的居民企业转让其拥有的另一居民企业股权。"如图1－4所示。

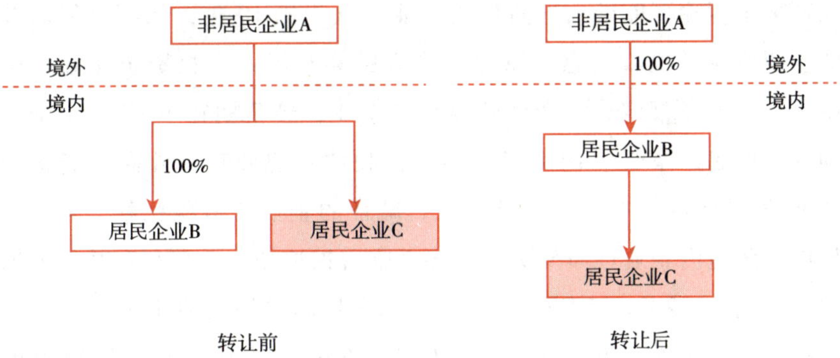

图1－4　特殊性税务处理示意图

假设聚辰香港再在境内设立一家全资子公司B，其将持有的聚辰上海100%股权装入B公司时，如其他条件满足，也可以适用特殊性税务处理。

（三）间接转让中国境内企业股权中的税收问题

根据《企业所得税法》及其实施条例、《国家税务总局关于非居民企业间接转让财产企业所得税若干问题的公告》（国家税务总局公告2015年第7号，以下简称"7号公告"）等规定，非居民企业在中国境内未设立机构、场所的，或者虽设立机构、场所但取得的所得与所设机构、场所没有实际联系的，应当就其源于中国境内的所得减按10%的税率缴纳非居民企业所得税。

非居民企业通过实施不具有合理商业目的的安排，间接转让中国居民企业股权等中国应税财产，规避企业所得税纳税义务的，应按照《企业所得税法》第四十七条的规定，重新定性该间接转让交易，确认为直接转让中国居民企业股权等中国应税财产。此时，需要依据7号公告对其纳税义务进行详细的分析和判断。7号公告包括一系列复杂规则，须依据“安全港”规则、“危险港”规则和合理商业目的的判断，综合判断非居民企业类股东是否在中国产生纳税义务。

在聚辰股份红筹架构拆除案例中，如果聚辰开曼、聚辰香港被认定为不具有实质经营活动的企业，则陈作涛通过富桥国际委托IPV收购聚辰开曼时，有可能被主管税务机关认定为相关方间接转让聚辰上海的股权，从而需要缴纳非居民企业所得税或者非居民个人所得税。

（四）外资企业变内资企业后的补税问题

红筹架构拆除可能导致外商投资企业设立未满10年，从而可能需补缴原享受的企业所得税税收优惠。原《中华人民共和国外商投资企业和外国企业所得税法》第八条规定，生产性外商投资企业，经营期在10年以上的，从开始获利的年度起，享受“两免三减半”的税收优惠政策。外商投资企业实际经营期不满10年的，应当补缴已免征、减征的企业所得税税款。可见，拆除红筹架构导致境内企业性质变更的，将面临着被追缴之前免征和减征的所得税税款问题。例如，2021年1月28日，王力安防科技股份有限公司（以下简称“王力有限”）在首发上市相关资料中披露：发行人前身王力有限于2005年由亚萨合莱与王力集团共同出资设立。2005年2月26日，王力集团与亚萨合莱共同出资设立了王力有限，其中王力集团持股30%，亚萨合莱持股70%。2013年，亚萨合莱将其所持王力有限70%股权全部转让给王力集团。王力有限外资企业期间经营期限不足10年。王力有限因本次股权变更由外商投资企业变更为内资企业，其外商投资企业实际经营未满10年，应当补缴已免征、减征的企业所得税。发行人已于2013年10月、11月、12月全部补缴了其于2005年至2009年因享受外资企业“两免三减半”税收优惠政策而免征、减征的企业所得税税款，合计24 654 838.51元。

案例 2
案例解析企业股东和个人股东以股权出资的税务处理

对于非货币性资产投资的税收政策，虽然相关文件已出台好几年，但部分纳税人对相关政策的理解并不到位，尤其经常混淆个人投资和企业投资的政策差异，导致出现了一些不必要的税收风险，如对非货币性资产投资的范围、纳税义务发生时间等把握得不够到位。本部分以上海某股份有限公司（以下简称“发行人”）在首次公开发行A股股票并上市的资料中披露的案例为例，梳理总结非货币性资产投资中企业所得税与个人所得税政策的十大差异。

一、案例基本情况

2020年12月1日，某律师事务所在《关于上海某股份有限公司首次公开发行A股股票并上市之法律意见书》（以下简称《法律意见书》）中披露：2017年7月25日，戴先生以其持有的A公司88.99%股权向发行人出资20.22万元，甲公司以其持有的A公司11.01%股权向发行人出资2.5029万元。

A公司本次收购时的整体作价为15 109.96万元。戴先生与甲公司以其持有的A公司100%股权作价15 109.96万元，按照每注册资本665.05元的价格认缴发行人注册资本22.72万元。

交易示意图见图 2－1。

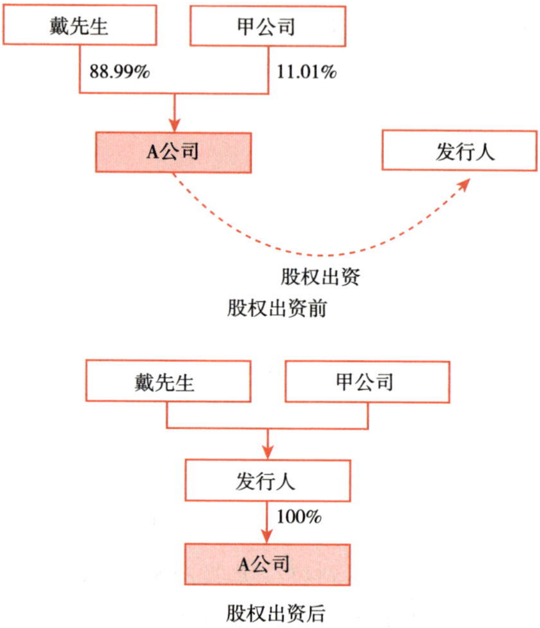

图 2－1　股权出资前后的交易示意图

二、发行人披露的税务处理

该《法律意见书》披露了股权出资中个人股东戴先生及企业股东甲公司的纳税情况。

（一）股权出资中企业股东的缴税情况

根据《财政部 国家税务总局关于非货币性资产投资企业所得税政策问题的通知》《国家税务总局关于非货币性资产投资企业所得税有关征管问题的公告》，居民企业以非货币性资产对外投资确认的非货币性资产转让所得，可在不超过 5 年期限内，分期均匀计入相应年度的应纳税所得额，按规定计算缴纳企业所得税，在非货币性资产转让所得递延确认期间每年企业所得税汇算清缴时申报缴纳。

根据甲公司提供的缴税凭证，截至本补充《法律意见书》出具日，甲公司已向主管税务机关解缴2017年度、2018年度及2019年度的企业所得税。

（二）股权出资中个人股东的缴税情况

根据《财政部 国家税务总局关于个人非货币性资产投资有关个人所得税政策的通知》，个人以非货币性资产投资，属于个人转让非货币性资产和投资同时发生，纳税人一次性缴税有困难的，可合理确定分期缴纳计划并报主管税务机关备案后，自发生上述应税行为之日起不超过5个公历年度内（含）分期缴纳个人所得税。

基于前述规定，戴先生已向上海市某税务所申请个人所得税按5年分期缴纳并由税务主管机关予以备案，戴先生应缴个人所得税总额为26 773 540.90元，并应于2017年至2021年各年度分别缴纳5 354 708.18元。根据戴先生提供的缴税凭证，截至本补充《法律意见书》出具日，戴先生已经缴纳2017年、2018年和2019年当期应缴个人所得税。因此，截至本补充《法律意见书》出具日，戴先生已根据《财政部 国家税务总局关于个人非货币性资产投资有关个人所得税政策的通知》等相关法律法规，依法履行本次增资以非货币性资产投资涉及的个人所得税纳税申报及缴纳义务。

三、非货币性资产投资税收政策：企业和个人的十大差异①

《财政部 国家税务总局关于非货币性资产投资企业所得税政策问题的通知》（财税〔2014〕116号）第一条规定："居民企业（以下简称企业）以非货币性资产对外投资确认的非货币性资产转让所得，可在不超过5年期限内，分期均匀计入相应年度的应纳税所得额，按规定计算缴纳企业所得税。"《国家税务总局关于非货币性资产投资企业所得税有关征管问题的公告》（国家税务总局公告2015年第33号）对相关征管问题进行了明确。

---

① 此部分以姜新录、张永军、刘振英在《中国税务》杂志2021年第3期发表的文章《非货币性资产投资：企业所得税和个人所得税存在十大差异》中的内容为基础，结合本案例的具体情况进行分析。

《财政部 国家税务总局关于个人非货币性资产投资有关个人所得税政策的通知》（财税〔2015〕41号）第一条规定："个人以非货币性资产投资，属于个人转让非货币性资产和投资同时发生。对个人转让非货币性资产的所得，应按照'财产转让所得'项目，依法计算缴纳个人所得税。"第三条规定："个人应在发生上述应税行为的次月15日内向主管税务机关申报纳税。纳税人一次性缴税有困难的，可合理确定分期缴纳计划并报主管税务机关备案后，自发生上述应税行为之日起不超过5个公历年度内（含）分期缴纳个人所得税。"《国家税务总局关于个人非货币性资产投资有关个人所得税征管问题的公告》（国家税务总局公告2015年第20号）也对相关征管问题进行了明确。

企业或个人以非货币性资产对外进行投资，由于未取得现金收入，缺乏纳税必要资金，现行政策规定在对外投资环节，企业或个人均可以享受递延纳税或分期纳税政策，但企业所得税与个人所得税还是存在一些差异。

（一）投资的范围有所不同

1. 企业。企业发生的非货币性资产投资，限于以非货币性资产出资设立新的居民企业，或将非货币性资产注入现存的居民企业。

2. 个人。个人发生的非货币性资产投资，包括以非货币性资产出资设立新的企业，以及以非货币性资产出资参与企业增资扩股、定向增发股票、股权置换、重组改制等投资行为。

可以看出，个人非货币性资产投资的范围比企业非货币性资产投资的范围更大、种类更多，如个人涉及的股权置换、重组改制行为可以适用非货币性资产投资政策，但企业涉及的股权置换、重组改制行为不能适用非货币性资产投资政策。

企业非货币性资产投资政策中所称的股权，属于因投资而新产生的股权，并不是原来已经存在的股权，也可以理解为被投资企业以自身的股权支付来换取非货币性资产。

将非货币性资产注入现存的居民企业，站在被投资企业角度，对一般企业来说，就是以非货币性资产来增资扩股；对上市公司来说，就是定向增发新股收购资产。

（二）递延的对象不同

1. 企业递延的是所得。居民企业以非货币性资产对外投资确认的非货币性资产转让所得，可在不超过5年期限内，分期均匀计入相应年度的应纳税所得额，按规定计算缴纳企业所得税。

2. 个人递延的是税额。纳税人一次性缴税有困难的，可合理确定分期缴纳计划并报主管税务机关备案后，自发生上述应税行为之日起不超过5个公历年度内（含）分期缴纳个人所得税。

在本案例中，甲公司递延的是应纳税所得额，递延方法是在不超过5年期限内，分期均匀计入相应年度的应纳税所得额。在计入后，甲公司还要弥补以前年度亏损等，未必会实现企业所得税税款，因此无法对税金进行递延。

由于个人所得税对财产转让所得按次计算，本次的所得不能弥补上次的亏损，因此税额是确定的，可以对税金进行递延。因此，戴先生递延的是应缴纳的个人所得税26 773 540.90元，递延方法是向主管税务机关备案后按5年分期缴纳。

（三）分期的规定不同

1. 企业分期均匀计入所得。居民企业以非货币性资产对外投资，对确认的所得在不超过5年期限内，分期均匀计入相应年度的应纳税所得额。“不超过5年期限”，是从确认非货币性资产转让收入年度起不超过连续5个纳税年度的期间。

2. 个人分期缴纳税款。个人以非货币性资产投资，自发生上述应税行为之日起不超过5个公历年度内（含）分期缴纳个人所得税。与企业相比，个人并没有要求分期均匀缴纳税款。

在本案例中，假设甲公司对该非货币性资产投资确认的应纳税所得额为1 000万元，且选择分5年递延，那么其应在2017年度、2018年度、2019年度、2020年度、2021年度每年分别计入应纳税所得额200万元。

戴先生递延的是应缴纳的税额26 773 540.90元，其选择5年分期平均缴纳，发生投资的当年为第一个年度，因此其应于2017年至2021年各年度分别缴纳 26 773 540.90 ÷ 5 = 5 354 708.18（元）。

（四）纳税义务发生时间不同

1. 企业以非货币性资产对外投资，应于投资协议生效并办理股权登记手续时，确认非货币性资产转让收入的实现。

关联企业之间发生的非货币性资产投资行为，投资协议生效后 12 个月内尚未完成股权变更登记手续的，于投资协议生效时，确认非货币性资产转让收入的实现。

2. 个人以非货币性资产投资，应于非货币性资产转让、取得被投资企业股权时，确认非货币性资产转让收入的实现。

在企业所得税方面，明确了“办理股权登记手续时”，也就是在市场监管部门办理了股权登记手续，规定比较清晰。但个人所得税方面，规定为“取得被投资企业股权时”，但对何为“取得”没有明确，是在市场监管部门办理了股权登记手续，还是实质性取得相关股权，如取得被投资企业的投票权、委派董事会成员等，规定显得比较模糊。笔者倾向于在市场监管部门办理了股权登记手续。

（五）纳税地点不同

1. 企业为机构所在地。企业发生非货币性资产投资，在其登记注册地缴纳企业所得税。

2. 个人分情况确定。纳税人以不动产投资的，以不动产所在地税务机关为主管税务机关；纳税人以其持有的企业股权对外投资的，以该企业所在地税务机关为主管税务机关；纳税人以其他非货币性资产投资的，以被投资企业所在地税务机关为主管税务机关。

在本案例中，甲公司就非货币性资产投资确认的所得，在并入其各年度应纳税所得额后，向其机构所在地税务机关申报纳税。而戴先生的纳税地点为被转让企业 A 公司所在地。

（六）被投资企业的报告义务不同

1. 企业进行非货币性资产投资，被投资企业没有报告义务。

2. 个人进行非货币性资产投资，被投资企业应将纳税人以非货币性资产投入本企业取得股权和分期缴税期间纳税人股权变动情况，分别于相关事项发生后 15 日内向主管税务机关报告，并协助税务机关执行公务。

出于税务机关后续监管的需要，相关规定要求被投资企业将个人的非货币性资产投资事项向主管税务机关报告。

（七）递延期限内处置股权的要求不同

1. 企业在非货币性资产投资 5 年内转让其取得的股权或投资收回的，应停止执行递延纳税政策，并就递延期内尚未确认的非货币性资产转让所得，在转让股权或投资收回当年的企业所得税年度汇算清缴时，一次性计算缴纳企业所得税；企业在计算股权转让所得时，按规定将股权的计税基础一次调整到位。

企业在对外投资 5 年内注销的，应停止执行递延纳税政策，并就递延期内尚未确认的非货币性资产转让所得，在注销当年的企业所得税年度汇算清缴时，一次性计算缴纳企业所得税。

2. 个人在分期缴税期间转让其持有的全部或部分股权，并取得现金收入的，该现金收入应优先用于缴纳尚未缴清的税款。纳税人在分期缴税期间转让股权的，应于转让股权之日的次月 15 日内向主管税务机关申报纳税。

假设甲公司对该非货币性资产投资确认的应纳税所得额为 1 000 万元，且选择分 5 年递延，那么其应在 2017 年至 2021 年每年分别计入应纳税所得额 200 万元。但甲公司在 2020 年 7 月 1 日转让了其持有的发行人股权，则甲公司应于 2020 年度将尚未确认的非货币性资产转让所得 400 万元（200 × 2）一次性确认。

戴先生应缴个人所得税总额为 26 773 540. 90 元，选择按 5 年分期缴纳并向税务主管机关办理了备案，2017 年至 2021 年各年度分别缴纳 5 354 708. 18 元。假设戴先生在 2020 年 7 月 1 日转让了部分其持有的发行人股权，取得收入 2 000. 00 万元，其尚未缴纳的税款为 5 354 708. 18 × 2 = 10 709 416. 36（元），戴先生应于 2020 年 8 月 15 日前向主管税务机关申报，将尚未缴纳的税款全部缴清。

（八）递延的程序不同

1. 企业自行申报。企业应在非货币性资产转让所得递延确认期间每年企业所得税汇算清缴时，填报“中华人民共和国企业所得税年度纳税申报表（A类）”中“企业重组及递延纳税事项纳税调整明细表”（A105100）第12行“其中：以非货币性资产对外投资”的相关栏目，并向主管税务机关报送“非货币性资产投资递延纳税调整明细表”。

2. 个人自行制订分期缴税计划并备案。纳税人需要在取得被投资企业股权的次月15日内，自行制订分期缴税计划并向主管税务机关办理分期缴税备案手续；在分期缴税期间，纳税人的分期缴税计划需要进行变更调整的，应重新向主管税务机关办理备案手续。

由于文件规定个人自行制订分期缴税计划并备案，并没有要求平均分期缴纳，一些地区甚至允许个人投资者前4年每年缴纳的税款为0，最后一年将递延的税款一次性全部缴清。例如，安徽某股份有限公司在2021年4月2日的《法律意见书》中披露：“根据某税务局高新技术产业开发区分局2016年12月5日出具的‘个人所得税分期缴纳备案表（转增股本）’，本次整体变更涉及未分配利润转增金额为595 377.48元，盈余公积转增金额为165 159.03元，资本公积转增金额为7 529 412.77元；本次整体变更涉及的自然人股东共9人，分别为聂卫华、贾维银、沈西友、方新龙、贾维兴、茅永智、方新武、白刚、王献红，应缴个人所得税金额分别为728 027.68元、360 528.56元、129 286.21元、174 271.40元、87 135.80元、49 650.00元、24 825.00元、52 132.60元、52 132.60元；各自然人股东分期缴纳计划为第一年至第四年缴税金额均为0（应缴金额为0），第五年（2021年）一次性全部缴纳。”江苏某股份有限公司在2020年年度报告中也披露：“马斌于2017年4月20日填报备案的‘非货币性资产投资分期缴纳个人所得税备案表’，江苏省某税务局第一税务分局已对其分期缴纳个人所得税事项进行了备案，计划缴税金额为38 929 665.84元，自2016年起分5年缴清，每期计划纳税金额分别为665.84元、46.90万元、30.00万元、46.00万元、3 770.00万元。”

（九）资料要求不同

1. 企业。企业应将下列资料留存备查，并单独准确核算税法与会计差异情况，包括股权投资合同或协议、对外投资的非货币性资产（明细）公允价值评估确认报告、非货币性资产（明细）计税基础的情况说明和被投资企业设立或变更的工商部门证明材料等资料。

2. 个人。纳税人非货币性资产投资需要分期缴纳个人所得税的，应向主管税务机关报送“非货币性资产投资分期缴纳个人所得税备案表”、纳税人身份证明、投资协议、非货币性资产评估价格证明材料、能够证明非货币性资产原值及合理税费的相关资料。

纳税人按分期缴税计划向主管税务机关办理纳税申报时，应提供已在主管税务机关备案的“非货币性资产投资分期缴纳个人所得税备案表”和本期之前各期已缴纳个人所得税的完税凭证。

（十）同时符合多项政策的选择不同

1. 企业非货币性资产投资行为，可能同时符合财税〔2014〕116号文件、《财政部 国家税务总局关于企业重组业务企业所得税处理若干问题的通知》（财税〔2009〕59号）以及《财政部 国家税务总局关于促进企业重组有关企业所得税处理问题的通知》（财税〔2014〕109号）的相关规定，企业可选择其中一项政策执行，但一经选择，不得改变。

2. 个人无法选择。现行税收政策对个人并没有特殊性税务处理的规定，也没有划转政策。除了技术成果投资入股可以递延外，个人并没有其他政策可以选择。

例如，在本案例中，发行人收购A公司的股权具有合理商业目的；收购比例为100%，大于50%；支付方式全部为发行股份支付，股权支付比例大于85%；如果企业重组中取得股权支付的原主要股东承诺，在重组后连续12个月内，不转让所取得的发行人股权；发行人收购A公司股权后，A公司不改变原来的实质性经营活动，那么该收购符合财税〔2009〕59号特殊性税务处理要求的条件，甲公司可以选择适用特殊性税务处理，但戴先生无法选择。

案例 3
从一则上市公司收购案例看个人非货币性资产投资的税收政策

我国个人非货币性资产投资的税收政策几经变迁，从暂不征税到按财产转让征税，再到递延纳税，政策逐渐完善。本部分介绍了甲上市公司收购 A 公司股权中的个人所得税案例，分析说明非货币性资产投资中的个人所得税政策，并介绍了该政策的变迁。

一、案例介绍

2019 年 8 月 29 日，甲上市公司发布重大风险提示公告称，根据公司向国家税务总局某市朝阳区税务局的征询，公司 2015 年重大资产重组事项所涉及自然人股东于某、翁某、许某、董某和赵某除已缴纳个人所得税 11 634 万元外，尚欠个人所得税 17 991 万元，印花税 75 万元（均不包含滞纳金、罚款等），且经相关税务机构采取各种措施追缴仍未缴纳。于某、翁某、许某、董某和赵某的上述行为已经严重违反了现行有效的税收法规和公司《关于发行股份及支付现金购买资产并募集配套资金暨关联交易相关方出具承诺事项的公告》的相关承诺。

甲上市公司还称，虽然根据 2015 年重大资产重组的相关约定及于某、翁某、许某、董某和赵某的承诺，其各自将自行缴纳相关个人所得税，且在 2015 年重大资产重组中，公司已支付于某、翁某、许某、董某和赵某现金 60 000 万元，完全能够满足该等自然人缴纳个人所得税的需要。但《中华人民共和国个人所得税法》第九条规定："个人所得税以所得人为纳税人，以支付所得的单位或者个人为扣缴义务人。"《中华人民共和国税收征收管理法》第六十九条同时规定："扣缴义务人应扣未扣、应收而不收税款的，由税务机关向纳税人追缴税款，对扣缴义务人处应扣未扣、应收未收税款百分之五十以上三倍以下的罚款。"因此，上市公司存在可能被罚款的风险，可能对上市公司现金流及日常运营造成重大不利影响。

2020 年 1 月 13 日，甲上市公司在《关于对深圳证券交易所关注函回复的公告》中称："在公司的督促下，截至目前上述五人中的四人已将全部税款缴纳完毕。剩余一人已完成交易对价中现金部分的全额纳税义务，并已于 2019 年 9 月 16 日缴纳了交易对价中股票部分的一部分个人所得税。根据其向公司出具的说明，其计划将剩余个人所得税于 2020 年 11 月前分期向税务部门缴纳完毕，并已向税务部门报备。税务机关未就此事对公司追究相关法律责任，公司将继续督促股东尽快完成对剩余税款的缴纳，消除上市公司的相关风险。"

该事件源于 2015 年上市公司收购于某等 5 名自然人持有的 A 公司 100% 股权一案。

（一）交易概述

2015 年，甲上市公司向于某、翁某、许某、董某和赵某等 5 名自然人股东以发行股份及支付现金的方式购买其持有的 A 公司 100% 股权，本次交易作价为 15 亿元，其中以发行股份方式支付交易对价的 60%，计人民币 9 亿元，以现金方式支付交易对价的 40%，计人民币 6 亿元。

交易示意图见图 3－1。

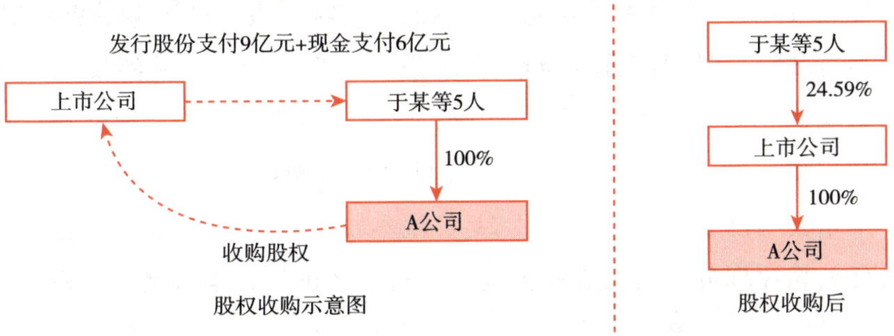

图 3－1　股权收购前后的交易示意图

（二）股份增发情况

本次发行股票的定价基准日为甲上市公司第八届董事会第六次会议决议公告日，发行价格为定价基准日前120个交易日公司A股股票交易均价的90%，即8.56元/股。

根据本次交易价格15亿元计算，本次购买资产发行的股份数合计为105 140 185股（1 500 000 000.00×60%÷8.56）。

本次发行股份及支付现金购买资产的具体情况见表3-1。

表3-1　　发行股份及支付现金购买资产的具体情况表

序号	交易对方	持有A公司股权比例	总支付对价（万元）	股份支付数量（股）	占所获对价比例	现金支付金额（万元）	占所获对价比例
1	于某	42.83%	64 239.00	45 027 336	60%	25 695.60	40%
2	翁某	42.83%	64 239.00	45 027 336	60%	25 695.60	40%
3	许某	7.60%	11 400.00	7 990 654	60%	4 560.00	40%
4	董某	5.00%	7 500.00	5 257 009	60%	3 000.00	40%
5	赵某	1.75%	2 622.00	1 837 850	60%	1 048.80	40%
合计		100.00%	150 000.00	105 140 185	60%	60 000.00	40%

（三）交易完成情况

本次交易完成后，上市公司向于某等5名A公司的自然人股东定向发行的股份自本次发行结束之日起36个月内不得转让。本次发行结束后，交易对方由于公司送红股、转增股本等原因增持的公司股份，亦应遵守上述约定。

2015年10月9日，A公司完成了本次交易标的资产的工商变更登记手续，某市工商行政管理局朝阳分局核准了A公司的股东变更，并签发了新的“企业法人营业执照”（统一社会信用代码：××××）。至此，标的资产过户手续已办理完成，甲上市公司已持有A公司100%股权。

甲上市公司已于2015年10月21日就本次增发股份向中国证券登记结算有限责任公司深圳分公司提交相关登记材料。经确认，本次增发股份将于该批股份上市日的前一交易日日终登记到账，并正式列入上市公司的股东名册。

（四）个人所得税处理情况

甲上市公司称，本次交易对方需要按照现行有效的税收法规缴纳个人所得税。交易对方已经充分知悉其纳税义务并承诺依法纳税，不会因该等纳税而终止或取消本次交易。本次交易的现金对价设置亦充分考虑了交易对方缴纳税收的现金需求，能够满足其缴纳个人所得税的需要。

本次交易对方5位自然人已分别出具相关承诺：（1）本人已充分知悉本次交易过程中本人所需履行的纳税义务；（2）本人不会因该等纳税而终止或取消本次交易；（3）本次交易完成后，本人将依法履行纳税义务。

查阅资料得知，于某等5名自然人持有A公司100%股权的成本合计为1 800万元。

二、税务处理分析

（一）交易定性

《财政部 国家税务总局关于个人非货币性资产投资有关个人所得税政策的通知》（财税〔2015〕41号）第五条规定："本通知所称非货币性资产，是指现金、银行存款等货币性资产以外的资产，包括股权、不动产、技术发明成果以及其他形式的非货币性资产。本通知所称非货币性资产投资，包括以非货币性资产出资设立新的企业，以及以非货币性资产出资参与企业增资扩股、定向增发股票、股权置换、重组改制等投资行为。"

《股权转让所得个人所得税管理办法（试行）》（国家税务总局公告2014年第67号印发）第三条规定："本办法所称股权转让是指个人将股权转让给其他个人或法人的行为，包括以下情形：……（五）以股权对外投资或进行其他非货币性交易。"

对于本次交易，从甲上市公司的角度看，属于股权收购行为，即甲上市公司收购于某等5名自然人持有的A公司100%股权；从于某等5名自然人角度看，属于股权转让行为，即于某等5名自然人转让A公司100%股权，其取得的对价是甲上市公司价值9亿元的股票及6亿元的现金。对于交易中于某等5

名自然人取得甲上市公司价值9亿元股票部分，同时也属于于某等5名自然人的非货币性资产投资行为，即于某等5名自然人将其持有的A公司60%股权投资至甲上市公司，取得甲上市公司向其定向增发的股份105 140 185股，即甲上市公司的股本增加105 140 185股。

（二）税法规定

无论是以前还是现行的《个人所得税法》均规定，个人转让股权属于财产转让所得，而财产转让所得应当缴纳个人所得税。

2018年第七次修正的《中华人民共和国个人所得税法》第二条规定："下列各项个人所得，应当缴纳个人所得税：……（八）财产转让所得……"2018年修订后的《中华人民共和国个人所得税法实施条例》第六条规定："个人所得税法规定的各项个人所得的范围：……（八）财产转让所得，是指个人转让有价证券、股权、合伙企业中的财产份额、不动产、机器设备、车船以及其他财产取得的所得。"

《中华人民共和国个人所得税法》第六条第（五）项规定："财产转让所得，以转让财产的收入额减除财产原值和合理费用后的余额，为应纳税所得额。"

《中华人民共和国个人所得税法实施条例》第十六条规定：

个人所得税法第六条第一款第五项规定的财产原值，按照下列方法确定：

（一）有价证券，为买入价以及买入时按照规定交纳的有关费用；

（二）建筑物，为建造费或者购进价格以及其他有关费用；

（三）土地使用权，为取得土地使用权所支付的金额、开发土地的费用以及其他有关费用；

（四）机器设备、车船，为购进价格、运输费、安装费以及其他有关费用。

其他财产，参照前款规定的方法确定财产原值。

纳税人未提供完整、准确的财产原值凭证，不能按照本条第一款规定的方法确定财产原值的，由主管税务机关核定财产原值。

个人所得税法第六条第一款第五项所称合理费用，是指卖出财产时按照规定支付的有关税费。

因此，于某等5名自然人转让A公司的100%股权应当缴纳个人所得税。但对其如何计算缴纳个人所得税，我国税法规定有个逐渐完善的过程。

（三）政策变迁

1. 暂不征税

《国家税务总局关于非货币性资产评估增值暂不征收个人所得税的批复》（国税函〔2005〕319号）对福建省地方税务局批复如下：

福建省地方税务局：

你局《关于房地产等非货币性资产评估增值征收个人所得税问题的请示》（闽地税发〔2005〕37号）收悉。经研究，批复如下：

考虑到个人所得税的特点和目前个人所得税征收管理的实际情况，对个人将非货币性资产进行评估后投资于企业，其评估增值取得的所得在投资取得企业股权时，暂不征收个人所得税。在投资收回、转让或清算股权时如有所得，再按规定征收个人所得税，其"财产原值"为资产评估前的价值。

2011年，《国家税务总局关于公布全文失效废止部分条款失效废止的税收规范性文件目录的公告》（国家税务总局公告2011年第2号）废止了该文。

但如果按此规定处理，于某等5名自然人持有A公司100%股权的成本合计为1 800万元，转让时的交易价格为150 000万元，其在取得甲上市公司股份时可暂不缴纳个人所得税，待其以后转让甲上市公司股份时再计算缴纳，缴纳时"财产原值"为1 800万元。

2. 是否需要代扣代缴

2008年年底，网络上流传出一份文件《国家税务总局关于资产评估增值计征个人所得税问题的通知》（国税发〔2008〕115），内容如下：

各省、自治区、直辖市和计划单列市地方税务局，西藏、宁夏、青海省（自治区）国家税务局：

根据《中华人民共和国个人所得税法》及其实施条例有关规定，现将资产评估增值计征个人所得税问题通知如下：

一、个人（自然人，下同）股东从被投资企业取得的、以企业资产评估增值转增个人股本的部分，属于企业对个人股东股息、红利性质的分配，按照“利息、股息、红利所得”项目计征个人所得税。税款由企业在转增个人股本时代扣代缴。

二、个人以评估增值的非货币性资产对外投资取得股权的，对个人取得相应股权价值高于该资产原值的部分，属于个人所得，按照“财产转让所得”项目计征个人所得税。税款由被投资企业在个人取得股权时代扣代缴。

三、对本通知发布之前已经发生的个人以评估增值的非货币性资产对外投资暂未缴纳个人所得税的，所投资企业应将个人股东所投资的非货币资产的原始价值和增值情况、个人股东基础信息等资料登记台账，并向主管税务机关备案。税务机关应据此建立电子台账，加强后续管理，督促企业在股权转让、清算和投资收回时依法扣缴个人所得税。

四、个人不能提供完整、准确财产（资产）原值凭证的，主管税务机关可依法核定其财产原值。

2010年4月15日，国家税务总局在网站回答网友提问“国税发〔2008〕115号是否存在并有效”时称：“经相关部门认真检索、查询和确认，国家税务总局2008年正式制定下发的有效规范性文件中，不存在您所提到的以‘国税发〔2008〕115号’为文号的文件。因此，税务总局网站自然不存在该文件，也不存在是否执行问题。”

如果该文存在，则于某等5名自然人在转让A公司100%股权时就需要按照“财产转让所得”缴纳个人所得税，税款由甲上市公司在增发股份时代扣代缴。

3. 按财产转让征税

2008年6月，苏宁环球（股票代码：000718. SZ）完成定向增发收购股权。公司向实际控制人张桂平及其儿子张康黎分别发行1.05亿和0.87亿股股份，以购买两者分别持有的南京浦东房地产开发有限公司46%、38%的股权。南京浦东公司以2007年6月30日为基准日进行的资产评估值为60.66亿元，增值58.54亿元，增值率27.6倍。对张桂平父子所持股权在转让时的增值是否征收个人所得税问题，江苏省地方税务局于2010年请示国家税务总局。

2011 年 2 月 17 日，国家税务总局对个人以股权参与上市公司定向增发征收个人所得税问题，以《关于个人以股权参与上市公司定向增发征收个人所得税问题的批复》（国税函〔2011〕89 号）对江苏省地税局作出批复：

江苏省地方税务局：

你局关于《关于个人以股权参与上市公司定向增发有关个人所得税问题的请示》（苏地税发〔2010〕72 号）收悉。经研究，批复如下：

根据《中华人民共和国个人所得税法》及其实施条例等规定，南京浦东建设发展有限公司自然人以其所持该公司股权评估增值后，参与苏宁环球股份有限公司定向增发股票，属于股权转让行为，其取得所得，应按照“财产转让所得”项目缴纳个人所得税。

由于个人以股权参与上市公司定向增发或者借壳上市的案例时有发生，国税函〔2011〕89 号文宣告个人以评估增值的股权参与上市公司定向增发“免税时代”的终结，在当时的资本市场引起了很大反响。根据国税函〔2011〕89 号文，在苏宁环球定向增发收购股权的案例中，张桂平父子在参与定向增发时应当缴纳巨额税款，应纳税所得额是其取得上市公司股权价值扣除张桂平父子入股南京浦东公司成本后的余额，约为 50 亿元，其应缴纳的税款为 10 亿元左右。

4. 加强税源管理

2011 年 4 月 1 日，国家税务总局下发了《关于切实加强高收入者个人所得税征管的通知》（国税发〔2011〕50 号），要求各地“积极与工商行政管理部门合作，加强对个人转让非上市公司股权所得征管”“加强个人对外投资取得股权的税源管理，重点监管上市公司在上市前进行增资扩股、股权转让、引入战略投资者等行为的涉税事项，防止税款流失”“抓好其他形式财产转让所得征管。重点是加强个人以评估增值的非货币性资产对外投资取得股权（份）的税源管理，完善征管链条”。同时，国家税务总局已将资本交易项目（上市公司和非上市公司的股权项目）作为 2011 年税务专项检查的指令性项目，列为全国税务稽查工作要点。

5. 税款分期缴纳

国税函〔2011〕89 号文明确需要征税的是股权出资行为，对于以其他非货币性资产，如房屋、土地使用权、专利等出资是否需要纳税，89号文尚未明确。

2015年，财政部、国家税务总局下发了《关于个人非货币性资产投资有关个人所得税政策的通知》（财税〔2015〕41号），明确规定："个人以非货币性资产投资，属于个人转让非货币性资产和投资同时发生。对个人转让非货币性资产的所得，应按照'财产转让所得'项目，依法计算缴纳个人所得税。""个人应在发生上述应税行为的次月15日内向主管税务机关申报纳税。纳税人一次性缴税有困难的，可合理确定分期缴纳计划并报主管税务机关备案后，自发生上述应税行为之日起不超过5个公历年度内（含）分期缴纳个人所得税。""本通知所称非货币性资产，是指现金、银行存款等货币性资产以外的资产，包括股权、不动产、技术发明成果以及其他形式的非货币性资产。"

随后，《国家税务总局关于个人非货币性资产投资有关个人所得税征管问题的公告》（国家税务总局公告2015年第20号）对相关征管问题进行了明确。至此，我国个人非货币性资产投资的税收政策几经变迁，终于得以完善。

税收作为国家组织财政收入和调节经济的重要手段，每个时期出台的税收政策都与当时的资本市场发展等时代背景有关，税收政策也需要做到与时俱进，顺应时代的发展。

（四）税款计算

国家税务总局公告2015年第20号明确："纳税人非货币性资产投资应纳税所得额为非货币性资产转让收入减除该资产原值及合理税费后的余额。""合理税费是指纳税人在非货币性资产投资过程中发生的与资产转移相关的税金及合理费用。"

在本案例中，于某等5名自然人转让A公司100%股权，需要缴纳印花税150 000×0.05% =75（万元）。如果没有发生其他费用，则其需要缴纳的个人所得税为：（150 000 －1 800 －75）×20% =29 625（万元）。

（五）纳税义务发生时间

财税〔2015〕41号第二条第二款规定："个人以非货币性资产投资，应于非货币性资产转让、取得被投资企业股权时，确认非货币性资产转让收入的实现。”

（六）纳税地点

国家税务总局公告2015年第20号规定：“纳税人以不动产投资的，以不动产所在地地税机关为主管税务机关；纳税人以其持有的企业股权对外投资的，以该企业所在地地税机关为主管税务机关；纳税人以其他非货币资产投资的，以被投资企业所在地地税机关为主管税务机关。”在本案例中，于某等5名自然人转让A公司股权的纳税地点应为A公司的主管税务机关某市朝阳区税务局。

（七）代扣代缴规定

国家税务总局公告2014年第67号第五条规定：“个人股权转让所得个人所得税，以股权转让方为纳税人，以受让方为扣缴义务人。”

国家税务总局公告2015年第20号第二条规定：“非货币性资产投资个人所得税由纳税人向主管税务机关自行申报缴纳。”

之所以这么规定，是因为在很多的非货币性资产投资业务中，个人并未取得现金支付，上市公司等被投资方是以股权支付，因此，被投资方在支付股权时无法履行代扣代缴义务。

（八）分期纳税规定

财税〔2015〕41号第三条规定：“个人应在发生上述应税行为的次月15日内向主管税务机关申报纳税。纳税人一次性缴税有困难的，可合理确定分期缴纳计划并报主管税务机关备案后，自发生上述应税行为之日起不超过5个公历年度内（含）分期缴纳个人所得税。”

国家税务总局公告2015年第20号第八条规定：“纳税人非货币性资产投资需要分期缴纳个人所得税的，应于取得被投资企业股权之日的次月15日内，自行制订缴税计划并向主管税务机关报送‘非货币性资产投资分期缴纳个人所得税备案表’（见附件）、纳税人身份证明、投资协议、非货币性资产评估价格证明材料、能够证明非货币性资产原值及合理税费的相关资料。”

财税〔2015〕41 号第四条规定：“个人以非货币性资产投资交易过程中取得现金补价的，现金部分应优先用于缴税；现金不足以缴纳的部分，可分期缴纳。”

在本案例中，于某等 5 名自然人取得的现金支付共 60 000 万元，大于应纳税额 29 625 万元，现金部分足够缴纳税款，因此于某等 5 名自然人不能分期缴纳税款，而应一次性缴税。

“非货币性资产投资分期缴纳个人所得税备案表”及填报说明见表 3－2。

表 3－2 “非货币性资产投资分期缴纳个人所得税备案表”及填报说明

非货币性资产投资分期缴纳个人所得税备案表

（本表一式二份）

备案编号（主管税务机关填写）：　　　　　　金额单位：人民币元（列至角分）

投资人信息	姓名		身份证件类型		身份证件号码	□□□□□□□□□□□□□□□□□□□□	
	国籍（地区）				纳税人识别号	□□□□□□□□□□□□□□□□□□□□	
	通信地址				联系电话		
被投资单位信息	名称				纳税人识别号	□□□□□□□□□□□□□□□□□□□□	
	地址				联系人及电话		
投资情况	投资类型	口新设公司 □参与增资 □定向增发 □股权置换 □重组改制 □其他______					
	取得股权时间	年　月　日		取得的现金补价		持股比例%	
	非货币性资产名称	产权证或注册登记证号码	登记机关	坐落地	评估后的公允价值	非货币性资产原值	合理税费

续表

<table>
<tr><td rowspan="5">分期缴税计划</td><td>截止缴税时间</td><td colspan="2">年　月　日</td><td colspan="2">应纳税所得额</td><td colspan="2"></td></tr>
<tr><td>应缴个人所得税</td><td colspan="2"></td><td colspan="2">已缴个人所得税</td><td colspan="2"></td></tr>
<tr><td>分期</td><td>合计</td><td>1</td><td>2</td><td>3</td><td>4</td><td>5</td></tr>
<tr><td>计划缴税时间</td><td></td><td></td><td></td><td></td><td></td><td></td></tr>
<tr><td>计划缴税金额</td><td></td><td></td><td></td><td></td><td></td><td></td></tr>
<tr><td colspan="8">谨声明：本表根据《财政部 国家税务总局关于个人非货币性资产投资有关个人所得税政策的通知》（财税〔2015〕41号）及本公告有关规定填列。所填信息，是真实的、完整的、可靠的。
纳税人签字：　　被投资单位公章：　　填报日期：　　年　月　日</td></tr>
<tr><td colspan="8">提醒：请妥善保存此表。办理纳税申报时请主动提供此表及以前各期缴纳个人所得税的完税证明。如因股权转让取得收益，请及时缴纳个人所得税。
感谢您对税收工作的支持！</td></tr>
<tr><td colspan="3">代理申报机构（人）签章：
经办人：
经办人执业证件号码：
代理申报日期：　　年　月　日</td><td colspan="5">主管税务机关印章：
受理人：
受理日期：　　年　月　日</td></tr>
</table>

国家税务总局监制

三、案例总结

在本次交易中，假设于某等5名自然人取得的对价全部为股票，则为1 500 000 000.00÷8.56＝175 233 645（股）。其应纳税额29 625万元应于取得被投资企业股权之日的次月15日内，即于2015年11月15日前，自行制订缴税计划并向主管税务机关报备案后，在不超过5个公历年度内（即2019年12月31日前）分期缴纳个人所得税。

2019年11月1日，甲上市公司股票当日最低价为1.74元。如果该股的股票价格低于1.69元（29 625万元÷175 233 645股），于某等5名自然人全部股票出售所得将不足以缴纳个人所得税税款。

再假设于某等5名自然人于2021年9月17日以2.28元/股出售取得的全

部股票 175 233 645 股，出售收入为 175 233 645 × 2. 28 = 399 532 710. 60（元），其能否以 399 532 710. 60 作为原股权转让收入，再减去原投资成本 1 800 万元和印花税 75 万元后作为原股权转让收入，来缴纳个人所得税呢？即应交个人所得税为：[（399 532 710. 60 − 18 000 000. 00 − 750 000. 00）×20% = 76 156 542. 12（元）]，此时要比原来少交：220 093 457. 88 元(296 250 000. 00 − 76 156 542. 12)。答案是不能。

在本案例中，于某等 5 名自然人非货币性资产投资的纳税义务发生时间为取得甲上市公司股份时，即 2015 年 10 月，其取得的收入为 15 亿元，该项交易应纳税款为 29 625 万元。本次交易在股权变更时业已完成，应交税款已经确定。

在上述假设中，于某等 5 名自然人出售甲上市公司股份的收入为 399 532 710. 60 元，低于其对甲上市公司的投资成本 15 亿元，发生了投资损失，损失为 1 100 467 289. 40 元（1 500 000 000. 00 − 399 532 710. 60）。由于我国现行《个人所得税法》对财产转让所得实行按次进行纳税，其后一次的损失并不能冲减前一次的收入，因此于某等 5 名自然人需要就转让 A 公司 100% 的股权缴纳个人所得税 29 625 万元，其投资甲上市公司的投资损失将无法得到弥补。

为了鼓励企业并购重组，我国出台了特殊性税务处理规定。在本案例中，假如于某等 5 名自然人为企业，如满足《财政部 国家税务总局关于企业重组业务企业所得税处理若干问题的通知》（财税〔2009〕59 号）规定的条件，则其在转让股权时可暂不确认所得，其取得甲上市公司股份的计税基础以其对 A 公司的计税基础确定，原股权转让所得在其以后转让甲上市公司股份时再予确认。此时，于某等 5 名自然人可以在转让 A 公司 100% 的股权时暂不确认所得，其取得甲上市公司股票的计税基础以原对 A 公司计税基础确认，待将来出售甲上市公司股份时应确认所得。如此可以解决其在转让 A 公司股权时需要确认所得并缴纳相应的所得税，而下一环节出售甲公司股份时的巨额亏损不能扣除的问题。但目前的税法中对自然人股东并无特殊性税务处理的规定。

如果自然人股东在股市行情相对较好的时期以股权参与上市公司定向增发，并取得上市公司股票，但由于存在一定期限的限售期，自然人无法自由出售股票，而我国的股市在过去 30 年呈现出牛短熊长的特征，待其股票解禁时，股票价格有可能出现大幅度下跌，如本案例中的股票价格从2015年增发时的8.56元下跌到2021年9月17日的2.28元，如果股价再继续下跌，于某等人的股票出售收入将无法覆盖税收金额。类似本案例的问题在我国上市公司并购重组实践中较为突出，税法滞后的问题已经引起社会各界的较大关注。

随着我国全面深化改革持续深入，市场在资源配置中的决定性作用愈发显著。并购重组作为生产要素市场化配置的重要手段，深受企业欢迎。因并购重组通常通过股权（票）支付以节约收购方的现金流并达到并购双方利益捆绑的商业目的，所以通常对符合特定条件的并购重组行为适用特殊性税务处理，暂不征税，从而有力推动了市场并购重组和优化要素配置的积极性。但是，当并购重组涉及自然人股东时，相关税收争议在一定程度上影响了市场主体的并购重组决策。综合考量税收法定原则、税收效率原则和税收公平原则的贯彻，建议立法部门应结合当下供给侧结构性改革要求和企业诉求，充分推动生产要素流动和产能整合，激发市场活力，落实税收法定原则，改进完善并购重组中的个人所得税政策。①

① 马小朋．个案视角下并购重组中个人所得税政策改进初探［J］．税务研究，2020（7）．

案例 4 DYJS 以股权对 HTKJ 增资，如何选择并购重组税收工具？

在并购重组中，有时存在多项税收政策可供选择，如果一项经济行为同时符合不同的税收政策，纳税人可以对比择优进行税务处理。本部分以 DYJS 的股权出资为例，分析说明当同时可适用多项税收政策时，并购重组税收工具的选择问题。

一、案例介绍

2020 年 11 月 3 日，DYJS 集团股份有限公司（以下简称“DYJS”）与北京 HTKJ 股份有限公司（以下简称“北京 HTKJ”或“目标公司”）签署《北京 HTKJ 股份有限公司之增资协议》（以下简称“增资协议”），DYJS 以其持有北京 LSXY 智能水务科技有限责任公司（以下简称“北京 LSXY”）51% 股权、云南 DYZH 水务科技有限公司（以下简称“云南 DYZH”）100% 股权、杭州 DYHS 科技有限公司（以下简称“杭州 DYHS”）100% 股权，总计作价 14 946.26 万元，对目标公司北京 HTKJ 增资并认购其新发行股份 72 596 950 股。

本次增资时，北京 LSXY51% 股权的评估值为 166.26 万元，云南 DYZH100% 股权的评估值为 12 530 万元，杭州 DYHS100% 股权的评估值为 2 250 万元。

目标公司以非公开形式发行新股 72 596 950 股，每股发行价格 2.0588 元。

本次增资款与对应注册资本7 259.6950万元的差额部分计入目标公司资本公积。

增资前，目标公司总股本156 688 737股。DYJS直接和间接持有目标公司46 212 756股，占比29.49%，系目标公司第一大股东。其中，DYJS直接持股43 212 756股，占比27.58%；同时，DYJS通过新余某投资合伙企业（有限合伙）（以下简称“合伙企业”）间接持有目标公司3 000 000股，占比1.91%。

本次增资完成后，DYJS直接和间接持有目标公司130 809 706股，占比57.05%。其中，DYJS直接持有目标公司127 809 706股，占比55.74%；同时，DYJS通过合伙企业间接持有目标公司3 000 000股，占比1.31%。

DYJS称，通过本次对外投资，公司实现对北京HTKJ的控股，有利于增强企业的核心竞争力，符合公司的长远发展战略。

交易示意图见图4－1。

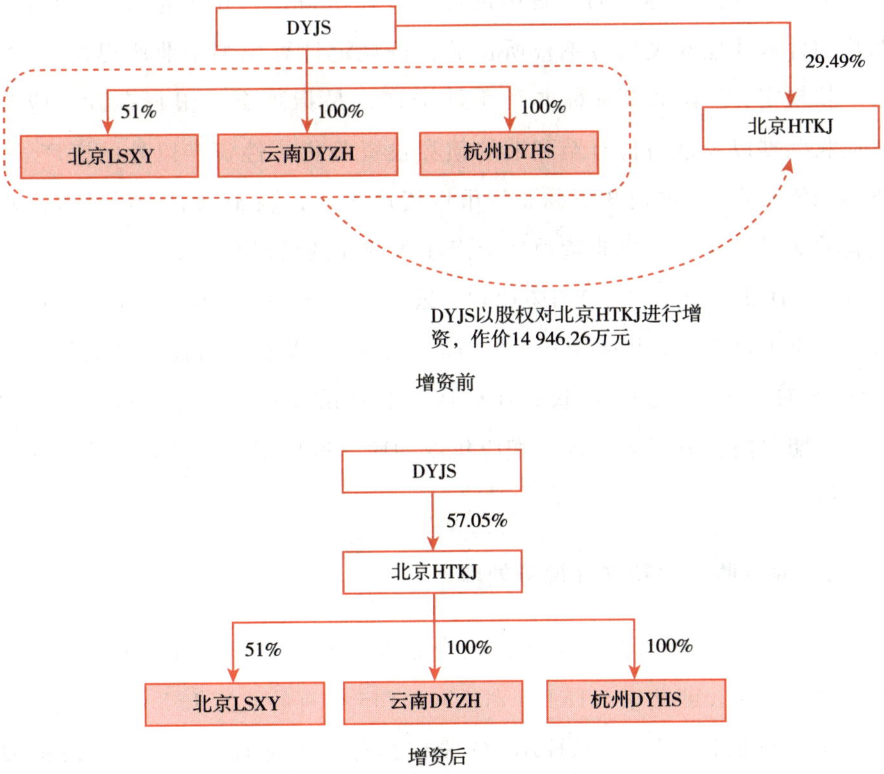

图4－1　增资前后的交易示意图

二、并购重组税收工具选择分析

DYJS 本次以其持有的北京 LSXY51% 股权、云南 DYZH100% 股权、杭州 DYHS100% 股权，总计作价 14 946.26 万元认购目标公司新发行股份 72 596 950 股，可以运用非货币性资产投资企业所得税工具或股权收购的特殊性税务处理工具。

（一）非货币性资产投资

《财政部 国家税务总局关于非货币性资产投资企业所得税政策问题的通知》（财税〔2014〕116 号）第一条规定：“居民企业（以下简称企业）以非货币性资产对外投资确认的非货币性资产转让所得，可在不超过 5 年期限内，分期均匀计入相应年度的应纳税所得额，按规定计算缴纳企业所得税。”第五条第一款规定：“本通知所称非货币性资产，是指现金、银行存款、应收账款、应收票据以及准备持有至到期的债券投资等货币性资产以外的资产。”第五条第二款规定：“本通知所称非货币性资产投资，限于以非货币性资产出资设立新的居民企业，或将非货币性资产注入现存的居民企业。”

因此，DYJS 以北京 LSXY51% 股权、云南 DYZH100% 股权、杭州 DYHS100% 股权对北京 HTKJ 增资并认购其新发行股份，属于以非货币性资产对外投资行为，DYJS 对上述三家公司股权转让确认的非货币性资产转让所得，可以在不超过 5 年期限内，分期均匀计入相应年度的应纳税所得额，按规定计算缴纳企业所得税。

（二）股权收购的特殊性税务处理

DYJS 的股权出资行为，站在被投资企业北京 HTKJ 的角度来看，属于三项股权收购行为，即北京 HTKJ 分别收购 DYJS 持有的北京 LSXY51% 股权、云南 DYZH100% 股权、杭州 DYHS100% 股权，合计支付对价为其新增发的股票 72 596 950 股，可以选择适用股权收购的特殊性税务处理政策。

《财政部 国家税务总局关于企业重组业务企业所得税处理若干问题的通

知》（财税〔2009〕59号）第五条规定："企业重组同时符合下列条件的，适用特殊性税务处理规定：（一）具有合理的商业目的，且不以减少、免除或者推迟缴纳税款为主要目的。（二）被收购、合并或分立部分的资产或股权比例符合本通知规定的比例。（三）企业重组后的连续12个月内不改变重组资产原来的实质性经营活动。（四）重组交易对价中涉及股权支付金额符合本通知规定比例。（五）企业重组中取得股权支付的原主要股东，在重组后连续12个月内，不得转让所取得的股权。"第六条第二项规定："股权收购，收购企业购买的股权不低于被收购企业全部股权的75%，且收购企业在该股权收购发生时的股权支付金额不低于其交易支付总额的85%，可以选择按以下规定处理：（1）被收购企业的股东取得收购企业股权的计税基础，以被收购股权的原有计税基础确定。（2）收购企业取得被收购企业股权的计税基础，以被收购股权的原有计税基础确定。（3）收购企业、被收购企业的原有各项资产和负债的计税基础和其他相关所得税事项保持不变。"《财政部 国家税务总局关于促进企业重组有关企业所得税处理问题的通知》（财税〔2014〕109号）第一条规定："将《财政部 国家税务总局关于企业重组业务企业所得税处理若干问题的通知》（财税〔2009〕59号）第六条第（二）项中有关'股权收购，收购企业购买的股权不低于被收购企业全部股权的75%'规定调整为'股权收购，收购企业购买的股权不低于被收购企业全部股权的50%'。"

在本案例中，北京HTKJ所收购的三项股权比例分别为51%、100%、100%，均不低于50%，支付对价均为北京HTKJ自身股份，股权支付比例大于85%，且具有合理商业目的，如果企业重组后的连续12个月内三家标的公司不改变原来的实质性经营活动、DYJS不转让其新取得北京HTKJ增发的股权，则本案例符合股权收购的特殊性税务处理要求条件。

当各方选择特殊性税务处理时，DYJS不确认三家公司的股权转让所得，其取得北京HTKJ新增发股权的计税基础分别按其对三家公司股权的原计税基础确定；北京HTKJ取得三家公司股权的计税基础也以DYJS对三家公司股权的原计税基础确定；北京HTKJ及三家公司的相关所得税事项保持不变。

（三）本案例能否选择股权划转的特殊性税务处理

财税〔2014〕109号第三条规定："对100%直接控制的居民企业之间，

以及受同一或相同多家居民企业100%直接控制的居民企业之间按账面净值划转股权或资产，凡具有合理商业目的，不以减少、免除或者推迟缴纳税款为主要目的，股权或资产划转后连续12个月内不改变被划转股权或资产原来实质性经营活动，且划出方企业和划入方企业均未在会计上确认损益的，可以选择按以下规定进行特殊性税务处理：（1）划出方企业和划入方企业均不确认所得。（2）划入方企业取得被划转股权或资产的计税基础，以被划转股权或资产的原账面净值确定。（3）划入方企业取得的被划转资产，应按其原账面净值计算折旧扣除。”

《国家税务总局关于资产（股权）划转企业所得税征管问题的公告》（国家税务总局公告2015年第40号）对划转中的征管问题进行了明确，并对满足特殊性税务处理划转的股权架构作出了要求，明确为两类架构，即第一类为100%直接控制的母子公司之间，第二类为受同一或相同多家母公司100%直接控制的子公司之间。划转的形式有如下四种：（1）100%直接控制的母子公司之间，母公司向子公司按账面净值划转其持有的股权或资产，母公司获得子公司100%的股权支付；（2）100%直接控制的母子公司之间，母公司向子公司按账面净值划转其持有的股权或资产，母公司没有获得任何股权或非股权支付；（3）100%直接控制的母子公司之间，子公司向母公司按账面净值划转其持有的股权或资产，子公司没有获得任何股权或非股权支付；（4）受同一或相同多家母公司100%直接控制的子公司之间，在母公司主导下，一家子公司向另一家子公司按账面净值划转其持有的股权或资产，划出方没有获得任何股权或非股权支付。

对第一种形式的划转，即“100%直接控制的母子公司之间，母公司向子公司按账面净值划转其持有的股权或资产，母公司获得子公司100%的股权支付”，其实也是非货币性资产投资行为，但特殊性税务处理要求的股权架构是100%直接控制的母子公司之间，对划出方所划转的标的公司股权比例并没有作出要求。因此，假如DYJS直接持有北京HTKJ100%的股权，本案例也可以适用股权划转的特殊性税务处理政策。

在适用股权划转的特殊性税务处理时，划出方DYJS不确认所划转的三家公司股权的所得，划入方北京HTKJ接受所划转股权也不确认所得；划入方北京HTKJ取得被划转三家公司股权的计税基础，以DYJS对三家公司股权的原计税基础确定。

三、选择不同并购重组税收工具时的考虑因素

目前，企业并购重组的税收工具丰富且复杂，包括股权（资产）划转，非货币性资产投资，股权收购、资产收购、合并、分立、债务重组、技术入股的企业所得税处理，资产重组中的增值税处理，改制重组中的土地增值税及契税处理等等，这些税收工具大部分是以递延纳税或免税为主。由于重组事项涉及金额巨大，递延纳税或免税可以缓解企业重组中的现金流压力。企业须结合自身实际情况合理选择并购重组税收工具，选择适用最优税收政策，争取并购重组中的税收成本最小化。在选择时，须考虑以下因素。

（一）分析不同并购重组税收工具的适用条件

不同的税收政策，有不同的适用条件，选择并购重组税收工具必须在各自的政策适用范围内考虑。财税〔2009〕59号文对特殊性税务处理的适用条件规定得较为严格，例如股权收购及资产收购，须收购标的企业50%以上的股权或资产。财税〔2014〕109号关于划转的特殊性税务处理适用条件规定得较为宽松，对作为划转标的的股权或资产并没有比例要求，但对划转双方的股权架构有严格要求，必须为100%的直接持股关系。而财税〔2014〕116号关于非货币性资产投资的适用条件规定得较为宽松，属于金额确定、时间确定的递延纳税，且可以用投资企业的分期确认所得来换取被投资企业按公允价值确定投资资产的计税基础。

（二）考虑所得和计税基础的确认问题

企业所得税处理中的主要问题是所得的确认和计税基础的确定，因此企业在选择并购重组政策适用时，须考虑以上两个问题。当股权或资产转让方有未弥补的亏损时，选择一般性税务处理须确认相关资产转让所得或损失，但所得可以用来弥补亏损，此时对转让方更为有利；当交易双方拟长期持有所取得的

股权或资产时，只要一直不处置，相关所得或损失将一直不会确认，此时选择特殊性税务处理可能更为有利；以固定资产等实物资产投资时，选择非货币性资产投资的分期确认所得可能有利，因为此时被投资方可以按投资资产的公允价值计提折旧进行税前扣除。具体哪种方式更为有利，需要纳税人根据自身情况，结合相关数据进行测算后确定。

（三）统筹考虑各个税种的影响

由于目前的税收政策对重组形式并没有统一适用于各个税种的定义，使得税种之间存在不协调之处。纳税人在选择并购重组税收工具时，须同时考虑各个税种的税务处理，不能顾此失彼。如选择无偿划转税收工具时，企业所得税、契税等都有相应的税收政策，但土地增值税并没有与之对应的税收政策，如果重组中涉及房屋、土地使用权的过户，则划转时需要测算土地增值税的影响；投资方选择非货币性资产投资工具时，虽然可以分期确认所得，但不能含有负债，这就使得投资方可能无法适用增值税不征税政策，因为增值税要求资产、负债及劳动力一并转让才可以适用不征税政策。

（四）注意各地政策执行口径

由于并购重组税收政策比较复杂，一些税收政策在各个地区可能会有不同的理解，因此会产生不同的执行口径。例如，对含有负债的资产划转、母公司吸收合并全资子公司等，个别地区认为不能适用特殊性税务处理。纳税人在重组前须从权威途径了解当地的执行口径，避免发生税企争议。

（五）注意纳税主体问题

一般来说，企业重组不会影响企业的纳税主体，在资产重组后，纳税主体并不会发生变化。如纳税人欠缴的税金，在资产重组后仍须由原企业继续缴纳，纳税人未抵扣完的增值税留抵税金在一般情况下也无法转移到新的企业继续抵扣。

（六）把握好重组中的时间要求

出于反避税考虑，企业重组适用特殊性税务处理的一般都有时间要求。例如，划转的特殊性税务处理要求，股权或资产划转后连续 12 个月内不改变被划转股权或资产原来实质性经营活动，且划转双方股权架构要保持不变。财税〔2009〕59 号的特殊性税务处理相关规定也要求，企业重组后的连续 12 个月内不改变重组资产原来的实质性经营活动；企业重组中取得股权支付的原主要股东，在重组后连续 12 个月内，不得转让所取得的股权；企业在重组发生前后连续 12 个月内分步对其资产、股权进行交易，应根据实质重于形式原则将上述交易作为一项企业重组交易进行处理。因此，纳税人在选择税收工具时，须把握好重组中的时间要求。

（七）注意一致性税务处理

纳税人选择企业重组的所得税政策时，各方的税务处理须保持一致。根据财税〔2009〕59 号文件规定，同一重组业务的当事各方应遵循一致性税务处理原则，即统一按一般性或特殊性税务处理。例如，如果 DYJS 选择财税〔2009〕59 号文件规定的特殊性税务处理，那么北京 HTKJ 也须选择特殊性税务处理。同时，重组各方应在该重组业务完成当年，办理企业所得税年度申报时，分别向各自主管税务机关报送“企业重组所得税特殊性税务处理报告表及附表”和申报资料。

（八）一经选择，不得改变

财税〔2014〕116 号第六条规定：“企业发生非货币性资产投资，符合《财政部 国家税务总局关于企业重组业务企业所得税处理若干问题的通知》（财税〔2009〕59 号）等文件规定的特殊性税务处理条件的，也可选择按特殊性税务处理规定执行。”由于企业非货币性资产投资行为，可能同时符合财税〔2014〕116 号文件规定、财税〔2009〕59 号以及财税〔2014〕109 号相关规定，目前政策允许企业选择其中一项政策执行，但一经选择，不得改变。

（九）选择的税收工具要具有可操作性

税收因素是企业重组时考虑的重要因素，但不是唯一因素，企业在重组时还须考虑其他法律法规的影响。纳税人在选择税收工具时，还须注意是否具有可操作性，如重组后企业的商誉或品牌问题，与企业资产相关的专属经营资质能否办理变更或转移手续，重组后企业高新技术资质重新认定问题，股票、土地使用权及房屋建筑物能否顺利办理权属过户问题，等等。

02

第二篇

并购重组篇

案例 5
上市公司资产置换的税务处理分析

资产置换，是一个企业用自己持有的股权或资产去换取其他企业持有的股权或资产，所置换资产往往表现为资产包。在资本运作实践中，上市公司出于业绩持续增长需要，往往由控股股东向上市公司注入优质资产或者现金，以置出上市公司的呆滞资产或非主营业务资产等。资产置换涉及的税种较多，通常有增值税、土地增值税、印花税、企业所得税及契税。在可以适用特殊性税务处理的企业重组形式中，并不包括资产置换的形式，但由于资产置换往往由股权收购或资产收购组成，如果条件满足，也可以适用股权收购或资产收购的特殊性税务处理。

一、案例基本情况

2019 年 11 月，上市公司甲公司发布了《关于公司资产置换暨关联交易的公告》称，甲公司与其控股股东乙公司签订了资产置换协议，对相关资产进行置换。具体为：乙公司以所持有的 B 公司 100% 的股权以及所属两个大酒店的全部经营性资产及负债（含房屋建筑物）与甲公司所持有的 A 公司 51% 的股权进行资产置换，差额部分由甲公司以现金补足。交易发生时，乙公司全部净资产的公允价值为 353 亿元。交易示意图见图 5 - 1。

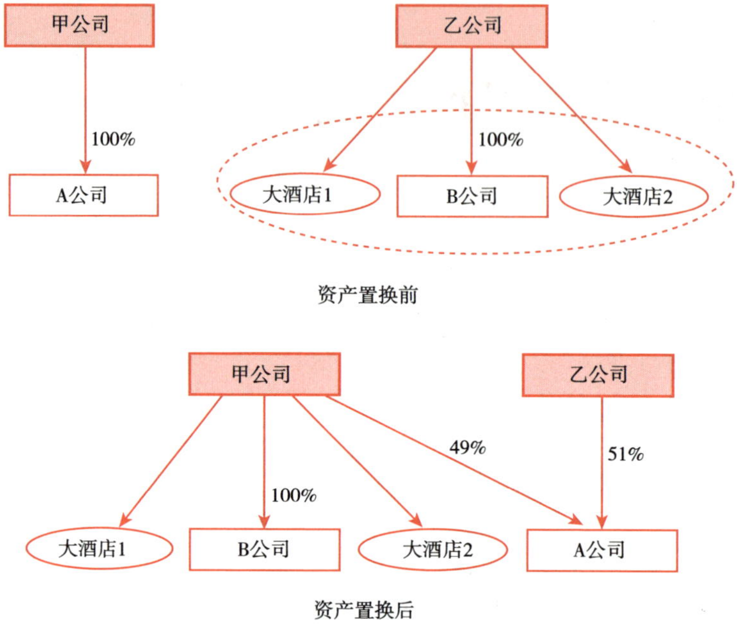

图 5－1　资产置换前后的交易示意图

甲公司拟置入资产包括：(1) 乙公司持有的 B 公司 100% 的股权。账面净值 6.48 亿元，评估值及交易作价 7.54 亿元。(2) 乙公司两个大酒店的经营性资产及负债。账面净值 0.64 亿元，评估值及交易作价 2.67 亿元。

甲公司拟置出资产包括：甲公司所持有的 A 公司 51% 的股权。账面净值 2.33 亿元，评估值及交易作价 8.71 亿元。差额部分由甲公司现金补足 1.5 亿元。

甲公司拟置入资产及置出资产具体情况如表 5－1 所示。

表 5－1　置入资产及置出资产具体情况表　　单位：亿元

交易方向	标的资产	账面净值	评估值	评估增值	交易金额
甲公司置入资产	B 公司 100% 的股权	6.48	7.54	1.06	7.54
	两个大酒店经营性资产与负债	0.64	2.67	2.03	2.67
	小计	7.12	10.21	3.09	10.21
甲公司置出资产	A 公司 51% 股权	2.33	8.71	6.38	8.71
	用以补足差额的现金对价				1.50
	小计				10.21

自该协议生效之日起，两个大酒店的债权由甲公司享有。若相关债务人在该协议生效之日起就属于两个大酒店范围内之债权仍向乙公司付款的，乙公司应在收到相应款项后将该等款项全额支付给甲公司。

乙公司应按相关法律法规、公司章程及相关合同的规定，就与两个大酒店相关的债务转移事项及时取得债权人同意函。

若相关债务在交割日前到期，乙公司负责办理相关债务的延期，如无法延期并由乙公司清偿的或相关债务在交割日前未到期，由乙公司提前清偿的，则乙公司需在交割日提供甲公司认可的等额债务替换并取得相关债权人的同意或由双方协商相应调整交易对价。

自该协议约定的交割日后，如任何未向乙公司出具债务转移同意函的债权人向乙公司主张权利的，乙公司须向甲公司发出书面通知，将上述权利主张交由甲公司负责处理。

甲、乙双方一致同意，A公司、B公司将继续履行其各自与员工已签署的劳动合同，涉及两个大酒店运营的员工将与甲公司或甲公司指定主体重新签订劳动合同，并按《劳动法》《劳动合同法》等相关规定维护员工合法权益。

在本案例中，所转让标的公司股权均为非上市公司股权，甲、乙双方如何进行税务处理值得讨论。

二、税务处理解析

本次资产置换中包含土地、房屋，会发生权属转移，甲公司会涉及契税、印花税及企业所得税；乙公司会涉及增值税、土地增值税、印花税及企业所得税。假设本案例中各项资产的账面净值等于其计税基础，则税务处理如下。

（一）资产置换交易的税务分析

1. 确认业务的性质

在本案例中，甲公司转让了其持有的A公司51%股权，乙公司转让了一揽子资产包，具体为：B公司100%股权及乙公司两个大酒店的全部经营性资产及负债（含房屋建筑物）。站在甲公司的角度看，是资产收购业务，而站在乙公司的角度看，则是股权收购业务。那么，该业务应定性为甲公司的资产收购，还是乙公司的股权收购呢？

在本案例中，对资产置换的差价，由甲公司向乙公司以现金的形式补足，因此该交易不能视为乙公司的股权收购行为，只能视为甲公司的资产收购行为，即甲公司收购乙公司持有的一揽子资产：B 公司 100% 股权及乙公司两个大酒店的全部经营性资产及负债（含房屋建筑物），收购总金额为 10.21 亿元，甲公司的支付对价为其持有的 A 公司 51% 股权及 1.5 亿元现金。

2. 企业所得税能否适用特殊性税务处理的分析

根据《财政部 国家税务总局关于企业重组业务企业所得税处理若干问题的通知》（财税〔2009〕59 号），特殊性税务处理的适用条件包含两个比例的要求：重组交易对价中涉及股权支付金额符合该通知规定比例，即不低于其交易支付总额的 85%；被收购、合并或分立部分的资产或股权比例符合该通知规定的比例，即被收购的资产不低于转让企业全部资产的 50%。

甲公司支付的对价共计 10.21 亿元，包含 1.5 亿元现金及价值 8.71 亿元的 A 公司 51% 股权，甲公司股权支付比例为 8.71 ÷ 10.21 = 85.31%，占交易支付总额的 85% 以上，符合资产收购特殊性税务处理规定的比例要求；但由于资产转让方乙公司全部净资产的公允价值为 353 亿元，资产收购方甲公司收购的资产公允价值为 10.21 亿元，未达到乙公司全部资产的 50% 以上，即受让企业收购的资产低于转让企业全部资产的 50%，不满足资产收购特殊性税务处理的比例要求。

因此，各方需要确认资产或股权的转让所得，计算缴纳企业所得税，资产置入方对各项置入资产的计税基础按交易价格进行确认。

（二）甲公司的税务处理

甲公司转让标的为非上市公司 A 公司 51% 的股权，由于转让非上市公司股权不属于增值税的征收范围，因此甲公司不涉及增值税，仅涉及印花税及企业所得税。此外，甲公司所置入的资产中含有土地及房屋，还会涉及契税。

1. 印花税

《国家税务总局关于印花税若干具体问题的解释和规定》（国税发〔1991〕

155号）第三条规定：“商品购销活动中，采用以货换货方式进行商品交易签订的合同，是反映既购又销双重经济行为的合同。对此，应按合同所载的购、销合计金额计税贴花。”因此，资产置换协议需要按购销合同缴纳印花税。但在资产置换协议中，如果含有需要办理产权过户的土地、房屋及股权等，甲、乙双方还应当对其中需要办理所有权转移的部分按“产权转移书据”缴纳印花税。

2. 企业所得税

甲公司需要确认A公司51%股权的转让所得6.38亿元；确认取得B公司100%股权的计税基础为交易价格7.54亿元；确认取得两个大酒店整体资产及负债的计税基础为交易价格2.67亿元。

3. 契税

在该资产置换发生时，企业重组行为适用的有效契税文件为《财政部 税务总局关于继续支持企业 事业单位改制重组有关契税政策的通知》（财税〔2018〕17号），资产置换并不在该文的“免征契税”范围内，因此，甲公司承受乙公司两个大酒店土地及房屋的权属转移，应当缴纳契税。

（三）乙公司的税务处理

在本次交易中，乙公司转让的B公司100%股权涉及印花税及企业所得税，转让的两个大酒店全部经营性资产及负债（包含房屋建筑）涉及增值税、土地增值税、印花税及企业所得税。

1. 增值税

由于转让非上市公司股权不属于增值税的征收范围，因此乙公司转让B公司100%股权不征收增值税。

另外，在乙公司转让两个大酒店的整体资产中，乙公司将大酒店相关经营性资产以及与其相关联的债权、负债和劳动力一并转让给甲公司，根据《国家税务总局关于纳税人资产重组有关增值税问题的公告》（国家税务总局公告2011年第13号）及《财政部 国家税务总局关于全面推开营业税改征增值税试点的通知》（财税〔2016〕36号）附件2“营业税改征增值税试点有关事项的规定”，纳税人在资产重组过程中，通过合并、分立、出售、置换等方式，将全部或者部分实物资产以及与其相关联的债权、负债和劳动力一并转让给其他单位和个人，不属于增值税的征税范围，其中涉及的货物、不动产及土地使用权的转让，不征收增值税。因此，乙公司就两个大酒店的整体资产转让行为，可以适用增值税“不征税”政策。

2. 土地增值税

在资产置换时，企业重组行为土地增值税适用的文件是《财政部 税务总局关于继续实施企业改制重组有关土地增值税政策的通知》（财税〔2018〕57号），对可以享受该文件规定的“暂不征土地增值税”的改制重组行为并不包含资产置换这一形式。因此，乙公司需要就两个大酒店资产中土地及房屋权属的转移，计算缴纳土地增值税。

3. 印花税

《国家税务总局关于印花税若干具体问题的解释和规定》（国税发〔1991〕155号）第三条规定：“商品购销活动中，采用以货换货方式进行商品交易签订的合同，是反映既购又销双重经济行为的合同。对此，应按合同所载的购、销合计金额计税贴花。”因此，资产置换协议需要按购销合同缴纳印花税。但在资产置换协议中，如果含有需要办理产权过户的土地、房屋及股权等，甲、乙双方还应当对需要办理所有权转移的部分按“产权转移书据”缴纳印花税。

4. 企业所得税

乙公司需要确认B公司100%股权转让所得1.06亿元，确认两个大酒店的资产转让所得2.03亿元；确认取得A公司51%股权的计税基础为交易价格8.71亿元。

三、案例启示及筹划思路

在企业重组中，税收成本是企业需要考虑的重要因素之一。在本案例中，双方合计需要确认的企业所得税应纳税所得额为9.47（1.06+2.03+6.38）亿元，税收负担较重。

由于现行税法规定，以“由本企业直接持有股份的企业”支付属于股权支付，使得资产置换有可能适用特殊性税务处理。如果本案例从税务角度考虑，可以进行适当的税收筹划，使得企业所得税可以符合特殊性税务处理的适用条件，从而降低企业重组中的税收成本。

由于乙公司的资产体量比较大，本案例很难满足资产收购特殊性税务处理中的50%比例要求，但可以考虑在支付总价不变的情况下，利用现行规定，将一个打包资产收购业务拆分为股权收购和资产收购两个业务，分两步进行。

第一步，甲公司首先收购乙公司持有的B公司100%股权，交易价格7.54亿元，支付对价为甲公司持有的A公司44.15%（51%/8.71×7.54）的股权。由于收购的股权比例为100%，股权支付比例也为100%，在其他条件满足的情况下，该交易符合现行规定中特殊性税务处理的条件，双方不需要确认相关股权的转让所得。

第二步，甲公司收购乙公司所属两个大酒店的全部经营性资产及负债（含房屋建筑物），交易价格为2.67亿元，支付对价为1.5亿元现金以及甲公司持有的A公司6.85%（51%－44.15%）的股权，该交易只能适用一般性税务处理。此时，甲公司需要确认A公司6.85%的股权转让所得0.86（6.38/51%×6.85%）亿元，乙公司确认转让两个大酒店的全部经营性资产及负债的所得为2.03亿元。

在此种方式下，两步交易合计需要确认的应纳税所得额为0.86＋2.03＝2.89亿元，与目前的方案相比，交易双方合计可以少确认应纳税所得额6.58（9.47－2.89）亿元，会节约重组中的企业所得税税收成本。

由于甲公司为上市公司，重组方案还需要考虑证券监管部门的有关要求。

案例6
上市公司发行股份收购资产的税务处理案例

资产收购，是指一家企业购买另一家企业实质经营性资产的交易。企业资产收购重组，是企业进行扩张式经营的常见重组形式。上市公司资产收购的案例并不常见，较为常见的是股权收购案例。资产收购涉及的税种较多，本部分以某上市公司发行股份收购资产为例，从资产转让方的角度来分析说明各个税种的税务处理。

一、案例介绍

（一）交易概述

2016年8月，某上市公司（以下简称“上市公司”或“公司”）发布了《发行股份购买资产并募集配套资金暨关联交易报告书》，其主要内容如下。

1. 交易方案概况

本次交易上市公司以非公开发行股份的方式向甲集团购买其拥有的房屋及对应的土地使用权。

2. 本次交易标的资产价格

标的资产的价格以具有证券、期货业务资格的资产评估机构出具的资产评估报告载明的，并经某市国资委备案的评估结果作为定价依据，由双方协商确定。

根据某资产评估有限公司出具的《上市公司发行股份购买资产行为涉及的甲集团部分资产评估报告》，截至评估基准日（即2016年3月31日），标的资产的评估值为970 711 200元。据此，标的资产的价格以前述评估结果为基础，并经双方协商确定为970 711 200元。

3. 本次交易的对价支付方式

标的资产的交易对价通过上市公司向甲集团非公开发行人民币普通股股票的方式支付。

4. 发行股份购买资产方案

（1）发行股份的种类和面值。发行股份购买资产的股票为境内上市的人民币普通股（A股），每股面值为人民币1.00元。

（2）发行对象及发行方式。发行股份购买资产的发行对象为甲集团。发行采用向特定对象非公开发行股份的方式。

（3）发行股份的定价基准日、定价依据和发行价格。发行股份购买资产的定价基准日为公司第九届董事会第九次会议（临时会议）决议公告日。

发行股份购买资产的发行价格采用定价基准日前120个交易日股票交易均价的90%（定价基准日前120个交易日股票交易均价=定价基准日前120个交易日股票交易总额÷定价基准日前120个交易日股票交易总量），即16.36元/股。

在定价基准日至发行日期间，公司如有派息、送股、资本公积转增股本等除权、除息事项的，发行价格将进行相应调整。

（4）发行数量。公司本次向甲集团发行股份的数量为标的资产的交易价格除以购买资产所发行股份的发行价格，即59 334 425股。

在定价基准日至发行日期间，公司如有派息、送股、资本公积金转增股本等除权、除息事项的，则发行价格与发行数量进行相应调整。

（5）本次发行股份的锁定期及上市安排。甲集团于本次发行股份购买资产取得的股份自发行结束之日起36个月内不得上市交易或转让，之后按照中国证监会及上海证券交易所的有关规定执行。

本次交易完成后6个月内如上市公司股票连续20个交易日的收盘价低于

发行价，或者交易完成后6个月期末收盘价低于发行价的，甲集团所持有公司股票的锁定期自动延长6个月。

本次发行结束后，由于公司送股、转增股本等原因增加的公司股份，甲集团亦应遵守上述约定。

（6）发行股份购买资产所发行股份的拟上市地点。发行股份购买资产所发行的股份拟在上海证券交易所上市。

（7）过渡期间损益安排。标的资产在评估基准日至实际交割日期间所产生的损益将归属甲集团所有。

（二）交易标的评估情况简要介绍

本次交易的评估基准日为2016年3月31日，评估对象为公司控股股东甲集团持有的××大厦。根据《上市公司发行股份购买资产行为涉及的甲集团部分资产评估报告》，本次交易标的账面净值为274 822 864.52元（假设计税基础等于其账面净值），经市场比较法评估的评估价值为970 711 200.00元，评估增值率为253.21%，经双方友好协商，本次交易最终作价为970 711 200.00元。

交易标的主要由研发、办公、商业用房及地下车位等业态构成，其所在区域房地产市场上类似物业的可比交易案例较多，且该等物业出租收益性较强。因此，本次评估方法选取市场比较法及收益法。

由于我国房地产市场的租赁及销售价格机制尚待完善，租金水平无法反映房地产的真实价格水平，故评估师认为，市场比较法更为符合评估目的的需要，其评估结果更能体现交易标的的市场价格水平。因此，本次评估选取市场比较法估值作为最终评估结果。

（三）本次重组对上市公司的影响

本次交易完成后，上市公司的总资产、净资产都有较大幅度的提高。交易前后，虽然每股收益由于新增股份的摊薄而在短期内有所下降，但归属于公司股东的净利润因此次重组而有所上升。本次交易将有利于提升上市公司可持续经营能力及抗风险能力，上市公司的财务状况将得到改善。

本次交易前，甲集团持有上市公司183 120 927股股份，占公司总股本的

51.00%，为上市公司控股股东、实际控制人。

本次交易完成后，甲集团将持有上市公司242 455 352股股份，占上市公司总股本的57.95%，仍为公司控股股东、实际控制人，上市公司控制权不发生变化。

交易示意图见图6－1。

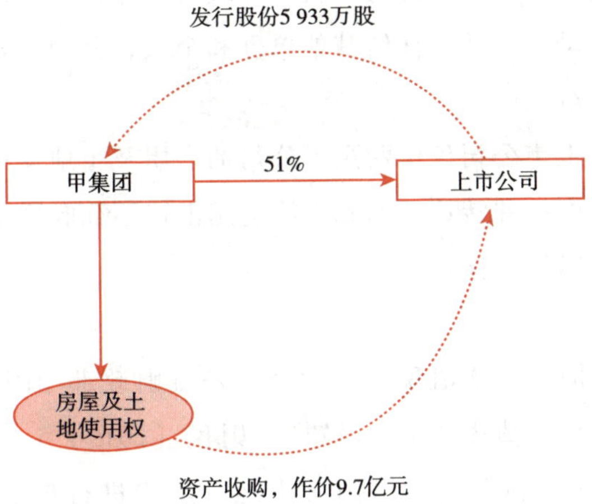

发行股份购买资产前

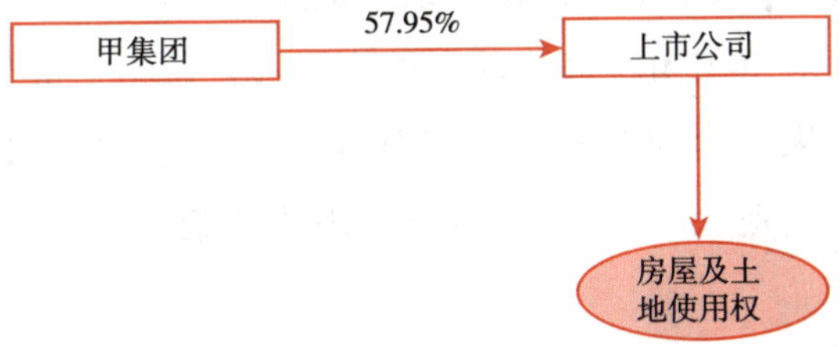

发行股份购买资产后

图6－1 发行股份购买资产前后的交易示意图

二、税务处理

在资产收购中，转让方通常会涉及增值税、土地增值税、印花税及企业所得税，收购方通常会涉及印花税及契税。

（一）转让方的税务处理

1. 增值税

根据《营业税改征增值税试点有关事项的规定》（财税〔2016〕36 号）第一条第（二）项的规定，不征收增值税的项目为，在资产重组过程中，通过合并、分立、出售、置换等方式，将全部或者部分实物资产以及与其相关联的债权、负债和劳动力一并转让给其他单位和个人，其中涉及的不动产、土地使用权转让行为。

本次交易中，上市公司仅仅购买甲公司的房屋及土地使用权，并不属于债权、负债和劳动力的一并转让，因此不能适用上述不征收增值税政策，甲公司需要按照规定计算缴纳增值税。

2. 土地增值税

本次交易发生时土地增值税有效的文件是《财政部 国家税务总局关于企业改制重组有关土地增值税政策的通知》（财税〔2015〕5 号）①。其第四条规定："单位、个人在改制重组时以国有土地、房屋进行投资，对其将国有土地、房屋权属转移、变更到被投资的企业，暂不征土地增值税。"第五条规定："上述改制重组有关土地增值税政策不适用于房地产开发企业。"

本次交易中，对甲集团将房屋及土地使用权转让给上市公司并取得上市公司股票的行为，如果当地税务机关认可属于"单位、个人在改制重组时以国有土地、房屋进行投资"，则甲公司可以适用该政策，暂不征土地增值税。

3. 印花税

甲集团将房屋及土地使用权转让给上市公司，需要按照"产权转移书据"缴纳 0.05% 的印花税。

4. 企业所得税

《财政部 国家税务总局关于企业重组业务企业所得税处理若干问题的通知》（财税〔2009〕59 号）第一条第（四）项规定："资产收购，是指一家企

① 该《通知》已于 2017 年 12 月 31 日到期，其后延续的文件分别是《财政部 税务总局关于继续实施企业改制重组有关土地增值税政策的通知》（财税〔2018〕57 号）及《财政部 税务总局关于继续实施企业改制重组有关土地增值税政策的公告》（财政部 税务总局公告 2021 年第 21 号）。

业（以下称为受让企业）购买另一家企业（以下称为转让企业）实质经营性资产的交易。受让企业支付对价的形式包括股权支付、非股权支付或两者的组合。”

《企业重组业务企业所得税管理办法》（国家税务总局公告2010年第4号）第五条规定：“《通知》第一条第（四）项所称实质经营性资产，是指企业用于从事生产经营活动、与产生经营收入直接相关的资产，包括经营所用各类资产、企业拥有的商业信息和技术、经营活动产生的应收款项、投资资产等。”

如果甲集团所转让的房屋和土地使用权构成其实质经营性资产，则本次交易构成企业重组中的资产收购交易。

假设2022年甲集团在本次非公开发行的股票解禁后，减持本次交易取得的全部股票59 334 425股，取得减持收入20亿元，则其税务处理如下：

（1）一般性税务处理

①相关规定。财税〔2009〕59号对企业资产收购重组交易的税务处理规定如下：第一，被收购方应确认股权、资产转让所得或损失。第二，收购方取得股权或资产的计税基础应以公允价值为基础确定。第三，被收购企业的相关所得税事项原则上保持不变。

②转让资产时。当本次交易不符合特殊性税务处理条件，或虽符合特殊性税务处理条件但各方选择一般性税务处理时，甲集团需要确认房屋和土地使用权等资产的转让所得。

本次交易标的账面净值为274 822 864.52元，交易价格为970 711 200.00元，则甲集团需要确认的所得为：970 711 200.00－274 822 864.52＝695 888 335.48（元）。

③转让股票时。甲集团2022年减持股票应确认的所得为：2 000 000 000.00－970 711 200.00＝1 029 288 800.00（元）。

④收购方计税基础的确定。在一般性税务处理中，上市公司取得房屋和土地使用权等资产的计税基础按交易价格970 711 200.00元确定，并按此金额作为固定资产折旧或无形资产摊销的依据。

（2）特殊性税务处理

①相关规定。财税〔2009〕59号第五条对特殊性税务处理的适用条件

作出规定："企业重组同时符合下列条件的，适用特殊性税务处理规定：（一）具有合理的商业目的，且不以减少、免除或者推迟缴纳税款为主要目的。（二）被收购、合并或分立部分的资产或股权比例符合本通知规定的比例。（三）企业重组后的连续12个月内不改变重组资产原来的实质性经营活动。（四）重组交易对价中涉及股权支付金额符合本通知规定比例。（五）企业重组中取得股权支付的原主要股东，在重组后连续12个月内，不得转让所取得的股权。"

财税〔2009〕59号第六条第（三）项规定，资产收购，受让企业收购的资产不低于转让企业全部资产的75%①，且受让企业在该资产收购发生时的股权支付金额不低于其交易支付总额的85%，可以选择按以下规定处理：第一，转让企业取得受让企业股权的计税基础，以被转让资产的原有计税基础确定。第二，受让企业取得转让企业资产的计税基础，以被转让资产的原有计税基础确定。

②特殊性税务处理分析。本次交易中，资产收购具有合理商业目的，且不以减少、免除或者推迟缴纳税款为主要目的；上市公司以非公开发行股份59 334 425股作为支付对价，股权支付比例100%，大于85%；本次交易的房屋及土地使用权在交易后的连续12个月内不改变实质性经营活动；甲集团取得本次非公开发行的股份，锁定期36个月，自本次非公开发行完成之日起连续12个月内不能转让；如果本次交易被收购的资产占甲集团全部资产的比例大于50%，则本案符合特殊性税务处理的各项要求。

③转让资产时。当本次交易选择特殊性税务处理时，甲集团不需要确认房屋和土地使用权等资产的转让所得。甲集团取得本次非公开发行股票的计税基础以所转让资产的原计税基础确定，即为274 822 864.52元。

④转让股票时。甲集团2022年减持股票应确认的所得为：2 000 000 000.00 - 274 822 864.52 = 1 725 177 135.48（元）。

该所得其实由两部分构成，第一部分是甲集团在转让资产时尚未确认的所得695 888 335.48元，第二部分是甲集团转让股票应确认的所得1 029 288 800.00元。

① 《财政部 国家税务总局关于促进企业重组有关企业所得税处理问题的通知》（财税〔2014〕109号）将此比例降低为50%。

⑤收购方计税基础的确定。在特殊性税务处理中，上市公司取得房屋和土地使用权等资产的计税基础按原计税基础274 822 864.52元确定，并按此金额作为固定资产折旧或无形资产摊销的依据。

（3）税务处理总结。对于本次交易的一般性税务处理和特殊性税务处理，用表6－1列示。

表6－1　一般性税务处理和特殊性税务处理比较　单位：元

甲集团	一般性税务处理	特殊性税务处理
资产的原计税基础	274 822 864.52	
资产的转让收入	970 711 200.00	
资产的转让所得	695 888 335.48	暂不确认
甲集团取得上市公司股票的计税基础	970 711 200.00	274 822 864.52
股票转让收入	2 000 000 000.00	
股票转让所得	1 029 288 800.00	1 725 177 135.48

（二）收购方的税务处理

1. 印花税

上市公司购买甲集团的房屋及土地使用权，需要按照“产权转移书据”缴纳0.05%的印花税。

2. 契税

本次交易发生时契税有效的文件是《财政部 国家税务总局关于进一步支持企业事业单位改制重组有关契税政策的通知》（财税〔2015〕37号）[①]，其规定，对企业改制、事业单位改制、公司合并、公司分立、资产划转等行为，符合条件的可以免征契税。但在本次交易中，上市公司因不符合上述条件，无法享受上述优惠政策，故需要缴纳契税。

---

① 该《通知》已于2017年12月31日到期，其后延续的文件分别是《财政部 税务总局关于继续支持企业 事业单位改制重组有关契税政策的通知》（财税〔2018〕17号）和《关于继续执行企业 事业单位改制重组有关契税政策的公告》（财政部 税务总局公告2021年第17号）。

案例 7
阿继电器与佳电股份的重大资产重组
——2013 年第 66 号公告的应用案例

在适用增值税不征收政策时，相关文件要求须符合“将全部或者部分实物资产以及与其相关联的债权、债务和劳动力一并转让”。在上市公司实践中，对于资产置换交易中的置出资产，通常由控股股东指定新设公司承受，此时往往需要多步骤交易。而对于人员，由于劳动合同的缘故，一般由资产承接方直接接受安置，此时并不会构成“债权、债务和劳动力一并转让”。为解决此问题，国家税务总局出台了 2013 年第 66 号公告。本部分介绍了哈电集团主导的阿继电器与佳电股份重大资产重组案例，并分析了此公告的适用情形。

一、交易总体方案

2011 年 4 月，阿城继电器股份有限公司（证券代码：000922，证券简称：原*ST 阿继，现佳电股份）发布《重大资产置换及发行股份购买资产暨关联交易报告书（草案）》，本次交易总体方案如下：

该公司以全部资产和负债（作为置出资产），与佳电厂持有的佳电股份 51.25% 股权（作为置入资产的 51.25%）进行置换，置出资产的评估值为 13 673.96 万元，置入资产的 51.25% 的评估值为 106 600.43 万元（置入资产的评估值为208 000.84万元），差额部分该公司将以8.61元/股的价格向佳电厂非公开发行107 928 537股股份作为对价。

同时，该公司以8.61元/股的价格分别向建龙集团和钧能实业非公开发行113 711 963股股份和4 058 549股股份作为对价，受让两者持有的佳电股份47.07%和1.68%的股权（分别为置入资产的47.07%和1.68%，评估值分别为97 906.00万元和3 494.41万元）。

本次交易完成后，该公司将持有佳电股份100%股权。交易示意图见图7-1。

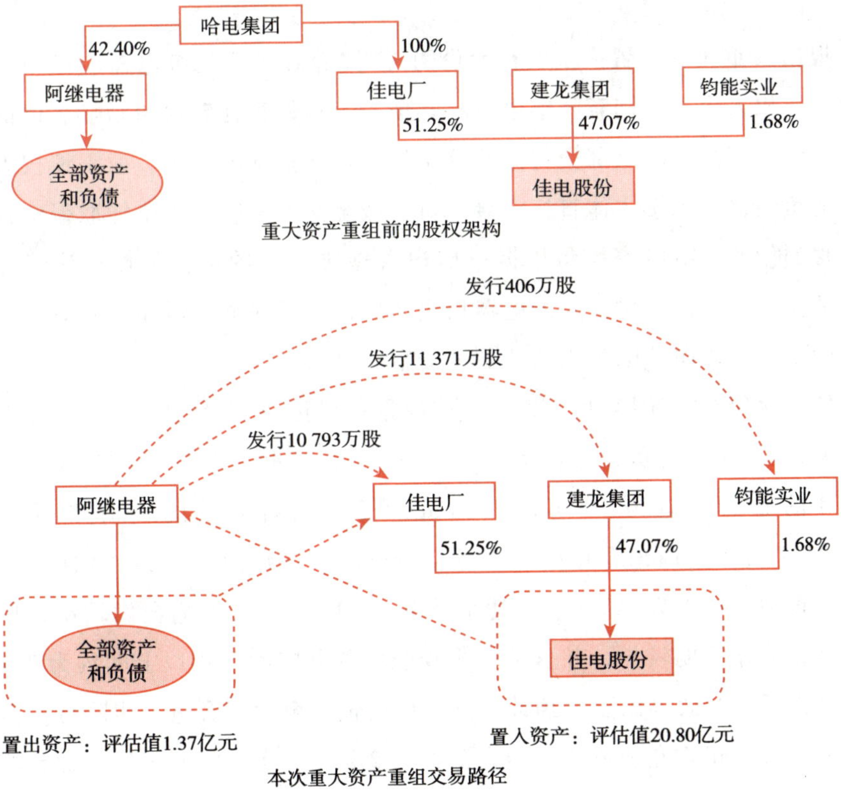

图7-1 重大资产重组前后的股权架构和交易路径

二、债权债务的处理

对于置出资产涉及的债权债务转移情况，交易方案披露如下。

截至 2010 年 9 月 30 日，本次交易置出资产涉及债务合计 282 609 165.34 元。截至报告书签署日，上述债务中已取得债权人同意函、已清偿和已解除的负债为 146 820 981.05 元，占负债总额的 51.95%；未获得债权人同意函的负债为 135 788 184.29 元，占负债总额的 48.05%。

哈电集团、阿继电器和中信银行已签订了《账户管理协议》，哈电集团已存放了不少于 135 788 184.29 元的资金，根据《账户管理协议》约定，在《重大资产置换及发行股份购买资产协议》生效后，哈电集团负责在该债务到期前将清偿资金足额支付至阿继电器指定账户，以便阿继电器能及时对外清偿债务。

根据《重大资产置换及发行股份购买资产协议》，阿继电器应尽最大努力取得其债权人出具的同意阿继电器将其债务及担保责任转移给承接主体的同意函，并将该等同意函全部交付给承接主体。自交割基准日起，取得债权人同意转移的负债，由承接主体直接承接。对于截至交割基准日仍未能取得债权人同意转移的债务，哈电集团将根据《账户管理协议》约定，负责在该债务到期前将清偿资金足额支付至阿继电器指定账户，以便阿继电器能及时对外清偿债务，由承接主体向哈电集团偿还前述资金。

佳电股份在《2013 年年度报告》披露：截至 2012 年 3 月 31 日（交割审计基准日），本公司负债总额为 33 667.11 万元。截至报告期，已取得同意函的负债的账面价值为 10 622.79 万元，已于期后清偿的负债账面价值为 13 862.77 万元；尚未获得同意函且未清偿的负债账面价值为 9 181.55 万元，该部分负债占比为 27.27%。上述债务共 1 500 余笔，单笔金额较小，形成原因复杂，操作周期较长，并且债务中预收账款和账龄两年以上的约为 7 000 万元，考虑诉讼时效等因素，预计实际需偿还债务金额还会进一步降低，截至报告期末，银行账户专项账户资金余额约为 2 300 万元，因而短期内共管账户资金能够满足清偿重组债务要求。

为了彻底解决重组债务引发的债务风险，哈电集团在《账户管理协议》中已经承诺：在债务到期前将清偿资金足额支付至上市公司指定账户，以便上市公司能及时对外清偿债务。哈电集团会严格履行《账户管理协议》，及时提供代偿资金，清偿已核定确认的重组债务。

三、人员的处理

对于置出资产的人员安排，交易方案披露如下：根据阿继电器第五届职代会第二次会议审议通过的《阿城继电器股份有限公司重大资产重组职工安置方案》和《重大资产置换及发行股份购买资产协议》，置出资产涉及的人员安置安排如下：根据“人随资产走”的原则，阿继电器的员工的劳动关系、组织关系（包括但不限于党团关系）、养老、医疗、失业、工伤、生育等社会保险关系，其他依法应向阿继电器的员工提供的福利，以及阿继电器与阿继电器的员工之间之前存在的其他任何形式的协议、约定、安排和权利义务等事项均由承接主体承继，并由承接主体负责进行安置。

根据上述协议，离退休人员和内退人员有关费用应由承接主体承担。因此，阿继电器未对上述费用进行预提，在评估过程中也未进行相应调整。本次资产重组后，阿继电器的现有职工仍为国有身份，不涉及职工身份置换，由哈电集团全资子公司承担相关安置费用，符合《关于企业重组有关职工安置费用财务管理问题的通知》（财企〔2009〕117号）的相关规定。

从上述披露看，置出资产涉及的人员直接由阿继有限负责安置。

四、资产的处理

本次交易中置出资产涉及的项目主要有长期股权投资、在建工程、固定资产、土地使用权等。具体评估价值结果见表7-1。

表7-1　置出资产评估结果汇总表　　单位：万元

项目		账面价值	评估价值	增减值	增减率
		A	B	C=B-A	D=C/A×100%
1	流动资产	17 766.15	17 959.46	193.31	1.09%
2	非流动资产	18 875.01	23 851.14	4 976.13	26.36%
3	长期股权投资	4 102.27	2 282.25	-1 820.02	-44.37%
4	投资性房地产	—	—	—	—
5	固定资产	13 142.97	18 557.04	5 414.07	41.19%

续表

项目		账面价值	评估价值	增减值	增减率
		A	B	C = B - A	D = C/A × 100%
6	在建工程	50	0	-50.00	-100.00%
7	油气资产	—	—	—	—
8	无形资产	1 579.77	3 011.85	1 432.08	90.65%
9	其中：土地使用权	1 579.77	3 011.85	1 432.08	90.65%
10	其他资产	—	—	—	—
11	资产总计	36 641.16	41 810.60	5 169.44	14.11%
12	流动负债	27 805.92	27 805.92	—	0.00%
13	非流动负债	455	455	—	0.00%
14	负债总计	28 260.92	28 260.92	—	0.00%
15	净资产	8 380.24	13 549.68	5 169.44	61.69%

交易方案披露：阿继电器现有资产状况不佳，人员负担较为沉重。哈电集团作为持有阿继电器42.40%股权的股东，将安排其全资子公司阿继有限承接阿继电器100%的资产、负债及全部人员，完全解除上市公司的负担，保证置入资产的收益不被稀释，最大限度地维护中小股东的利益。

从披露的方案看，用于本次资产置换的置出资产交易路径应该由以下三步构成：(1) 阿继电器将置出资产出售给佳电厂；(2) 佳电厂将该资产转让给其母公司哈电集团；(3) 哈电集团将该资产转让或投资于新成立的资产承受方阿继有限。以上交易路径见图7-2。

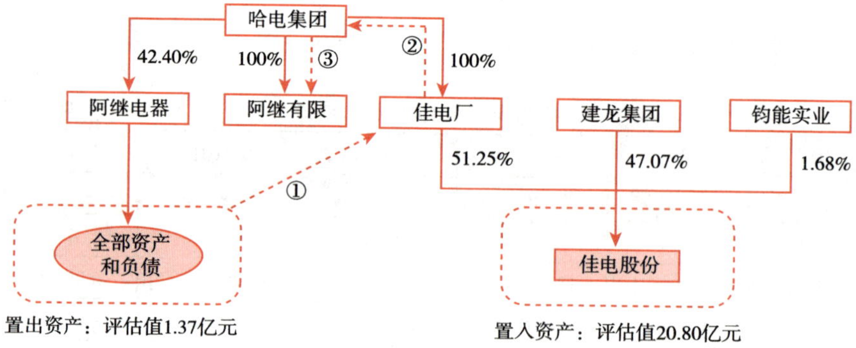

置出资产的交易路径

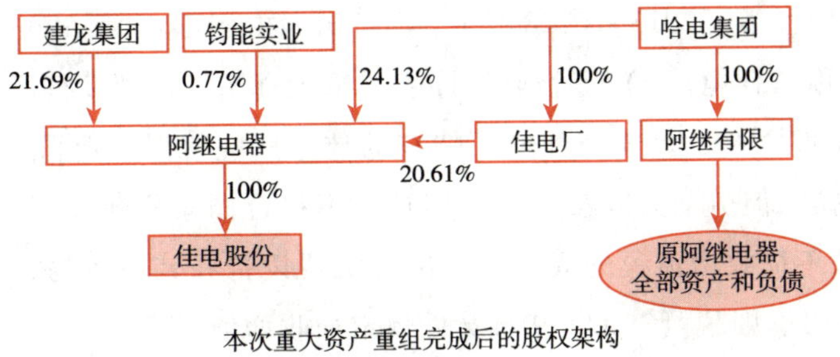

图7-2 置出资产的交易路径以及股权架构

佳电股份在《2013年年度报告》中披露：公司重大资产重组置入资产为佳木斯电机股份有限公司100%股权，置出资产为该公司原有全部资产和负债。截至报告期，该公司已完成交付或过户的资产账面价值（截止交割审计基准日2012年3月31日）为35 711.85万元，占同时点本公司总资产账面价值38 847.65元的91.93%。对于部分资产未完成过户问题，该公司和相关方已有妥善安排。

五、增值税的处理

由于阿继电器所置出资产中包含当时应征增值税及营业税的资产，应根据当时的有效文件进行处理。

在营业税方面，《国家税务总局关于纳税人资产重组有关营业税问题的公告》（国家税务总局公告2011年第51号）规定："纳税人在资产重组过程中，通过合并、分立、出售、置换等方式，将全部或者部分实物资产以及与其相关联的债权、债务和劳动力一并转让给其他单位和个人的行为，不属于营业税征收范围，其中涉及的不动产、土地使用权转让，不征收营业税。"

在增值税方面，《国家税务总局关于纳税人资产重组有关增值税问题的公告》（国家税务总局公告2011年第13号）规定："纳税人在资产重组过程中，通过合并、分立、出售、置换等方式，将全部或者部分实物资产以及与其相关联的债权、负债和劳动力一并转让给其他单位和个人，不属于增值税的征税范围，其中涉及的货物转让，不征收增值税。"

阿继电器于2013年2月28日收到哈尔滨市阿城区国家税务局税务事项通

知书（哈阿国税通〔2013〕0228 号）。该通知书中指出：“公司与佳木斯电机厂（以下简称‘佳电厂’）等企业签订了《重大资产置换及发行股份购买资产协议》，将全部资产、负债与佳电厂持有的佳木斯电机股份有限公司 51.25% 股权进行置换，但劳动力并没有一并转让，不符合国家税务总局公告 2011 年第 13 号有关不征收增值税的规定。置出的机器设备和其他货物，应按照财税〔2008〕170 号、财税〔2009〕9 号文件规定征收增值税。”

2013 年 11 月 19 日，国家税务总局发布了《国家税务总局关于纳税人资产重组有关增值税问题的公告》（国家税务总局公告 2013 年第 66 号），主要内容如下：

纳税人在资产重组过程中，通过合并、分立、出售、置换等方式，将全部或者部分实物资产以及与其相关联的债权、负债经多次转让后，最终的受让方与劳动力接收方为同一单位和个人的，仍适用《国家税务总局关于纳税人资产重组有关增值税问题的公告》（国家税务总局公告 2011 年第 13 号）的相关规定，其中货物的多次转让行为均不征收增值税。资产的出让方需将资产重组方案等文件资料报其主管税务机关。

本公告自 2013 年 12 月 1 日起施行。纳税人此前已发生并处理的事项，不再做调整；未处理的，按本公告规定执行。

根据 2013 年第 66 号公告，在本次交易中，人员由阿继有限直接接收，而阿继电器将所置出资产经过多步骤转让后，最终也由阿继有限承接，可以适用 2011 年第 13 号公告。对置出资产交易路径中的三步交易，即阿继电器将置出资产出售给佳电厂、佳电厂将该资产转让给其母公司哈电集团、哈电集团将该资产转让或投资于新成立的资产接受方阿继有限，其中涉及的货物转让，均不征收增值税。

阿继电器后来披露：公司根据国家税务总局公告 2013 年第 66 号文已与阿城区国税局沟通。截至报告期，公司已取得哈尔滨市阿城区国家税务局出具的三年合规证明，公司将全部资产、负债与佳电厂持有佳木斯电机股份有限公司 51.25% 股权进行置换，不须再缴纳增值税。

案例8
如何设计扬农化工的分步股权划转方案？

2021年3月30日，江苏扬农化工股份有限公司（以下简称“扬农化工”）发布了《关于划转子公司股权的公告》，拟将公司及子公司的股权架构从五层压缩至两层。为此，《中国税务报》于2021年5月28日就该划转方式做了组稿，笔者应中国税务报的邀请就该划转提出了自己的方案。而后从《中国税务报》得知，在组稿见报后，该上市公司及主管税务机关立即进行了讨论，决定采纳笔者提出的划转方案。2021年6月4日，《中国税务报》又做了后续组稿，笔者也接受了采访。《中国税务报》的相关文章附于文后。

为使读者能更清晰地阅读笔者提出的划转方案，现用图示的形式予以说明。

一、划转前的股权架构

被划转股权的三家公司中化农化有限公司（以下简称“中化农化”）、沈阳科创化学品有限公司（以下简称“沈阳科创”）、沈阳化工研究院（南通）化工科技发展有限公司（以下简称“南通科技”）的控制关系见图8－1。

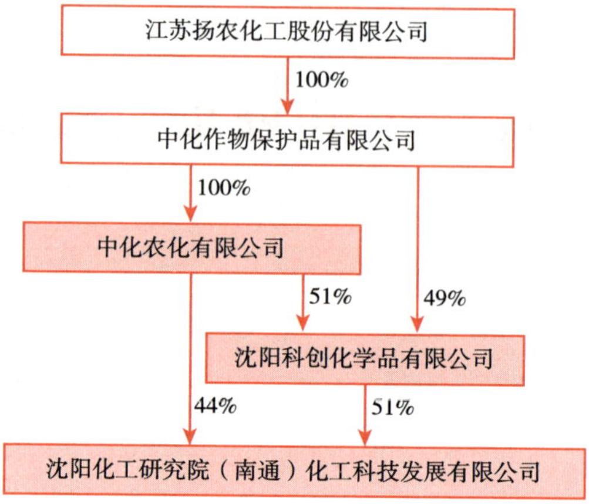

注：红色框内的三家公司为拟调整企业。

图 8－1　划转前的股权架构

二、划转后的股权架构

扬农化工本次拟将中化农化 100% 股权、沈阳科创 100% 股权和南通科技 95% 股权划转至本公司名下，由本公司直接持有上述公司股权。

扬农化工将根据国资委、税务总局有关文件的要求，综合考虑股权转让的税收成本和时间成本，采用分步划转的方式进行股权转让。授权公司经营层办理上述股权划转具体事宜。划转完成后股权架构见图 8－2。

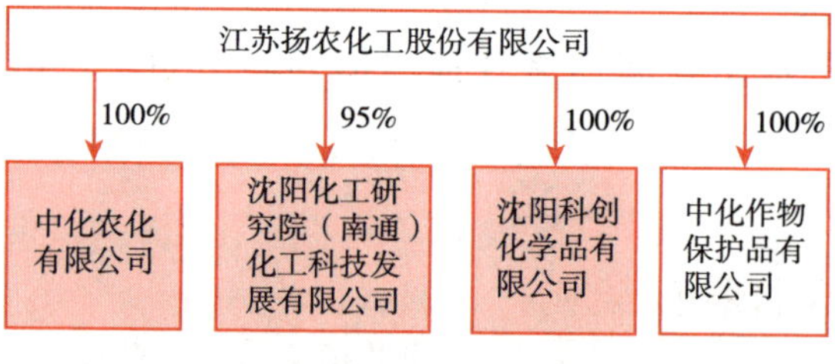

图 8－2　扬农化工划转完成后的股权架构图

三、笔者的划转方案

在划转方式上，笔者提出的划转方案为自上而下、依次划转，各个划转步骤不需要间隔 12 个月以上。

1. 第一步划转：中化作物保护品为划出方，其 100% 控股的母公司扬农化工为划入方，划转标的为中化农化 100% 股权、沈阳科创 49% 股权。无偿划转，适用特殊性税务处理（见图 8－3）。

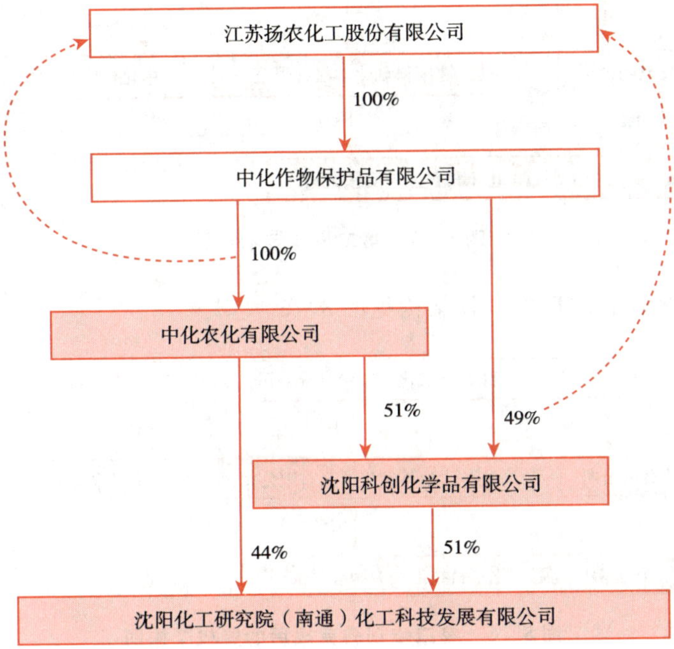

图 8－3　第一步划转示意图

第一步划转完成后的股权架构见图 8－4。

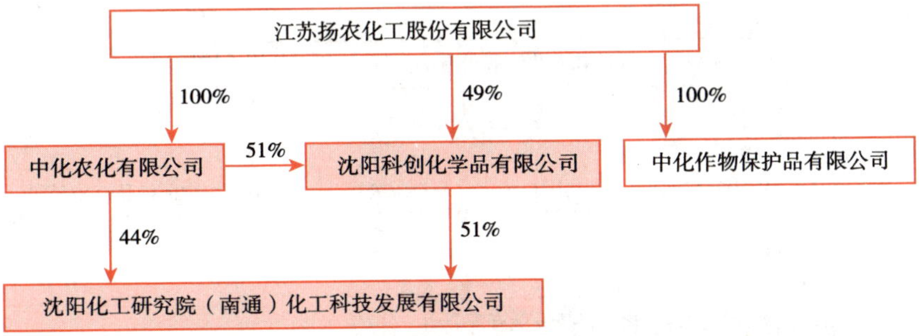

图 8－4　第一步划转完成后的股权架构图

2. 第二步划转：中化农化为划出方，其100%控股的母公司扬农化工为划入方，划转标的为沈阳科创51%的股权。无偿划转，适用特殊性税务处理（见图8－5）。

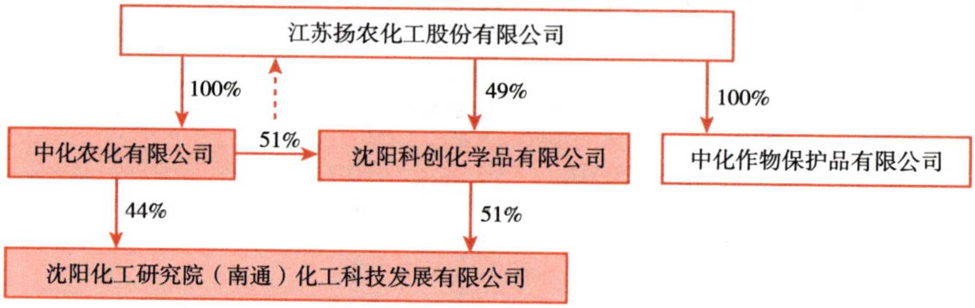

图8－5　第二步划转示意图

第二步划转完成后的股权架构见图8－6。

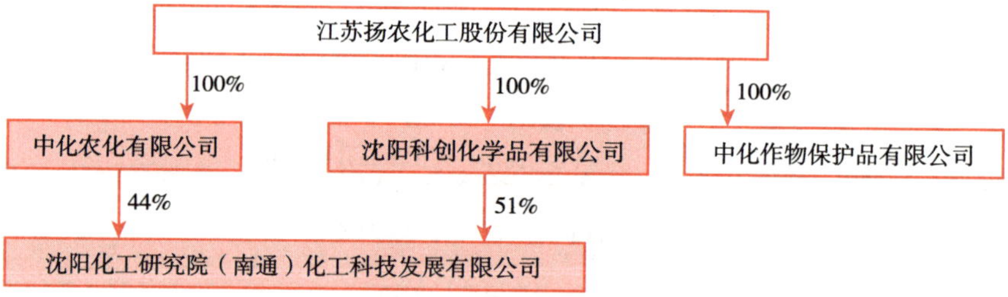

图8－6　第二步划转完成后的股权架构图

3. 第三步划转：中化农化及沈阳科创为划出方，其100%控股的母公司扬农化工为划入方，划转标的分别为南通科技44%和51%的股权。无偿划转，适用特殊性税务处理（见图8－7）。

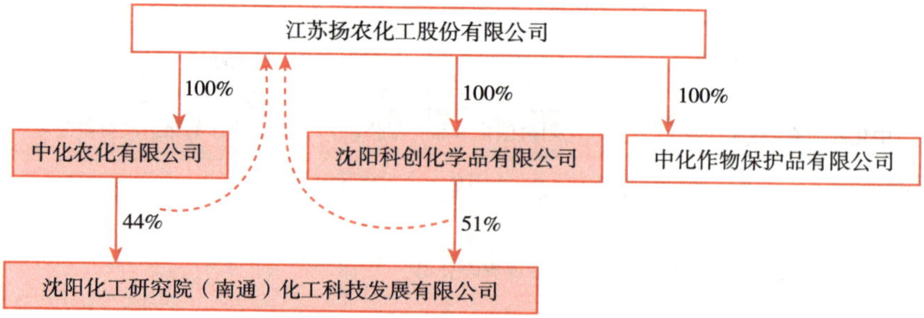

图8－7　第三步划转示意图

第三步划转完成后的股权架构见图 8－8。

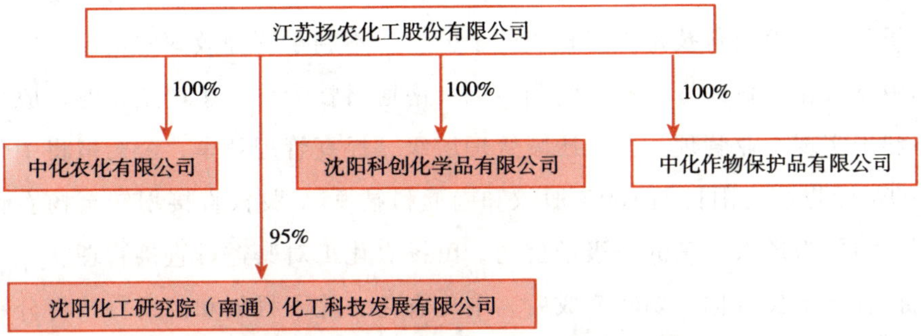

图 8－8 第三步划转完成后的股权架构图

附：《中国税务报》的相关文章

将垂直型管理变为扁平化管理
划转旗下公司，哪个税收方案更合适？

日前，江苏扬农化工股份有限公司（以下简称“扬农化工”）发布公告称，将通过股权划转，把由其控制的二级、三级、四级子公司转变为直接控制的一级子公司，以便于加强对这三家子公司的管理，提高运营管理效率。公告发出后，很快引起了财税专家的“围观”：从垂直型管理到扁平化管理，如何设计划转方案最划算？三位分别来自涉税专业服务机构、高校和税务机关的专业人士，从税收角度分别设计了一种划转方案，您觉得哪个更合适？欢迎来稿来电讨论。

扬农化工发布划转公告

扬农化工于 2019 年完成对中化作物保护品有限公司（以下简称“中化作物”）的收购。中化作物由此成为扬农化工旗下 100% 直接控股子公司。收购时，中化作物下属包含 11 家子公司，其中 3 家境内子公司，8 家境外子公司。3 家境内子公司分别是中化农化有限公司（以下简称“中化农化”）、沈阳科创化学品有限公司（以下简称“沈阳科创”）和沈阳化工研究院（南通）化工科技发展有限公司（以下简称“南通科技”）。

扬农化工的划转公告称，境内子公司由于历史原因，股权结构为垂直管理型，管理层级较多。其中，中化农化是中化作物的子公司，沈阳科创是中化农化的子公司，南通科技是沈阳科创的子公司，不利于管理效率的提高。中化作物和中化农化为贸易型企业，沈阳科创和南通科技为化工生产型企业，股权交叉不利于实现专业管理。为了压减管理层级，提高管理效率，公司拟将中化农化100%股权、沈阳科创100%股权和南通科技95%股权直接划转至扬农化工名下，均作为扬农化工的一级子公司，由扬农化工对其进行直接管理。

扬农化工公告称，划转完成后，中化农化、沈阳科创和南通科技将分别由扬农化工的二级、三级、四级子公司转变为一级子公司，有利于本公司加强对这三家子公司的管理，提高运营管理效率。

方案一：直接划转并适用一般性税务处理

作者：孙彦民

对大中型企业集团的企业重组来说，分步划转虽然可以降低重组税负，但需要以时间换取税收策划的空间。划转完成前，企业的管理成本、业务协同成本可能远大于节税成本。这一点，在设计划转方案时，必须重视。

扬农化工在公告中称，拟划转子公司中化作物系2019年通过收购取得。经查阅扬农化工2019年度发布的重大资产收购报告，中化作物在2018年7月31日评估基准日的净资产账面值为87 686.85万元，评估价值为87 871.64万元，评估增值184.79万元，增值率仅为0.21%。

评估机构发布的报告称，中化作物评估增值不高的原因，是农药行业具有较为明显的周期性，同时受全球范围内的农药市场供求关系变化、国际贸易形势和国内产业政策调整等因素的影响较大。考虑到中化作物主要业务收入来源于农药对外出口，国内环保政策收紧、外汇市场供求关系变化、关税壁垒和贸易保护主义等因素，将直接影响企业未来年度的经营业绩。在采用收益法进行预测的过程中，对于未来企业盈利能力和经营风险的判断易受外部因素的影响，具有一定的不确定性。由此，资产基础法评估的途径能够客观、合理地反映评估对象的价值，故以资产基础法的结果作为最终评估结论。

扬农化工划转公告披露，中化作物2020年12月31日的账面净资产为

90 294.37 万元，2020 年度净利润为 4 405.34 万元。虽然报告披露的数据为中化作物的单体数据，但从结果来看，扣除评估基准日至 2020 年 12 月 31 日实现的利润，净资产与收购时相比，变动不大。同时，考虑到中化作物的行业特点以及新冠肺炎疫情的影响，即使扬农化工不选择适用特殊性税务处理，预计税负也不会太大。

因此，笔者认为，可以考虑选择适用一般性税务处理。具体来说，首先，自下而上逐级分红，降低中化农化、沈阳科创、南通科技的账面净资产。由于满足条件的居民企业之间的股息、红利免征企业所得税，因此本步骤对公司税负不会产生影响。其次，对中化农化、沈阳科创、南通科技进行资产评估，选择一般性税务处理，将有关股权划转至扬农化工。

股权重组路千条，合法节税第一条。不过，对于企业整体战略而言，税收策略毕竟只是锦上添花，纳税人在考虑税收方案的选择时，必须具有全局观。

（作者单位：北京易瑾税务师事务所）

方案二：分四步划转，适用特殊性税务处理

作者：李秀华

除了印花税，此次涉及的三家非上市公司的股权划转主要涉及企业所得税。根据《财政部 国家税务总局关于促进企业重组有关企业所得税处理问题的通知》（财税〔2014〕109 号，以下简称“109 号文件”）的规定，股权划转在满足规定的条件下，可以选择适用特殊性税务处理，即划出方企业和划入方企业均不确认所得，暂不缴纳企业所得税。

扬农化工公告披露，其股权划转方案要“综合考虑股权转让的税收成本和时间成本，采用分步划转的方式进行股权转让”。既然考虑股权转让的税收成本，该股权划转显然拟适用特殊性税务处理，但特殊性税务处理对划入和划出双方的股权架构和划转方式有要求，即“两类架构、四种方式”，且股权划转后连续 12 个月内不改变被划转股权原来实质性经营活动。因此，无法一步划转到位，只能采用分步划转的方式。

第一步：中化农化作为划出方，将沈阳科创 51% 股权划转给中化作物，这属于 100% 直接控制的母子公司之间，子公司向母公司按账面净值无偿划转

其持有的股权，可以适用特殊性税务处理。本次划转完成后，中化农化与沈阳科创均为中化作物100%直接控制的全资子公司。

第二步：中化农化作为划出方，把南通科技44%股权划转给沈阳科创，这属于受同一母公司100%直接控制的子公司之间，在母公司主导下，一家子公司向另一家子公司按账面净值无偿划转其持有的股权，可以适用特殊性税务处理。划转完成后，沈阳科创持有南通科技95%股权。

第三步：沈阳科创作为划出方，把南通科技95%股权划转给中化作物，这属于100%直接控制的母子公司之间，子公司向母公司按账面净值无偿划转其持有的股权，可以适用特殊性税务处理。划转完成后，中化作物持有南通科技95%股权。

第四步：第一步和第三步操作完成后，中化作物除了持有中化农化100%股权，还持有沈阳科创100%股权、南通科技95%股权。由于中化作物是扬农化工100%直接控制的全资子公司，中化作物可以同时把三家子公司的股权无偿划转给扬农化工，并适用特殊性税务处理。

通过以上四个步骤的操作，扬农化工实现了最终的股权划转目的。

需要注意的是，根据109号文件等规定，以上各步骤在操作过程中，交易一方（划入方或划出方）应在股权划转完成日后连续12个月内不发生生产经营业务、公司性质、股权结构等情况的变化。其中，股权结构不发生变化，指划入方与划出方在划转完成后的连续12个月内仍保持100%的集团控制关系。

（作者单位：哈尔滨工业大学）

方案三：分三步划转，适用特殊性税务处理

作者：姜新录

扬农化工进行股权架构调整，主要还是为了提高集团整体的运营管理效率，具有合理的商业目的。如果要适用特殊性税务处理，在方案设计时，除了考虑满足划转的“两类架构、四种方式”外，还需要综合考虑整个方案的时间成本。因此，在划转方式的选择上，可以下一番功夫。

第一步：中化作物为划出方，对其100%控股的母公司扬农化工为划入

方，划转标的为中化农化100%股权、沈阳科创49%股权。本次无偿划转，可以适用特殊性税务处理。划转完成后，中化农化成为扬农化工100%控股子公司，扬农化工和中化农化分别持有沈阳科创49%和51%股权。同时，中化农化和沈阳科创分别持有南通科技44%和51%股权。

第二步：中化农化为划出方，对其100%控股的母公司扬农化工为划入方，划转标的为沈阳科创51%的股权。本次无偿划转，可以适用特殊性税务处理。本次划转完成后，中化农化、沈阳科创和中化作物均为扬农化工100%直接控股子公司。同时，中化农化和沈阳科创分别持有南通科技44%和51%股权。

第三步：中化农化及沈阳科创为划出方，对其100%控股的母公司扬农化工为划入方，划转标的分别为南通科技44%和51%的股权。本次无偿划转，可以适用特殊性税务处理。

三步划转之间，不受12个月的时间间隔限制。第三步划转完成后，调整目标完成。考虑到南通科技净资产较小，第三步划转也可以适用一般性税务处理，或通过股权收购的形式，来达到调整目标。

需要注意的是，在无偿划转中，划出方需要有足够的资本公积来进行冲减。如果资本公积不够冲减，此时的划转很有可能被认为属于对股东的分配，不能适用特殊性税务处理。

另外，根据《国家税务总局关于资产（股权）划转企业所得税征管问题的公告》（国家税务总局公告2015年第40号），自划转完成日后连续12个月内，交易一方的股权结构如果发生了变化，有可能不再符合特殊性税务处理条件。因此，本方案选择从上层股权开始划转，可以保持划转双方的股权结构不变。

由于现行的公司法并无划转的法律形式，企业在做股权变更时，市场监管部门一般按照0元转让股权来办理。根据公司法、公司登记管理条例等法律法规的规定，2019年1月3日市场监管总局印发的《企业登记提交材料规范》（国市监注〔2019〕2号）明确了公司股权变更需要提供的资料，企业需要按照相应规定，准备相关资料。

（作者单位：国家税务总局兰州市税务局）

什么是“两类架构、四种方式”

“两类架构”：

按照《财政部 国家税务总局关于促进企业重组有关企业所得税处理问题的通知》（财税〔2014〕109号）第三条的规定，适用特殊性税务处理的股权划转，除满足其他条件外，划出方与划入方的股权关系应属于以下两类架构之一。一是划出方与划入方为100%直接控制的居民企业，即100%直接控制的母子公司之间相互划转股权。二是划出方与划入方为受同一或相同多家居民企业100%直接控制的居民企业，即受100%共同直接控制的两家子公司之间相互划转股权。

“四种方式”：

根据《国家税务总局关于资产（股权）划转企业所得税征管问题的公告》（国家税务总局公告2015年第40号）第一条的规定，可以选择适用特殊性税务处理的股权划转包括四种方式。

一是100%直接控制的母子公司之间，母公司向子公司按账面净值划转其持有的股权，母公司获得子公司100%的股权支付。

二是100%直接控制的母子公司之间，母公司向子公司按账面净值划转其持有的股权，母公司没有获得任何股权或非股权支付。

三是100%直接控制的母子公司之间，子公司向母公司按账面净值划转其持有的股权，子公司没有获得任何股权或非股权支付。

四是受同一或相同多家母公司100%直接控制的子公司之间，在母公司主导下，一家子公司向另一家子公司按账面净值划转其持有的股权，划出方没有获得任何股权或非股权支付。

以上来源：《中国税务报》2021年5月28日07版

“税收方案没有最好的，只有最合适的”

《中国税务报》记者：覃韦英婴

5月27日，《中国税务报》官方微信公众号上发布了一则题为《3个股权划转方案，你pick哪一个?》的融媒体作品，详细文字报道《划转旗下公司，哪个税收方案更合适?》也在 5 月 28 日发表于《中国税务报》B3 版（税收实务版）。报道发出后，话题量持续攀升。截至 6 月 1 日，融媒体作品阅读量已过万。同时，税屋网、淮北税务官方微博等网络平台，以及一些专业机构的微信公众号和专业人士的微信朋友圈，也对视频及文字报道进行了转载和点评。同时，专家给出的三个股权划转方案，还在一些专业微信群里引发热烈讨论。

北京中翰税务师事务所集团有限公司合伙人王骏告诉记者，文章见报后，他第一时间就在微信群里跟 400 多名网友进行了分享，很受大家欢迎。三位专业人士同台 PK，各自的方案可谓步步“精心”，一下子就调动了网友的阅读和讨论热情。“企业并购重组业务比较复杂，涉及的政策比较多，通过具体案例进行剖析，宣传相关政策能够达到事半功倍的效果。”王骏说。

热闹背后，更多的是理性的声音。一些财税专业人士向记者发来信息，对每个方案的优势和劣势进行了分析和点评——有人关注特殊性税务处理的时间成本，有人关心哪个方案更有落地的可能性，还有人关心是否还有更优的选择，多位热心读者还向记者发来自己设计的划转方案。

资本交易税收专家姜新录说，一家企业进行股权划转，可能有多种税收方案，每一种方案都有自己的优势和劣势。对不同的企业来说，税收方案没有最好的，只有最合适的。通过这类报道，一方面能够生动地解读复杂税收政策实操要点，另一方面也能够吸引和鼓励业内人士学习政策，并在实践中实现政策与业务的有机结合。“就实际效果而言，这是一次比较成功的税法宣传实践。”姜新录说。

设计划转方案，就是“量体裁衣”

作者：孙 洋

5 月 28 日，《中国税务报》B3 版（税收实务版）刊发了《划转旗下公司，哪个税收方案更合适?》一文，对从垂直型管理到扁平化管理，如何设计划转方案最划算这一话题，展示了三位专业人士的不同划转方案。本期刊发中汇税务师事务所合伙人孙洋的观点。

设计企业股权划转税收方案的过程，是一个“量体裁衣”的过程，需要具体问题具体分析。但总的来说，在设计税收方案时，既要做好税负测算，还要综合考虑合规性、可行性和时间成本，兼顾经营与战略目标等多方面因素。扬农化工股权划转案例之所以很受关注，除了因为股权划转本身“简约而不简单”，更因为三位专家的不同方案看点十足，很有讨论价值。

扬农化工股权划转“简约而不简单”

看到扬农化工的公开资料，直觉应该是一个并不复杂的案例，因为股权架构虽然有四层，但并没有自然人股东和境外股东。同时，扬农化工及其下属子公司并不是房地产企业，不会有很多案例中涉及的土地增值税的税法适用问题。另外，涉及的企业只有五家，并不会耗费太多的“脑细胞”。然而，定下心来思考，真是“简约而不简单”。

扬农化工的案例，既有普遍性，又有特殊性。随着“互联网+”技术的普遍应用，企业信息化管理的深入发展，一些企业开始思考，通过并购重组的方式，将股权结构从垂直型转化为扁平化。而扬农化工的股权划转，又具有一定的独特性。

从股权结构上看，扬农化工三级子公司沈阳科创的股权，分别由中化作物和中化农化持有；中化作物还通过两家子公司沈阳科创和中化农化，持有了南通科技共计95%的股权。纵观整个架构图，沈阳科创和中化农化起到了“承上启下”的作用。也正因为这两家公司在整个架构中的重要位置，使得重组需要兼顾各方，不可能一蹴而就。因此，重组的税务方案设计，也就从这两家三级子公司开始展开。

专家给出的三个方案各有所长

5月28日《中国税务报》B3版已刊发的三个方案，可谓“环肥燕瘦，各有所长”。

方案一通过直接划转并适用一般性税务处理，打破了“股权划转必适用特殊性税务处理”的惯性思维，让人眼前一亮。此方案结合上一次的并购数据和时间来进行分析，一步到位进行划转，税负预计不会太高，还节约了时间成本。若结合扬农化工及下属子公司的具体数据，进行准确的测算，或许会是一个优先选项。

方案二的四步划转方案和方案三的三步划转方案，都是适用特殊性税务处理的划转方案。方案二中，将二级子公司中化作物作为划转的平台，以便承上启下。这种自下而上的股权划转方式，比较稳妥。

方案三中，将母公司扬农化工作为划转平台，自上而下开展划转，可以保持划转双方的股权结构不变。各步骤之间可以不受 12 个月的限制，耗时相对较少。四步划转方案则要注意 12 个月的持股时限，以满足适用特殊性税务处理的要求。

笔者注意到，《划转旗下公司，哪个税收方案更合适?》一文见报后，一些专业人士还通过各自的微信公众号等平台，分享了自己的设计方案。笔者认为，无论哪种方案，都应以企业更为翔实的数据为基础进行测算，同时还需要兼顾监管部门的其他要求。仅仅考虑税负的方案，并不一定是最优方案。

好的税收方案需要具备哪些要点

跳出《划转旗下公司，哪个税收方案更合适?》一文的内容看，一个好的并购重组税收方案，需要具备哪些要点呢?

一是合法合规，适用法律无误。随着“放管服”改革的持续推进，纳税人需要在强化税法遵从的基础上，自行申报纳税、自行承担法律责任和风险。而企业并购重组过程中，涉及税收政策非常多，涉及的税种也多，再加上并购重组体量较大，相应的税金也会很大，所以，准确适用税收法律法规，容不得半点闪失。

二是能够落地，每一步都经得起推敲。可实施落地的重组方案才是最合适的方案。有的方案乍一看很“惊艳”，但是无法实施。因此，在方案选择时，企业一定要提前“棋盘推演”，在一定程度上评估未来可能面临的税务风险，确保每一步都经得起推敲。在实务中，对于有的重组方案，基层税务干部很可能没有接触过，在政策适用上也可能存在不明确、模糊的细节。这个时候，与税务机关加强沟通，就显得非常重要了。从实践看，税企能够达成共识的方案，往往也是容易落地的方案。

三是不能忽视“时间”对实现重组战略目标的影响。任何重组，都应该服从和服务于管理层的战略目标，要在“时间”和“税负”中找到一个相对平衡点。对企业并购重组的税收方案设计，“12个月”是个硬杠杠——根据《财政部 国家税务总局关于企业重组业务企业所得税处理若干问题的通知》（财税〔2009〕59号）和《财政部 国家税务总局关于促进企业重组有关企业所得税处理问题的通知》（财税〔2014〕109号）等政策的规定，企业重组后，重组资产原来的实质性经营活动、生产经营业务、公司性质、资产或股权结构等要满足12个月内不发生改变这一要求。因此，对一些企业来说，如果重组方案选择适用一般性税务处理，即使税负会相对高些，但不用等待12个月，有效节省了时间成本，有助于企业抢占市场发展先机。这种情况下，这类方案，就属于“性价比”较高的方案。

四是能够兼顾到高新技术企业资格和关务、商务等方面的因素。实务中，高新技术企业资格等资格或资质，是纳税人非常重要的无形资产，若重组时在不经意间失去了这些无形资产，就会得不偿失。这样的重组方案，也不是合适的方案。举例来说，一些高新技术企业计划通过分立方式开展重组，将企业部分资产和人员分立出去，但这可能会导致被分立企业无法满足高新技术企业资格认定的某些指标，失去高新技术企业资格，无法享受企业所得税优惠税率。重组后再重新申请，也会耽误时间。再比如，一般情况下，“钢铁产能指标”不能从一家企业转移给另一家企业。此时，钢铁企业如果采用分立或非货币性资产投资的方式开展重组，“钢铁产能指标”却得不到转移，很有可能导致企业无法实现开展重组的战略目标。

（作者单位：中汇税务师事务所）

以上来源：《中国税务报》2021年6月4日07版。

案例 9

上市公司零元收购少数股东股权后，无偿划转资产

资产划转是应用频率最高的并购重组工具。资产划转使得资产在不同法律主体之间的权属发生改变，就业务操作而言，需经过相关法律主体之间的资产所有权转移、增资、减资等步骤才能得以实现。在资产划转中，涉及的税种较多，纳税人需要统筹考虑各个税种的影响。本案例充分利用了资产划转中的各项税收政策，以企业所得税为例，大股东先通过零对价收购小股东的股权，使得划转双方成为 100% 的母子公司关系，满足了特殊性税务处理的股权架构要求，再向子公司划转资产，从而实现了税负最优化，是一个相对比较成功的税收筹划案例。

一、划转的基本情况

2021 年 1 月 4 日，××制药股份有限公司（证券代码：300×××，证券简称：××制药）发布了《××制药股份有限公司关于向子公司划转部分资产的公告》（以下简称“《公告》”）。《公告》的主要内容如下。

截至本公告披露日，××制药持有甲公司 97.5% 的股份，李某持有甲公司 2.5% 的股份。××制药为进一步优化企业组织和业务架构，增强子公司的综合实力，促进各业务板块的发展，同时考虑到甲公司拟引进战略投资者，出于提升自身融资能力及整体经营管理效率的需要，××制药与李某签署了

《股份转让协议》，李某将持有的甲公司2.5%股份以零元价格转让给该公司，待工商变更登记完成后，该公司将持有甲公司100%股份。公司拟在甲公司少数股东股权转让工商变更登记完成、公司持有100%股份后，把相关的无形资产、固定资产划转至子公司甲公司。此次划转中，划出方为上市公司××制药股份有限公司，划入方为甲公司。

××制药将部分无形资产和部分固定资产按基准日2020年11月30日的账面价值无偿划转至甲公司，并聘请了会计师事务所对划转的资产进行了审计，出具了《××制药股份有限公司拟划转资产专项审计报告》。拟划转资产见表9－1。

表9－1　　××制药划转资产表

名称	账面原值（元）	累计折旧/摊销（元）	账面价值（元）
无形资产	160 657 313.83	14 698 240.28	145 959 073.55
固定资产	111 359 190.14	49 081 590.21	62 277 599.93
合计	272 016 503.97	63 779 830.49	208 236 673.48

本次资产划转不涉及人员变更及安置，也不涉及债权、债务转移。甲公司取得划转资产不支付对价，增加资本公积。

本次划转拟适用特殊性税务处理，具体以税务部门的认定为准。

经梳理，本案的划转示意图见图9－1。

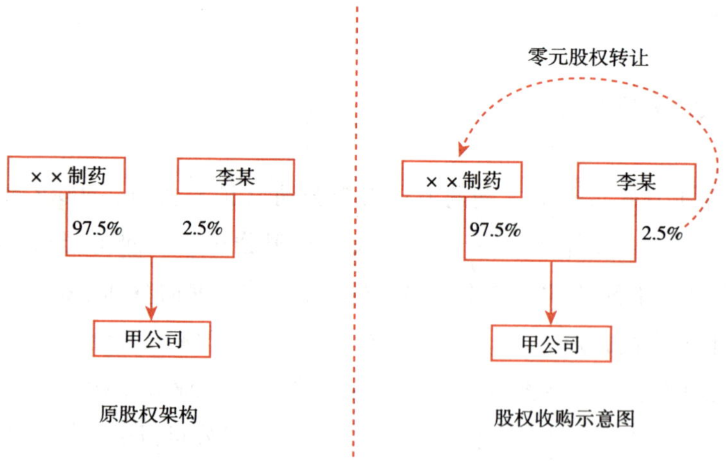

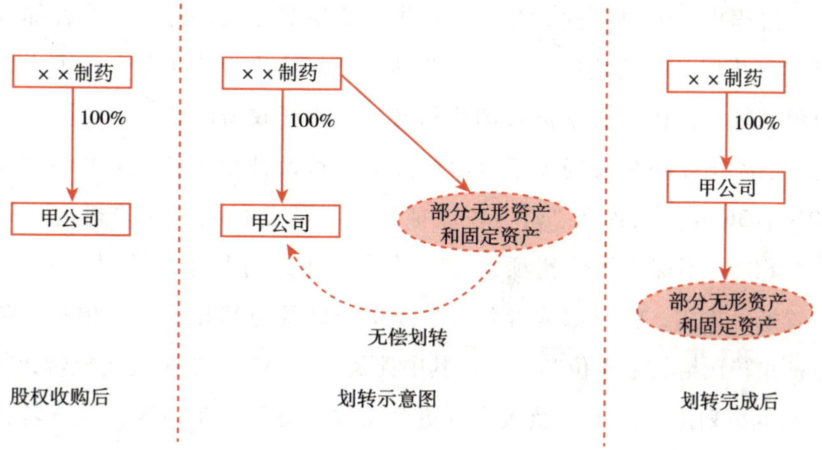

图9-1 划转示意图

二、该划转涉及的税收问题分析

划转作为一种特殊的企业重组形式，其实并没有上位法的支持。无论是在《公司法》《民法典》，还是在《税收征收管理法》或《企业所得税法》等实体税法中，均没有相关表述，仅在2020年8月通过的《契税法》中有所提及。

一般情况下，划转需要作视同销售来处理。资产划转涉及的税种有增值税、土地增值税、印花税、企业所得税及契税；非上市公司股权划转涉及的税种有印花税及企业所得税；上市公司股权划转涉及的税种有增值税、印花税及企业所得税。

根据划转资产的专项审计报告可以看出，本次划转的无形资产为专利及非专利技术；划转的固定资产为账面价值610万元的房屋建筑物、研究设备以及办公设备。

（一）划出方××制药涉及增值税、土地增值税、印花税及企业所得税

1. 增值税

（1）是否符合增值税不征税政策？《国家税务总局关于纳税人资产重组有关增值税问题的公告》（国家税务总局公告2011年第13号）规定，纳税人在

资产重组过程中，通过合并、分立、出售、置换等方式，将全部或者部分实物资产以及与其相关联的债权、负债和劳动力一并转让给其他单位和个人，不属于增值税的征税范围，其中涉及的货物转让，不征收增值税。

《财政部 国家税务总局关于全面推开营业税改征增值税试点的通知》（财税〔2016〕36号）附件2“营业税改征增值税试点有关事项的规定”第一条规定：“（二）不征收增值税项目。5. 在资产重组过程中，通过合并、分立、出售、置换等方式，将全部或者部分实物资产以及与其相关联的债权、负债和劳动力一并转让给其他单位和个人，其中涉及的不动产、土地使用权转让行为。”

由于本次划出资产不涉及人员变更及安置，也不涉及债权、债务转移，因此无法适用增值税不征税政策，××制药对划出资产需要做视同销售处理。

（2）房屋建筑物的增值税处理。本次划转，由于无法适用增值税不征税政策，对所划转的房屋建筑物须按公允价值作视同销售处理，并可以开具增值税专用发票。

此处需要注意，房屋建筑物如果是营改增前取得的，可以适用5%的征收率简易计税。

（3）设备的增值税处理。本次划转，由于无法适用增值税不征税政策，对所划转的设备等须按公允价值作视同销售处理，并可以开具增值税专用发票。

需要注意的是，设备如果是自己使用过的不得抵扣且未抵扣进项税额的，可以依照3%征收率减按2%的简易办法征收增值税，减按2%征收时应开具增值税普通发票。

（4）无形资产的增值税处理。本次划转的无形资产如果符合增值税免税政策，可以免征增值税，但不得开具增值税专用发票。在增值税纳税申报时，按规定填写申报表相应减免税栏次即可享受，相关政策规定的证明材料留存备查。

财税〔2016〕36号附件3“营业税改征增值税试点过渡政策的规定”第二十六条规定，纳税人提供技术转让、技术开发和与之相关的技术咨询、技术服务免征增值税。技术转让、技术开发，是指《销售服务、无形资产、不动产注释》中“转让技术”“研发服务”范围内的业务活动。技术咨询，是指就特定技术项目提供可行性论证、技术预测、专题技术调查、分析评价报告等业务活动。与技术转让、技术开发相关的技术咨询、技术服务，是指转让方（或者受托方）根据技术转让或者开发合同的规定，为帮助受让方（或者委托方）掌握所转让（或者委托开发）的技术，而提供的技术咨询、技术服务业务，且这部分技术咨询、技术服务的价款与技术转让或者技术开发的价款应当在同一张发票上开具。

2. 土地增值税

该公司在资产划转时适用的有效土地增值税重组文件是《财政部 税务总局关于继续实施企业改制重组有关土地增值税政策的通知》（财税〔2018〕57号），已于2020年12月31日到期，新的延续政策文件是《财政部 国家税务总局关于继续实施企业改制重组有关土地增值税政策的公告》（财政部 税务总局公告2021年第21号），但其中并不包含“划转”这一类型。因此，对资产划转行为需要依据其他法律法规来确定是否需要缴纳土地增值税。

《土地增值税暂行条例》第二条规定：“转让国有土地使用权、地上的建筑物及其附着物（以下简称转让房地产）并取得收入的单位和个人，为土地增值税的纳税义务人（以下简称“纳税人”），应当依照本条例缴纳土地增值税。”《土地增值税实施细则》（以下简称《实施细则》）第二条进一步规定：“条例第二条所称的转让国有土地使用权、地上的建筑物及其他附着物并取得收入，是指以出售或者其他方式有偿转让房地产的行为。不包括以继承，赠与方式无偿转让房地产的行为。”

《财政部 国家税务总局关于土地增值税一些具体问题规定的通知》（财税字〔1995〕48号）第四条进一步对《实施细则》中“赠与”所包括的范围进行了明确：“细则所称的赠与是指如下情况：（一）房产所有人、土地使用权所有人将房屋产权、土地使用权赠与直系亲属或承担直接赡养义务人的；（二）房产所有人、土地使用权所有人通过中国境内非营利的社会团体、国家机关将房屋产权、土地使用权赠与教育、民政和其他社会福利、公益事业的。上述社会团体是指中国青少年发展基金会、希望工程基金会、宋庆龄基金会、减灾委员会、中国红十字会、中国残疾人联合会、全国老年基金会、老区促进会以及经民政部门批准成立的其他非营利的公益性组织。”由此可见，无偿划转房屋以及土地使用权不在免税范围之内，反向推定无偿划转需要缴纳土地增值税。

因此，无偿划转的资产中如果包含国有土地使用权、地上建筑物及其附着物的，虽然不是有偿转让，但仍需要计算缴纳土地增值税。

但在企业所得税划转中，母公司向全资子公司进行划转，获得子公司100%股权支付的形式，实际是母公司对子公司的非货币性资产投资行为。财税〔2018〕57号文件第四条规定，“单位、个人在改制重组时以房地产作价入股进行投资，对其将房地产转移、变更到被投资的企业，暂不征土地增值税”，如满足此规定条件，则该种形式的划转可以适用暂不征土地增值税政策。

3. 印花税

由于在该划转中甲公司不支付对价，故就划转行为来说，不需要缴纳印花税。但由于其所划转资产中有房屋建筑物，会涉及房屋建筑物权属的变更，所以需要按照产权转移书据缴纳0.05%的印花税，计税依据由主管税务机关核定。

对于类似的无偿划转行为，国家税务总局北京市税务局网站在2021年2月19日就“非上市公司之间无偿划转股权是否要缴纳印花税”问题解答中，回答如下：

“非上市公司之间无偿划转股权需要按照税法规定缴纳印花税。根据《中华人民共和国印花税暂行条例》规定，产权转移书据按所载金额0.5‰贴花。

同时，根据《中华人民共和国税收征收管理法》第三十五条规定：“纳税人有下列情形之一的，税务机关有权核定其应纳税额：

……

（六）纳税人申报的计税依据明显偏低，又无正当理由的。

税务机关核定应纳税额的具体程序和方法由国务院税务主管部门规定。”

因此，对于该无偿划转合同，一般认为，应由主管税务机关根据《税收征收管理法》进行核定后缴纳印花税。

但也有不同意见认为，资产划转合同不是印花税列举的应税合同，因此对划转合同不应该征收印花税。除此之外，在无偿划转时，印花税计税依据虽然明显偏低，但属于有正当理由的情形，且不以减少、免除或推迟缴纳印花税为主要目的，因此，计税依据应按0计算。

4. 企业所得税

（1）调整后的股权架构满足特殊性税务处理要求。《财政部 国家税务总局关于促进企业重组有关企业所得税处理问题的通知》（财税〔2014〕109号）第三条对股权、资产划转进行了相关规定：对100%直接控制的居民企业之间，以及受同一或相同多家居民企业100%直接控制的居民企业之间按账面净值划转股权或资产，凡具有合理商业目的，不以减少、免除或者推迟缴纳税款为主要目的，股权或资产划转后连续12个月内不改变被划转股权或资产原来实质性经营活动，且划出方企业和划入方企业均未在会计上确认损益的，可以选择按以下规定进行特殊性税务处理：第一，划出方企业和划入方企业均不确认所得。第二，划入方企业取得被划转股权或资产的计税基础，以被划转股权或资产的原账面净值确定。第三，划入方企业取得的被划转资产，应按其原账面净值计算折旧扣除。

《国家税务总局关于资产（股权）划转企业所得税征管问题的公告》（国家税务总局公告2015年第40号）对划转中的征管问题进行了明确，其中规定，财税〔2014〕109号文件第三条所称"100%直接控制的居民企业之间，以及受同一或相同多家居民企业100%直接控制的居民企业之间按账面净值划转股权或资产"，限于以下情形：……（二）100%直接控制的母子公司之间，母公司向子公司按账面净值划转其持有的股权或资产，母公司没有获得任何股权或非股权支付。母公司按冲减实收资本（包括资本公积，下同）处理，子公司按接受投资处理。

可见，由于划转税收政策规定，适用特殊性税务处理的股权架构必须是100%的持股关系。因此，××制药先以0元收购李某所持有的甲公司2.5%的股份，使得划转双方××制药与甲公司成为100%持股的母子公司关系，从而满足特殊性税务处理的股权架构要求。

（2）划转前收购少数股东股权是否影响特殊性税务处理的适用？××制药收购李某所持有的甲公司2.5%股份后，与甲公司才成为100%持股的母子公司关系，然后拟适用划转的特殊性税务处理。那么该交易是否属于分步交易？先收购少数股东股权后划转，是否影响特殊性税务处理的适用？

国家税务总局公告2015年第40号第七条规定："交易一方在股权或资

产划转完成日后连续12个月内发生生产经营业务、公司性质、资产或股权结构等情况变化，致使股权或资产划转不再符合特殊性税务处理条件的，发生变化的交易一方应在情况发生变化的30日内报告其主管税务机关，同时书面通知另一方。另一方应在接到通知后30日内将有关变化报告其主管税务机关。”

由此可以看出，目前划转税收政策要求，在划转后的12个月内股权架构不能发生改变，或者虽然发生了改变，但该改变不能影响划转双方100%的持股关系。对于划转之前划转双方的股权架构，政策并没有作出要求，因此，有人称划转的政策是“管后不管前”，这一点与《财政部 国家税务总局关于企业重组业务企业所得税处理若干问题的通知》（财税〔2009〕59号）不同。财税〔2009〕59号第十条规定：“企业在重组发生前后连续12个月内分步对其资产、股权进行交易，应根据实质重于形式原则将上述交易作为一项企业重组交易进行处理。”因此，适用财税〔2009〕59号特殊性税务处理的，对重组前的股权架构也有所要求。

（3）股权划转完成后引入战略投资者的税务考虑。《公告》称，甲公司拟引进战略投资者。如果在股权划转完成后12个月内战略投资者入股甲公司，则××制药与甲公司不再具有100%母子公司关系，则不得适用特殊性税务处理。从实践看，一些公司对划转的税收政策掌握不到位，往往先通过划转的方式进行股权架构调整，且适用了特殊性税务处理，但调整完毕即引入了战略投资者，结果造成特殊性税务处理适用错误，从而留下了很大的税收风险。因此，企业在划转后引入战略投资者时一定要注意时间的管控。

（4）“股权划转完成12个月”从什么时间开始算？对于“股权划转完成日”，国家税务总局公告2015年第40号明确规定：“股权或资产划转完成日，是指股权或资产划转合同（协议）或批复生效，且交易双方已进行会计处理的日期。”

《国家税务总局关于贯彻落实企业所得税法若干税收问题的通知》（国税函〔2010〕79号）第三条规定：“企业转让股权收入，应于转让协议生效且完成股权变更手续时，确认收入的实现。”

笔者认为，国家税务总局公告2015年第40号虽然并未强调股权变更时间，但结合会计处理的规定，在实际操作中，股权的划转应以股权划转合同（协议）或批复生效，且完成股权变更手续、交易双方已进行会计处理的日期为准，建议相关部门对此进一步作出明确。

（5）适用特殊性税务处理需要税务部门的认定吗？《公告》称："本次划转拟适用特殊性税务处理，具体以税务部门的认定为准。"

根据"放管服"改革要求，2018年国家税务总局对《企业所得税优惠政策事项办理办法》进行了修订，明确取消企业所得税优惠事项备案管理，实行纳税人"自行判别、申报享受、相关资料留存备查"的办理方式。划转虽然并不是一项税收优惠，但也并不需要税务机关的认定或审批。

为落实国务院关于取消非行政许可审批事项的决定，国家税务总局公告2015年第40号公告不再对股权、资产划转设置事先核准，改为在企业所得税年度汇算清缴时报送申报表和相关资料，简化管理方式，优化征管流程。即交易双方应在企业所得税年度汇算清缴时，分别向各自主管税务机关报送"居民企业资产（股权）划转特殊性税务处理申报表"和相关资料。除此之外，还要在主表填报重组的相关信息，填报A105100"企业重组及递延纳税事项纳税调整明细表"。交易双方应在股权或资产划转完成后的下一年度的企业所得税年度申报时，各自向其主管税务机关提交书面情况说明，以证明被划转股权或资产自划转完成日后连续12个月内，没有改变原来的实质性经营活动。

（二）划入方甲公司涉及印花税和契税

1. 印花税

由于该划转中甲公司不支付对价，故就划转行为来说，不缴纳印花税。但由于所划转资产中有房屋建筑物，如果涉及房屋建筑物权属的变更，则需要按照产权转移书据缴纳0.05%的印花税。

此外，就划入资产而言，甲公司资本公积增加，其需要就该增加的资本公积缴纳印花税。根据《财政部 税务总局关于对营业账簿减免印花税的通知》（财税〔2018〕50号），对按0.05%税率贴花的资金账簿减半征收印花税。

2. 契税

《财政部 税务总局关于继续支持企业 事业单位改制重组有关契税政策的

通知》(财税〔2018〕17号)已于2020年12月31日到期，新的延续政策是《财政部 税务总局关于继续执行企业 事业单位改制重组有关契税政策的公告》(财政部 税务总局公告2021年第17号)第六条的规定：“同一投资主体内部所属企业之间土地、房屋权属的划转，包括母公司与其全资子公司之间，同一公司所属全资子公司之间，同一自然人与其设立的个人独资企业、一人有限公司之间土地、房屋权属的划转，免征契税。”由于划转时××制药与甲公司属于100%持股的母子公司关系，因此，该划转中甲公司承受房屋权属，可以免征契税。

(三)××制药零元收购少数股东股权，该部分计税基础只能按零元计算，且转让方存在税务风险

《公告》称，“××制药与李某签署了《股份转让协议》，李某将持有的甲公司2.5%股份以零元价格转让给该公司”。

以零元价格转让属于《股权转让所得个人所得税管理办法(试行)》(国家税务总局公告2014年第67号发布)第十二条规定的视为股权转让收入明显偏低的情形，且不属于67号公告第十三条视为有正当理由的情形。该文件第十四条规定：“主管税务机关应依次按照下列方法核定股权转让收入：(一)净资产核定法。股权转让收入按照每股净资产或股权对应的净资产份额核定。被投资企业的土地使用权、房屋、房地产企业未销售房产、知识产权、探矿权、采矿权、股权等资产占企业总资产比例超过20%的，主管税务机关可参照纳税人提供的具有法定资质的中介机构出具的资产评估报告核定股权转让收入。6个月内再次发生股权转让且被投资企业净资产未发生重大变化的，主管税务机关可参照上一次股权转让时被投资企业的资产评估报告核定此次股权转让收入。”

××制药2019年年报显示，其子公司甲公司注册资金1.8亿元，净资产1.998亿元。同时，××制药年报披露，甲公司自主研发的TCR－T免疫细胞治疗取得了重大进展。报告期内，甲公司医疗技术有限公司收到了国家药品监督管理局签发的《临床试验通知书》，其向国家药品监督管理局提交的TAEST16001注射液新药临床注册申请已获得国内首个临床试验许可。

因此，税务机关可以对李某的股权转让收入进行核定，并计算征收个人所得税，此时××制药取得此2.5%的长期股权投资计税基础应以“取得股权时发生的合理税费与股权转让人被主管税务机关核定的股权转让收入之和确认”。如果税务机关未对李某的股权转让收入进行核定，则××制药取得此2.5%的长期股权投资成本只能以零元计算。如果李某就股权转让按公允价值缴纳了个人所得税，则××制药取得2.5%长期股权投资的计税基础就是这部分股权的公允价值。

李某为什么会愿意以零元价格转让股权呢？查阅资料发现，××制药在相关资料中披露：“公司在2012年与国家千人计划特聘专家李某博士共同创立××生命科学研究中心，搭建了具有国际领先水平的生物医药研发基地和转化平台。2015年成立控股子公司甲公司，以具有自主知识产权的高亲和性T细胞受体（TCR）核心技术为主，开发新一代抗肿瘤新药和TCR－T临床应用技术。”由此可见，李某属于甲公司的核心技术人员，为了促使本次划转可以适用特殊性税务处理，李某愿意将其持有的股权无偿转让给××制药，不排除以后李某通过其他途径获得××制药相应的补偿。

三、案例总结及启示

1. 在本案例中，××制药不能适用增值税不征税政策。但由于××制药在做视同销售处理后可以开具增值税专用发票，甲公司可以抵扣增值税，双方合起来看，并不会产生实际的增值税税收负担，仅影响部分现金流。

2. 由于本次划转的房屋建筑物账面价值并不高，仅有610万元，如果该旧房的评估价不高，土地增值税负担并不会很高。但在房屋建筑物评估价值较大的资产划转案例中，企业必须考虑土地增值税的影响。如在本案例中，就可以考虑变母公司对子公司的无偿划转为有偿划转，即取得子公司的股权支付，此有偿划转其实是一种投资行为，如果当地税务机关认可以房地产作价入股进行投资暂不征土地增值税，则可以适用财税〔2018〕57号文的暂不征土地增值税政策。

有偿划转，除了可以暂不征收土地增值税之外，还可以增加××制药对甲公司的长期股权投资成本，如果是无偿划转，母公司这部分资产的成本就不存在了。因为有偿划转与无偿划转之下，××制药的会计处理是不同的：

借：长期股权投资——甲公司（有偿划转）

　　贷：相关资产

借：资本公积（无偿划转）

　　贷：相关资产

3. 在企业所得税的处理中，该案例的亮点是充分利用了划转税收政策中“管后不管前”的规定，合理进行了税收筹划，并适用特殊性税务处理。但需要注意的是，战略投资者入股甲公司应该在股权划转完成12个月后进行，但对从什么时候起开始计算12个月，还需要同主管税务机关加强沟通。

4. 此案例本来是一个比较成功的税收筹划案例，但在收购少数股东股权环节存在缺憾。以零元收购股权，股权转让方李某可能会被税务机关核定股权转让收入，而股权收购方××制药的股权投资成本很可能继续以零元确定。

其实，××制药完全可以以李某持股比例占净资产份额的价格来收购2.5%的股权，甚至以李某的投资成本平价收购，但此时需要向税务机关提供有效证据证明平价收购的合理性。这样做的好处是××制药不会损失2.5%部分股权对应的计税基础。其实，无论李某是有偿还是无偿转让股权，都不影响××制药资产划转能否适用特殊性税务处理。但从税收筹划的角度考虑，李某应该溢价转让股权，此种做法下李某只须就股权转让所得缴纳20%的个人所得税，避免以后为了得到补偿而领取高额薪酬，从而适用较高的个人所得税税率。

《财政部 国家税务总局关于促进企业重组有关企业所得税处理问题的通知》（财税〔2014〕109号）将划转业务的财税处理政策从最初主要针对国有企业拓展至各类所有制企业，为集团公司内部并购重组、资源整合以及资产优化配置提供了一条重要路径。从目前上市公司或拟上市公司特殊性税务处理案例来看，资产或股权的划转是应用频率最高的并购重组工具，在实践中被大量运用。作为一种特殊的重组形式，目前除了土地增值税外，其他税种基本都有可以适用的税收政策。纳税人在进行资产或股权的划转税务处理时，要准确理解相关税收政策，注意细节，并统筹考虑各个税种的影响，不能顾此失彼，留下税收隐患。

案例 10

从一起案例看划转税收政策在上市公司并购重组中的运用[①]

近年来，划转在企业并购重组实践中被大量运用。据笔者统计，2019 年 1 月 1 日至 12 月 31 日期间，共 161 家 A 股上市公司披露过曾进行了资产或股权划转事项，而 2020 年 1 月至 8 月期间，这一数据为 139 家。可以看出，划转这一特殊的重组形式在上市公司并购重组实践中被大量运用，但划转中的税收政策运用也值得关注。笔者发现，一些上市公司在运用划转政策时，未能合规处理，导致存在一些税收风险。

一、拟上市公司划转税收政策应用案例

近期，某公司在首次公开发行股票并在创业板上市相关资料中披露：律师认为，发行人全资子公司在注销前将土地和厂房无偿划转给发行人，增值税、土地增值税、企业所得税及契税均可以适用重组的各项税收政策。

（一）交易简介

A 公司为某拟上市公司（以下简称“发行人”）全资子公司。A 公司未开展实际经营，仅通过向发行人出租土地和厂房取得租金收入。2017 年 7 月，A

① 此文原载于《注册税务师》杂志 2020 年第 11 期，作者：姜新录，吴健。本书收录时配入插图。

公司刊登注销公告。在企业清算过程中，2017 年 8 月，A 公司召开股东大会，决定将拥有的土地使用权、房屋所有权无偿划转至发行人。划转完成后，2017 年 12 月，A 公司完成注销（见图 10－1）。

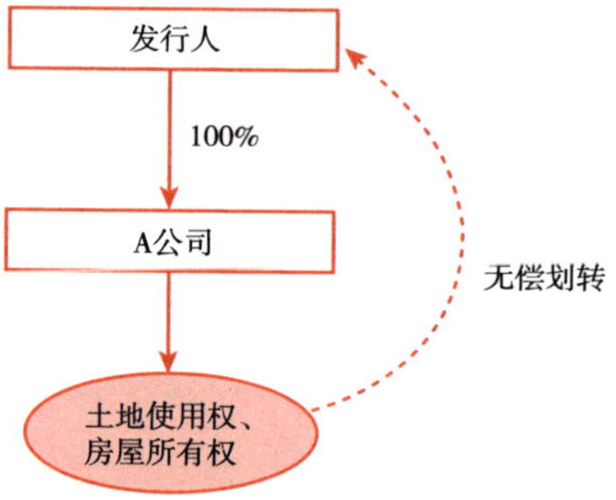

图 10－1　交易示意图

（二）税务处理

1. 主办律师认为，A 公司就土地使用权及房屋所有权转让可能涉及需要缴纳的税款及税务处理如下：

（1）企业所得税。本次资产划转后，不改变被划资产原有的经营活动，A 公司及发行人在会计上均未确认损益，被划转资产的计税基础以被划转的资产的原账面净值确定，并按其原账面净值计算折旧扣除。根据《关于促进企业重组有关企业所得税处理问题的通知》（财税〔2014〕109 号，以下简称“109 号文”）及《国家税务总局关于资产（股权）划转企业所得税征管问题的公告》（国家税务总局公告 2015 年第 40 号，以下简称“40 公告”）规定，本次无偿划转，A 公司无须缴纳企业所得税。

（2）增值税。根据《国家税务总局关于纳税人资产重组有关增值税问题的公告》（国家税务总局公告 2011 年第 13 号），A 公司将相关土地、房屋以及与其相关联的债权、负债和劳动力一并转让给发行人，不属于增值税的征税范围。因此，本次无偿划转不涉及增值税，A 公司无须缴纳。

（3）土地增值税。鉴于本次国有土地使用权转让系按照土地账面价值确定，无增值额，且 A 公司没有取得收入，根据《土地增值税暂行条例》规定，本次转让无须缴纳土地增值税。

（4）印花税。就A公司将土地使用权及房屋所有权转让给发行人，根据《印花税暂行条例》，A公司须缴纳印花税。A公司已缴纳完毕，共计5 183.40元。

2. 主办律师认为，发行人受让土地使用权及房屋所有权可能涉及需要缴纳的税款为：

（1）契税。因A公司与发行人关于土地、房屋的无偿划转发生于母公司与其全资子公司之间，因此其性质属于“同一投资主体内部所属企业之间土地、房屋权属的划转”，根据《财政部 税务总局关于进一步支持企业事业单位改制重组有关契税政策的通知》（财税〔2015〕37号），可以免征契税，且已经主管税务机关批准。

（2）印花税。就A公司将土地使用权及房屋所有权转让给发行人，发行人须缴纳印花税。发行人已缴纳完毕，共计5 183.40元。

经核查，律师认为，发行人、A公司已就土地使用权及房屋所有权转让依法缴纳相应税款，不存在行政处罚的风险，不构成重大违法行为及本次发行的法律障碍。

二、划转涉及的税收政策

划转作为一种特殊的企业重组形式，其实并没有上位法的支持。无论是在《公司法》《合同法》《民法典》，还是在《税收征收管理法》或《企业所得税法》等实体税法中，均没有相关表述，仅在2020年8月通过的《契税法》中有所提及。笔者理解，划转是为了解决我国企业的特定问题而设立的一种特定重组形式，在不同的税种中，有不同的规定及处理。

1. 企业所得税

划转在企业所得税中的规定是109号文及40号公告，对四种方式的资产或股权划转，可以采用特殊性税务处理：划出方企业和划入方企业均不确认所得；划入方企业取得被划转股权或资产的计税基础，以被划转股权或资产的原账面净值确定；划入方企业取得的被划转资产，应按其原账面净值计算折旧扣除。

上述特殊性税务处理有着严格的条件限制，须同时满足100%直接控制的居民企业之间、按账面净值划转、具有合理商业目的、12个月内不改变被划转股权或资产原来实质性经营活动、划出方企业和划入方企业均未在会计上确认损益等条件。

2. 增值税

增值税方面，《国家税务总局关于纳税人资产重组有关增值税问题的公告》（国家税务总局公告2011年第13号，以下简称“13号公告”）及《财政部 税务总局关于全面推开营业税改征增值税试点的通知》（财税〔2016〕36号，以下简称“36号文”）附件2规定，纳税人在资产重组过程中，通过合并、分立、出售、置换等方式，将全部或者部分实物资产以及与其相关联的债权、负债和劳动力一并转让给其他单位和个人，不属于增值税的征税范围，其中涉及的货物、土地使用权及不动产转让，不征收增值税。上述文件并未提及划转的形式，实务中有时会发生税企争议。另外，一般理解，可以不征收增值税的转让必须是“业务”的转让，而不是单纯的资产转让。

对于可以不征收增值税的范围，相关文件仅列举了货物、土地使用权及不动产，而对于无形资产、金融商品等并没有列举，因此，一些税务机关对企业资产重组过程中的无形资产、金融商品等，不同意适用不征收增值税政策。

近期，财政部、国家税务总局发布的《关于明确无偿转让股票等增值税政策的公告》（财政部 税务总局公告2020年第40号）第一条明确了股票无偿划转的税收政策：纳税人无偿转让股票时，转出方以该股票的买入价为卖出价，按照“金融商品转让”计算缴纳增值税；在转入方将上述股票再转让时，以原转出方的卖出价为买入价，按照“金融商品转让”计算缴纳增值税。

3. 土地增值税

在土地增值税相关文件中，并未涉及划转的形式。《财政部 税务总局关于继续实施企业改制重组有关土地增值税政策的通知》（财税〔2018〕57号，以下简称“57号文”）对企业改制重组中的土地增值税问题进行了明确，符合条件的企业整体改制、合并、分设、投资入股等行为可以暂不征收土地增值税，但并未包含划转形式。因此，无偿划转的资产中如果包含土地使用权、地上建筑物及其附着物的，虽然不是有偿转让，但仍需要计算缴纳土地增值税。无偿划转的资产在计算缴纳土地增值税时，应按公允价值计算确定视同销售收入。

但也有个别地方税务机关出台了特殊规定。

对于40号公告中的第一种划转方式，即“母公司向全资子公司进行划转，获得子公司100%的股权支付”，这种划转方式实际是母公司对子公司的非货币性资产投资行为。根据57号文第四条，“单位、个人在改制重组时以房地产作价入股进行投资，对其将房地产转移、变更到被投资的企业，暂不征土地增值税”，如满足此种情形，该种形式的划转可以适用暂不征土地增值税政策。

4. 契税

《财政部 税务总局关于继续支持企业 事业单位改制重组有关契税政策的通知》（财税〔2018〕17号）规定，同一投资主体内部所属企业之间土地、房屋权属的划转，包括母公司与其全资子公司之间，同一公司所属全资子公司之间，同一自然人与其设立的个人独资企业、一人有限公司之间土地、房屋权属的划转，免征契税。母公司以土地、房屋权属向其全资子公司增资，视同划转，免征契税。

5. 印花税

在印花税相关文件中，也未涉及划转的形式。

三、本划转案例的合规性分析

（一）该划转可以适用增值税不征税政策

虽然13号公告及36号文明确“合并、分立、出售、置换等方式”，并未提及划转，但笔者理解，无论企业是通过合并、分立、出售、置换，还是资产划转的方式转让资产，都是企业重组的一种方式，只要其他条件满足，均应该给予不征收增值税的待遇。因此，A公司将相关土地及房屋以及与其相关联的债权、负债和劳动力一并转让给发行人，属于“业务”的转让，符合不征收增值税政策。

（二）该无偿划转应该征收土地增值税

A公司认为“鉴于本次国有土地使用权转让系按照土地账面价值确定，无增值额，且A公司没有取得收入”，本次转让无须缴纳土地增值税，其理由不能成立。57号文并未对无偿划转的形式给予相应的税收政策，因此，A公司对无偿划转给发行人的土地、房屋，在计算缴纳土地增值税时，需要按公允价值计算确定视同销售收入。

（三）该划转不符合企业所得税特殊性税务处理要求

A公司属于发行人的全资子公司，其向发行人无偿划转相关土地及房屋，属于40号公告规定的第三种情形，“100%直接控制的母子公司之间，子公司向母公司按账面净值划转其持有的股权或资产，子公司没有获得任何股权或非股权支付”，因此，在划转时，股权架构上符合特殊性税务处理要求。

但A公司在资产划转完成后立即注销，其与发行人不再是100%直接控制的母子公司关系，不再满足特殊性税务处理的要求。另外，109号文要求，划转适用特殊性税务处理的，必须“具有合理商业目的、不以减少、免除或者推迟缴纳税款为主要目的”。而本案例中，A公司在清算期间将相关资产无偿划转给母公司后注销，除了节约税收成本外，并不能推断出还具有其他商业目的，因此，减少缴纳税收是其主要目的，不具有合理商业目的。

综上，笔者认为，本案例不能适用企业所得税特殊性税务处理。

（四）契税及印花税的处理合规

A公司的契税免税，印花税已经缴纳，其税务处理合规。

四、上市公司在适用划转税收政策时存在的主要问题

虽然划转的税收政策在实践中被大量运用，但仍存在一些不明确、有争议甚至税收政策空白的问题。从目前上市公司划转实践看，主要存在以下问题。

（一）分步交易中，在划转完成后12个月内，划转双方发生了股权架构变化，不再满足特殊性税务处理要求

由于40号公告对可以适用特殊性税务处理的划转有严格的股权架构要

求，即“100%直接控制的母子公司之间”或“受同一或相同多家母公司100%直接控制的子公司之间”。同时，40号公告第七条规定，“交易一方在股权或资产划转完成日后连续12个月内发生生产经营业务、公司性质、资产或股权结构等情况变化，致使股权或资产划转不再符合特殊性税务处理条件的，发生变化的交易一方应在情况发生变化的30日内报告其主管税务机关，同时书面通知另一方。另一方应在接到通知后30日内将有关变化报告其主管税务机关”。结合公告上下文，笔者理解，此处至少包含两层意思：一是在股权或资产划转完成日后的连续12个月内，划入方必须持有标的股权或资产；二是股权或资产划转完成日后的连续12个月内，划转双方的股权架构仍要满足40号公告“两类架构、四种方式”的特殊性税务处理。比如，母公司下属的两个全资子公司之间划转资产后12个月内，划入方吸收新的股东，导致母公司不再对其100%持股，就不再满足特殊性税务处理的要求。

从上市公司发布的公告看，一些公司在重大资产重组中采取了分步交易，在划转完成后12个月内划转双方发生了股权架构变化，不再满足特殊性税务处理要求。又比如，某上市公司先将需要剥离的资产划入新成立的全资子公司，随后出售该全资子公司的股权，发生此种情况时，就不再满足资产划转的特殊性税务处理要求。

股权或资产划转后连续12个月内不改变被划转股权或资产原来实质性经营活动，指的是自股权或资产划转完成日起连续12个月内不改变被划转股权或资产原来实质性经营活动。股权或资产划转完成日，是指股权或资产划转合同（协议）批复生效，且交易双方已进行会计处理的日期。因此，上市公司需要注意时间要求，合规进行税务处理。

（二）分步交易中，划转完成后12个月内，划入方处置划入的资产或股权

一些上市公司为了整合资源，往往分步实施重组行为，其中，划转的方式经常被运用。如某上市公司拟收购的标的资产为B公司100%的股权，但B公司的股权目前由甲集团公司下属的两个子公司分别持有，甲集团便将B公司100%的股权划转至甲集团，再以其持有的B公司100%股权参与某上市公司

的定向增发。此情形就属于“划转完成日后连续 12 个月内发生生产经营业务、公司性质、资产或股权结构等情况变化，致使股权或资产划转不再符合特殊性税务处理条件的”，需要按一般性税务处理，对相关股权或资产的公允价值视同销售处理。

（三）一些划转能否适用特殊性税务处理存在争议

划转中最常见的争议是，含有负债的资产划转是否可以适用特殊性税务处理？从 109 号文及 40 号公告字面意思看，并未限制含有负债的划转不能适用特殊性税务处理。但实务中，部分税务机关认为，资产与负债在会计要素中属于两个不同概念。若将相关资产及负债一起划转，则相当于划入方向划出方支付了一笔金额相当于负债金额的对价，属于有偿划转，有可能造成税收政策的滥用，因此含有负债的资产划转不能适用特殊性税务处理。

那么，有偿划转能不能适用 109 号文的特殊性税务处理呢？虽然 109 号文并未对划转定义为有偿划转还是无偿划转，但 40 号公告却将非货币性资产投资也视为划转，说明政策制定者的本意并未将划转局限于无偿划转，也可以是有偿划转。另外，从上市公司发布的公告看，大量的资产划转是将相关资产以及与其关联的负债一并划转的。笔者认为，从划转的政策制定本意来看，就是为了解决企业集团间的资产整合问题，而资产一般都是包含相关负债的，对该种划转，应该给予特殊性税务处理待遇。但对与所划转资产无关联的其他负债，为避免税收政策的滥用，不能给予特殊性税务处理待遇。

（四）国资委或政府下属企业之间的划转如何进行税务处理的政策缺失

109 号文第三条规定，对 100% 直接控制的居民企业之间，以及受同一或相同多家居民企业 100% 直接控制的居民企业之间符合条件的划转，可以适用特殊性税务处理。一般理解，因国资委并不是企业，国资委 100% 控股企业间的股权无偿划拨的情况，不适用这一政策。但如何进行税务处理，目前并无明确规定。如果需要对该划转行为进行征税，对谁征，税款由谁来负担，都是需要解决的问题。从实践来看，目前并无对国资委之间的此类划转征税的公开案例。如何处理，需要后续政策的进一步明确。

五、几点启示

（一）统筹考虑各个税种

对于非上市公司股权的划转一般只涉及印花税和企业所得税，但对于含有土地使用权、不动产等资产的划转，还会涉及增值税及土地增值税，划入方还涉及契税。一些上市公司在划转时，未能统筹考虑划转中涉及各个税种的处理。如本案例中，A公司向其母公司无偿划转不动产，就没有考虑充分土地增值税的影响，导致政策适用错误。

（二）合规处理税收业务

划转的税收政策适用门槛较低，应用较广，但从上市公司实践看，一些企业在政策适用上存在明显的瑕疵，给企业留下了税收风险。作为公众公司，建议上市公司在政策适用前，吃透税法精神，既要合理利用税收政策，又要避免滥用税收政策，防范不必要的税收风险。

（三）加强与税务机关的沟通

由于我国目前的划转税收政策还存在一些政策不明确或政策缺失的问题，建议企业充分了解当地的政策执行口径，加强与税务机关的沟通。如对企业资产重组过程中含有股票等金融商品的，从税法原理上争取适用不征收增值税政策。

（四）完善划转中的税收政策

目前，我国国企混合所有制改革正在进行中，其更多的是一种非市场化的内部行政行为，在税收上应该予以支持。从鼓励企业改革和做大做强的角度出发，建议国家有关部门，完善划转中的税收政策，对国资委或政府下属企业间的划转，给予特殊性税务处理待遇。

案例 11
股权转让的特殊性税务处理案例

上市公司以定向增发股票方式收购股权并适用特殊性税务处理的案例比较常见。当选择特殊性税务处理时，转让方在股权转让环节应该缴纳的企业所得税可以暂不缴纳，而是递延到收购方处置股权时缴纳。本部分从转让方的角度，对其股权转让环节及以后减持股票环节的会计处理、税务处理、纳税申报及注意事项作出分析①。

一、基本情况

上海翌卓投资管理有限公司（以下简称“翌卓投资”）成立于 2015 年。同年，翌卓投资购买舟山天智投资合伙企业（有限合伙）持有的上海猎鹰网络有限公司（以下简称“猎鹰网络”）5% 股权，购买价格 50.00 万元。后由于猎鹰网络增资扩股，翌卓投资的持股比例被稀释到 1.4% 。

2016 年，智度股份（证券代码：000676）购买猎鹰网络 100% 股权，支付方式全部为智度股份新发行的股份。猎鹰网络 100% 股权作价 868 199 907.00

① 本案例摘自《企业重组财税处理实务与案例》一书，中国财经出版传媒集团、中国财政经济出版社 2020 年 8 月出版，吴健、姜新录、朱昌山、聂磊、高行锋著。本书收录时，略有改动并补充了插图。

元，智度股份股票发行价格为 5.61 元/股（本次发行股票购买资产时，股票发行价格为智度股份第七届董事会第六次会议决议公告日前 120 个交易日的公司股票均价的 90%，即 5.61 元/股），共新发行 154 759 334 股。其中，翌卓投资持有猎鹰网络的 1.4% 股权作价 13 860 000.00 元，共获得智度股份新发行股票 2 470 588 股，股票锁定期限为 36 个月。

智度股份本次发行股份收购资产构成了重大资产重组，已通过中国证监会的核准。2016 年 4 月 21 日，经上海市奉贤区市场监督管理局核准，猎鹰网络 100% 股权过户事宜完成了工商变更登记。本次发行新增股份上市日为 2016 年 5 月 17 日，该日日终股票登记到账，并正式列入上市公司的股东名册（见图 11－1）。

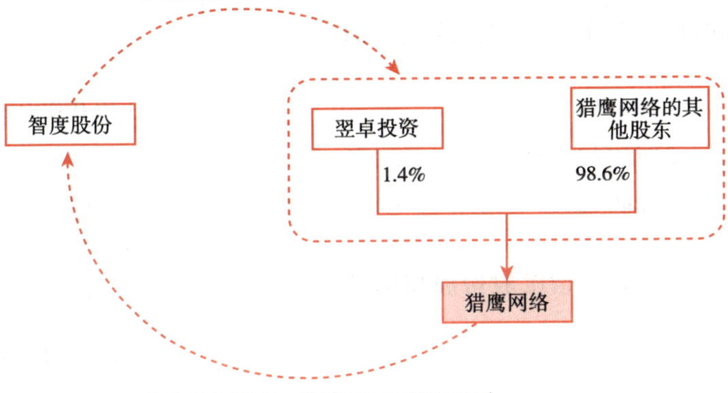

股权转让前

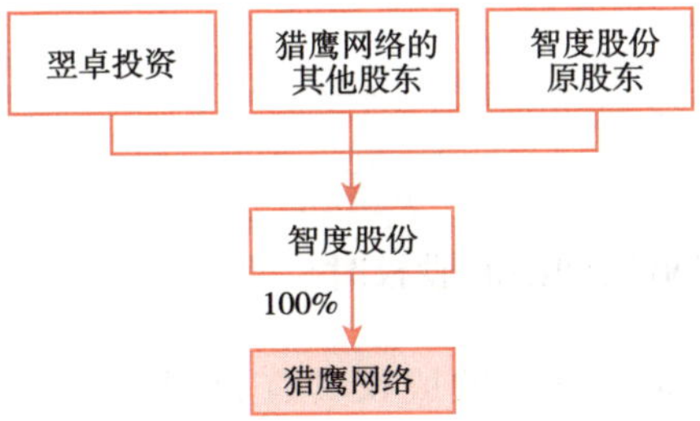

股权转让后

图 11－1　股权转让前后的股权结构图

假设翌卓投资于 2021 年 12 月 1 日减持智度股份股票 10 万股，平均每股减持价格 10 元，取得减持收入共 100 万元。翌卓投资在持股期间智度股份未发放股息红利及送转股。

二、会计处理

假设翌卓投资将取得的智度股份股票做可供出售金融资产核算，该公司未执行新收入准则及新金融工具准则，也未计提公允价值变动损益，则其会计处理如下。

（一）2015 年取得猎鹰网络的股权时

借：长期股权投资	500 000.00	
贷：银行存款		500 000.00

（二）2016 年出售猎鹰网络的股权时

借：可供出售金融资产	13 860 000.00	
贷：长期股权投资		500 000.00
投资收益		13 360 000.00

（三）2021 年减持智度股份股票时

借：银行存款	1 000 000.00	
贷：可供出售金融资产		561 000.00
投资收益		439 000.00

三、税务处理

（一）2016 年出售猎鹰网络的股权时

由于智度股份收购猎鹰网络的股权具有合理商业目的；收购比例 100%，大于 50%；支付方式全部为发行股份支付，股权支付比例大于 85%；猎鹰网络原股东在获取智度股份新发行的股票后，锁定期均在 12 个月以上，即 12 个月内不能出售；智度股份收购猎鹰网络后，猎鹰网络不改变原来的实质性经营活动。因此该收购符合《财政部 国家税务总局关于企业重组业务企业所得税处理若干问题的通知》（财税〔2009〕59 号）特殊性税务处理要求的条件。

在各方选择特殊性税务处理时，翌卓投资可以不确认本次股权转让所得 13 860 000.00 - 500 000.00 = 13 360 000.00 元。其取得智度股份 2 470 588 股股票的计税基础为原猎鹰网络的计税基础 500 000.00 元，平均每股的计税基础为 500 000.00 ÷ 2 470 588 = 0.2024（元），即翌卓投资在以后减持智度股份股票时，可以扣除的成本为 0.2024 元/股。

（二）2021 年减持智度股份股票时

2021 年 12 月 1 日翌卓投资减持智度股份股票 10 万股，取得减持收入为 100 万元，本次减持所得（暂不考虑增值税及其附加）为：100 000 ×（10.00 - 0.2024）= 979 760.00（元），该所得其实包括两部分：

第一部分为 2016 年翌卓投资向智度股份出售猎鹰网络 1.4% 股权的所得 100 000 ×（5.61 - 0.2024）= 540 760.00（元）；

第二部分为 2021 年翌卓投资转让智度股份 10 万股股票的所得：100 000 ×（10.00 - 5.61）= 439 000.00（元）。

由于翌卓投资在 2016 年向智度股份出售猎鹰网络 1.4% 股权时，各方选择了特殊性税务处理，该出售所得 540 760.00 元并未在当时确认，而是递延到翌卓投资减持智度股份股票时一并确认。

四、纳税申报

（一）2016 年出售猎鹰网络股权时

由于智度股份发行股份收购猎鹰网络股权于 2016 年 4 月 21 日完成股权过户，该日为重组日，因此重组完成年度是 2016 年度。翌卓投资于 2017 年 5 月 31 日前办理 2016 年度企业所得税汇算清缴时须填报“企业重组所得税特殊性税务处理报告表及附表”以及申报资料（见表 11 - 1），同时还应附送重组主导方（猎鹰网络原持股比例最大的股权转让方）经主管税务机关受理的“企业重组所得税特殊性税务处理报告表及附表”（复印件）（见表 11 - 2）。在进行企业所得税年度申报时，应填写该表及“纳税调整项目明细表”（A105000）第 37 行中“四、特殊事项调整项目”中“（一）企业重组及递延纳税事项

（填写 A105100）”的相关内容，对会计上确认的投资收益 13 360 000.00 元作纳税调减处理（见表 11－3、表 11－4）。

表 11－1　　企业重组所得税特殊性税务处理报告表

纳税人名称（盖章）	上海翌卓投资管理有限公司	纳税人识别号	×××
单位地址	×××	财务负责人	×××
主管税务机关（全称）	×××	联系电话	×××
重组日：2016.04.21	重组业务开始年度：2016		重组业务完成年度：2016
重组交易类型	企业在重组业务中所属当事方类型		
□法律形式改变			
□债务重组	□债务人	□债权人	
□股权收购√	□收购方	□转让方√	□被收购企业
□资产收购	□收购方	□转让方	
□合并	□合并企业	□被合并企业	□被合并企业股东
□分立	□分立企业	□被分立企业	□被分立企业股东
特殊性税务处理条件	（一）具有合理的商业目的，且不以减少、免除或者推迟缴纳税款为主要目的。		□√
	（二）被收购、合并或分立部分的资产或股权比例符合规定的比例。		☑比例 100%
	（三）企业重组后的连续 12 个月内不改变重组资产原来的实质性经营活动。		□√
	（四）重组交易对价中涉及股权支付金额符合规定比例。		☑比例 100%
	（五）企业重组中取得股权支付的原主要股东，在重组后连续 12 个月内，不得转让所取得的股权。		□√
主管税务机关受理意见	××× （受理专用章）　年　月　日		
其他需要说明的事项（重组业务其他需要说明的事项，如没有则填“无”）：			
纳税人声明	谨声明：本人知悉并保证本表填报内容及所附证明材料真实、完整，并承担因资料虚假而产生的法律和行政责任。 法定代表人签章：×××　××××年××月××日		

填表人：×××　　　　填表日期：×××

表 11－2 **企业重组所得税特殊性税务处理报告表（股权收购）**

申报企业名称（盖章）： 金额单位：元（列至角分）

<table>
<tr><td>被收购企业名称</td><td>上海猎鹰网络有限公司</td><td>被收购企业纳税识别号</td><td>×××</td><td>被收购企业所属主管税务机关（全称）</td><td colspan="3">×××</td></tr>
<tr><td>股权收购方名称</td><td>智度投资股份有限公司</td><td>股权收购方纳税识别号</td><td>×××</td><td>股权收购方所属主管税务机关（全称）</td><td colspan="3">×××</td></tr>
<tr><td>股权转让方 1（被收购企业的股东）名称</td><td>上海翌卓投资管理有限公司</td><td rowspan="2">转让被收购企业股权占被收购企业全部股权的比例 1%</td><td rowspan="2">1.40%</td><td rowspan="2">股权转让方 1 所属主管税务机关（全称）</td><td colspan="3" rowspan="2">×××</td></tr>
<tr><td>股权转让方 1（被收购企业的股东）纳税识别号</td><td>×××</td></tr>
<tr><td>股权转让方 2（被收购企业的股东）名称</td><td></td><td rowspan="2">转让被收购企业股权占被收购企业全部股权的比例 2%</td><td rowspan="2"></td><td rowspan="2">股权转让方 2 所属主管税务机关（全称）</td><td colspan="3" rowspan="2"></td></tr>
<tr><td>股权转让方 2（被收购企业的股东）纳税识别号</td><td></td></tr>
<tr><td colspan="2">股权收购方购买的股权占被收购企业全部股权的比例</td><td>100%</td><td colspan="3">股权收购方股权支付金额占交易支付总额的比例</td><td colspan="2">100%</td></tr>
<tr><td>股权收购交易支付总额</td><td>868 199 907</td><td>其中：股权支付额</td><td>868 199 907</td><td>非股权支付额</td><td colspan="3">0</td></tr>
<tr><td>股权转让合同（协议）生效日</td><td>2016.04.21</td><td colspan="2">股权收购方所收购股权的工商变更登记日</td><td>2016.04.21</td><td>转让方与收购方是否为关联企业</td><td>□是</td><td>□否√</td></tr>
<tr><td colspan="3">被收购企业原有各项资产和负债的计税基础是否保持不变</td><td colspan="2">□是√</td><td colspan="3">□否</td></tr>
</table>

续表

股权转让方1	项目名称	公允价值	账面价值	原计税基础	非股权支付对应的资产转让所得或损失	实际取得股权及其他资产		
						项目名称	公允价值	计税基础
	转让被收购企业股权	13 860 000	500 000	500 000	0	股权	13 860 000	500 000
						合计	13 860 000	500 000
股权转让方2	项目名称	公允价值	账面价值	原计税基础	非股权支付对应的资产转让所得或损失	实际取得股权及其他资产		
						项目名称	公允价值	计税基础
	转让被收购企业股权							
						合计		
股权收购方	项目名称	公允价值	账面价值	原计税基础	非股权支付对应的资产转让所得或损失	实际取得股权及其他资产		
						项目名称	公允价值	计税基础
	1. 股权支付额	13 860 000	13 860 000	13 860 000	0	被收购企业股权	13 860 000.00	500 000.00
	（1）本企业股权	13 860 000	13 860 000	13 860 000				
	（2）其控股企业股权							
	①							
	②							
	……							
	2. 非股权支付额	0	0	0				
	合计（1+2）	13 860 000	13 860 000	13 860 000				

谨声明：本人知悉并保证本表填报内容及所附证明材料真实、完整，并承担因资料虚假而产生的法律和行政责任。

法定代表人签章：　　××××年××月××日

填表人：×××　　填表日期：×××

表11-3　　A105100企业重组及递延纳税事项纳税调整明细表

行次	项目	一般性税务处理			特殊性税务处理（递延纳税）			纳税调整金额
		账载金额	税收金额	纳税调整金额	账载金额	税收金额	纳税调整金额	
		1	2	3(2-1)	4	5	6(5-4)	7(3+6)
1	一、债务重组							
2	其中：以非货币性资产清偿债务							
3	债转股							
4	二、股权收购				13 360 000.00	0	-13 360 000.00	-13 360 000.00
5	其中：涉及跨境重组的股权收购							

表11-4　　A105000纳税调整项目明细表

行次	项目	账载金额	税收金额	调增金额	调减金额
		1	2	3	4
36	四、特殊事项调整项目（37+38+…+43）	*	*		13 360 000.00
37	（一）企业重组及递延纳税事项（填写A105100）	13 360 000.00	0		13 360 000.00
38	（二）政策性搬迁（填写A105110）	*	*		
39	（三）特殊行业准备金（填写A105120）				
40	（四）房地产开发企业特定业务计算的纳税调整额（填写A105010）	*			
41	（五）合伙企业法人合伙人应分得的应纳税所得额				
42	（六）发行永续债利息支出				
43	（七）其他	*	*		

（二）2021年减持智度股份股票时

在翌卓投资出售智度股份10万股股票的纳税年度，即2021年度企业所得税汇算清缴申报时，须填报“投资收益纳税调整明细表”（A105030）中“二、可供出售金融资产”的相关内容进行纳税调整增加540 760.00元，将2016年出售猎鹰网络1.4%股权时尚未确认的所得540 760.00元予以确认（见表11-5）。

表 11－5

A105030 投资收益纳税调整明细表

行次	项目	持有收益			处置收益							纳税调整金额
		账载金额	税收金额	纳税调整金额	会计确认的处置收入	税收计算的处置收入	处置投资的账面价值	处置投资的计税基础	会计确认的处置所得或损失	税收计算的处置所得	纳税调整金额	
		1	2	3(2－1)	4	5	6	7	8(4－6)	9(5－7)	10(9－8)	11 (3＋10)
1	一、交易性金融资产											
2	二、可供出售金融资产				1 000 000. 00	1 000 000. 00	561 000. 00	20 240. 00	439 000. 00	979 760. 00	540 760. 00	540 760. 00

五、其他注意事项

（一）增值税问题

翌卓投资在出售股票时应按照金融商品转让缴纳增值税。根据《国家税务总局关于营改增试点若干征管问题的公告》（国家税务总局 2016 年第 53 号公告），买入价以上市公司因重大资产重组股票停牌前一交易日的收盘价为买入价；《国家税务总局关于国内旅客运输服务进项税抵扣等增值税征管问题的公告》（国家税务总局公告 2019 年第 31 号）规定，“股票停牌”是指中国证券监督管理委员会就上市公司重大资产重组申请作出予以核准决定前的最后一次停牌。该停牌价时间是 2016 年 3 月 24 日，前一交易日的收盘价是 25.95 元。因此，本案例中增值税的买入价为 25.95 元，而不是上市公司实际增发价 5.61 元。在本案例中，由于卖出价低于买入价，会形成金融商品转让负差，不需要缴纳增值税。该负差在本纳税年度内可以冲减其他金融商品转让的正差。

（二）企业所得税不含税收入的换算

由于出售股票的收入为含税价，在计算缴纳增值税的时候，由于增值税是差额征税，换算时，企业所得税的不含税收入 = 含税收入 - 实际缴纳的增值税。

依据和财政部印发的《增值税会计处理规定》（财会〔2016〕22 号），计入“投资收益”的金融商品转让收入和转让成本在日常会计核算时均不须进行价税分离，但财会〔2016〕22 号文件亦规定，金融商品实际转让月末，如产生转让收益，应按应纳税额借记“投资收益”等科目，贷记“应交税费—转让金融商品应交增值税”（以下简称“应交税费”）科目；如产生转让损失，应按可结转下月抵扣的税额，借记“应交税费”科目，贷记“投资收益”等科目。缴纳增值税时，应借记“应交税费”科目，贷记“银行存款”科目。年末，“应交税费”科目如有借方余额，则借记“投资收益”等科目，贷记“应交税费”科目。因此，在计算企业所得税时，转让持有股票的应纳增值税额应该冲减其股票转让所得。

（三）适用新会计准则时的纳税调整

假设翌卓投资执行新收入准则及新金融工具准则，将取得的智度股份股票做“以公允价值计量且其变动计入其他综合收益的金融资产”核算，则每年企业所得税年度申报时须对公允价值变动损益部分通过“纳税调整项目明细表”（A105000）进行纳税调整。

根据《国家税务总局关于修订企业所得税年度纳税申报表有关问题的公告》（国家税务总局公告2019年第41号）的规定，已执行《企业会计准则第22号——金融工具确认和计量》（财会〔2017〕7号发布）、《企业会计准则第23号——金融资产转移》（财会〔2017〕8号发布）、《企业会计准则第24号——套期会计》（财会〔2017〕9号发布）、《企业会计准则第37号——金融工具列报》（财会〔2017〕14号发布）（以上四项简称“新金融准则”）的纳税人，若投资收益的项目类别不为A105030表第1行至第8行的，则在第9行“九、其他”中填报相关会计处理、税收规定以及纳税调整情况。

因而，如果减持股票所得计入留存收益时，由于在会计处理上未做收入处理，在企业所得税年度申报时也须通过“投资收益纳税调整明细表”（A105030）中第9行“九、其他”的相关列次进行纳税调整。

案例 12
案例解析股权转让的一般性税务处理与特殊性税务处理

特殊性税务处理并不是税收优惠，而是一种递延纳税。本部分通过上市公司在发行股份收购股权案例中，股权转让方 A 公司的税务处理，来分析说明一般性税务处理及特殊性税务处理对 A 公司的影响，并总结了本案例中的纳税义务发生时间及送转股的税务处理。

一、基本案情

2012 年 8 月，某上市公司（以下简称“上市公司”）发布公告称，上市公司与 A 公司、B 公司及 C 公司签署了《非公开发行股份购买资产协议》及其补充协议，拟实施本次重大资产重组。

上市公司称，通过本次重大资产重组，上市公司将注入盈利能力较强且具有可持续发展能力的金矿等优质矿业资产，为公司后续矿业业务的进一步发展奠定了良好的资源储备。本次重组完成后，上市公司将成为一家规模较大、在资源开发利用领域具备较强竞争力的上市公司。同时，本次重组完成后，将显著改善上市公司财务状况与产业结构，突出主业，进一步增强核心竞争力。公司的资本实力、核心竞争力将大幅提高，发展空间得以拓宽，公司将走上长期、持续的发展道路，并致力于回报投资者，为股东创造更大的价值。

根据《非公开发行股份购买资产协议》及《非公开发行股份购买资产协

议之补充协议》，上市公司将以非公开发行股份 187 686 682 股的方式购买 A 公司、B 公司及 C 公司合计持有的甲公司 100% 股权。其中，A 公司将以其持有的甲公司 20% 股权认购本次上市公司发行股份 37 537 336 股，B 公司将以其持有的甲公司 68% 股权认购本次上市公司发行股份 127 626 944 股，C 公司将以其持有的甲公司 12% 股权认购本次上市公司发行股份 22 522 402 股。A 公司、B 公司及 C 公司均承诺，其认购的本次非公开发行的股份，自本次非公开发行完成之日起 36 个月内不予转让。

甲公司注册资金及实收资本 6 000 万元。根据某资产评估机构出具的《上市公司拟以增发股份方式收购甲公司股权项目资产评估报告》，截至 2012 年 6 月 30 日，甲公司 100% 股权的账面价值为 7 961.86 万元，评估价值为 257 506.13 万元，评估增值率为 3 134.25%。根据《非公开发行股份购买资产协议》及其补充协议，最终确定拟购买资产交易价格为 257 506.13 万元。

本次发行股份购买资产的股票发行价格为 13.72 元/股，在不考虑配套融资的情况下，发行股份购买资产完成后，上市公司总股本将达到约 3.1 亿股。

本次重组涉及的 A 公司等持有的甲公司 100% 的股权过户工商登记变更手续已于 2013 年 2 月 4 日在某省工商行政管理局办理完毕。

上市公司已根据中国证监会的核准文件及股东大会的授权就本次重大资产重组及发行股份购买资产涉及的股份变动事宜向中国证券登记结算有限责任公司上海分公司申请办理股份登记手续，并于 2013 年 2 月 5 日收到中国证券登记结算有限责任公司上海分公司出具的证券变更登记证明。

交易示意图见图 12－1。

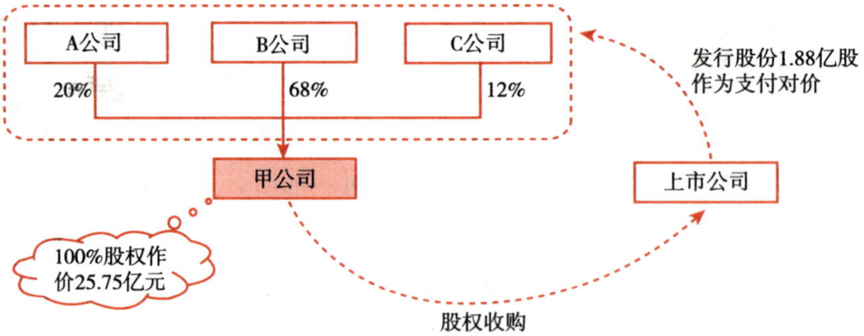

发行股份收购股权前

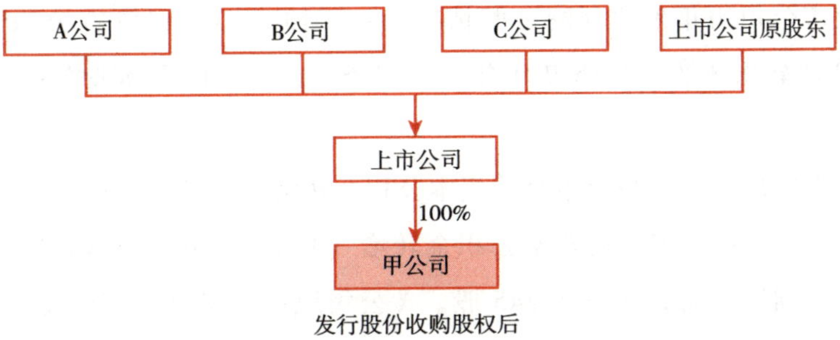

图12－1　发行股份收购股权前后的交易示意图

二、税务处理

根据《财政部 国家税务总局关于企业重组业务企业所得税处理若干问题的通知》（财税〔2009〕59号），股权收购，是指一家企业（以下称为“收购企业”）购买另一家企业（以下称为“被收购企业”）的股权，以实现对被收购企业控制的交易。收购企业支付对价的形式包括股权支付、非股权支付或两者的组合。

在本案例中，上市公司是收购企业，甲公司是被收购企业，A公司、B公司及C公司是被收购企业股东①，支付对价是上市公司非公开发行的股份187 686 682股。A公司、B公司及C公司取得的对价分别为上市公司新发行的股票37 537 336股、127 626 944股及22 522 402股。

（一）背景资料

1. A公司的股权系2009年通过股权收购及对甲公司增资取得，其对甲公司的投资成本共为1 200万元，即A公司对甲公司股权投资的计税基础为1 200万元。

B公司的股权系2009年先后两次以4 800万元对甲公司增资而取得其80%的股权，2012年B公司以720万元转让甲公司12%的股权给C公司。

C公司的股权系2012年以720万元从B公司收购取得。

① 对于被收购企业的股东，财税〔2009〕59号用的词是“被收购方”。

2. 上市公司历年来的利润分配情况为：2013 年度，以资本公积金向全体股东每 10 股转增 3 股；2015 年半年度，以资本公积金向全体股东每 10 股转增 12 股。

A 公司于 2014 年取得上市公司资本公积金转增 37 537 336 × 0.3 = 11 261 201（股），2015 年取得上市公司资本公积金转增（37 537 336 + 11 261 201）× 1.2 = 58 558 244（股），合计 69 819 445 股。A 公司原持股 37 537 336 股，后经上市公司转股后持股数量变为 107 356 781 股。

3. 2021 年 2 月 4 日，上市公司退市，退市时收盘价为 0.21 元/股。退市后在全国中小企业股份转让系统挂牌交易。

4. 假设 A 公司 2021 年 12 月以 0.21 元/股协议转让全部持有的股票 107 356 781 股。

下面，本部分以 A 公司为例，分析股权转让方的一般性税务处理及特殊性税务处理（不考虑企业所得税外的其他税费）。

（二）一般性税务处理

假设 2012 年上市公司实施重大资产重组时，各方选择一般性税务处理。

1. 相关规定

财税〔2009〕59 号第四条对股权收购的一般性税务处理作出规定："企业股权收购、资产收购重组交易，相关交易应按以下规定处理：(1) 被收购方应确认股权、资产转让所得或损失。(2) 收购方取得股权或资产的计税基础应以公允价值为基础确定。(3) 被收购企业的相关所得税事项原则上保持不变。"

2. 出售甲公司股权时

(1) A 公司确认甲公司 20% 股权的转让收入为：

13.72 元/股 × 37 537 336 股 = 515 012 249.92（元）

(2) A 公司确认甲公司 20% 股权的转让所得为：

515 012 249.92 − 12 000 000.00 = 503 012 249.92（元）

该转让所得应并入 A 公司 2013 年度的应纳税所得额，计算缴纳企业所得税。

(3) A 公司确认取得上市公司股票 37 537 336 股的计税基础为 515 012 249.92 元。

3. 转让取得的上市公司股票时

（1）A公司确认股票的转让收入为：

0.21元/股×107 356 781股＝22 544 924.01（元）

（2）A公司确认股票的转让所得为：

22 544 924.01－515 012 249.92＝－492 467 325.91（元）

该股票转让损失4.92亿元应并入A公司2021年度的应纳税所得额，计算缴纳企业所得税。

（三）特殊性税务处理

假设2012年上市公司实施重大资产重组时，各方选择特殊性税务处理。

1. 相关规定

财税〔2009〕59号第五条对股权收购特殊性税务处理的适用条件作出规定："企业重组同时符合下列条件的，适用特殊性税务处理规定：（1）具有合理的商业目的，且不以减少、免除或者推迟缴纳税款为主要目的。（2）被收购、合并或分立部分的资产或股权比例符合本通知规定的比例。（3）企业重组后的连续12个月内不改变重组资产原来的实质性经营活动。（4）重组交易对价中涉及股权支付金额符合本通知规定比例。（5）企业重组中取得股权支付的原主要股东，在重组后连续12个月内，不得转让所取得的股权。"

财税〔2009〕59号第六条对股权收购的特殊性税务处理作出规定："股权收购，收购企业购买的股权不低于被收购企业全部股权的75%①，且收购企业在该股权收购发生时的股权支付金额不低于其交易支付总额的85%，可以选择按以下规定处理：（1）被收购企业的股东取得收购企业股权的计税基础，以被收购股权的原有计税基础确定。（2）收购企业取得被收购企业股权的计税基础，以被收购股权的原有计税基础确定。（3）收购企业、被收购企业的原有各项资产和负债的计税基础和其他相关所得税事项保持不变。"

2. 特殊性税务处理的条件分析

在本案例中，本次股权收购具有合理商业目的，且不以减少、免除或者推

① 《财政部 国家税务总局关于促进企业重组有关企业所得税处理问题的通知》（财税〔2014〕109号）将此比例降低为50%。

迟缴纳税款为主要目的；被收购的股权为甲公司100%股权，股权收购比例大于75%[①]；上市公司以非公开发行股份187 686 682股作为支付对价，股权支付比例100%，大于85%；甲公司在企业重组后的连续12个月内不改变实质性经营活动；A公司、B公司及C公司均承诺，其认购的本次非公开发行的股份，自本次非公开发行完成之日起36个月内不予转让。因此，本案例符合特殊性税务处理的各项要求。

3. 出售甲公司股权时

（1）A公司不确认甲公司20%的股权转让所得。

（2）A公司确认取得上市公司股票37 537 336股的计税基础为其对甲公司20%股权的计税基础1 200万元。

4. 转让取得的上市公司股票时

（1）A公司确认股票的转让收入为：

0.21元/股×107 356 781股=22 544 924.01（元）

（2）A公司确认股票的转让所得为：

22 544 924.01－12 000 000.00=10 544 924.01（元）

该股票转让所得应并入A公司2021年度的应纳税所得额，计算缴纳企业所得税。

三、案例总结

（一）本案的纳税义务发生时间分析

《国家税务总局关于贯彻落实企业所得税法若干税收问题的通知》（国税函〔2010〕79号）第三条规定："企业转让股权收入，应于转让协议生效且完成股权变更手续时，确认收入的实现。"在本案例中，上市公司与A公司等签署《非公开发行股份购买资产协议》及补充协议虽然发生在2012年8月，但甲公司股权过户到上市公司的时间为2013年2月。因此，A公司转让甲公司

① 《财政部 国家税务总局关于促进企业重组有关企业所得税处理问题的通知》（财税〔2014〕109号）将此比例降低到50%，但此案例中甲公司股权变更到上市公司的时间为2013年2月，故仍应按财税〔2009〕59号的要求比例，即75%。

股权确认收入实现的年度应为2013年度。

(二) 资本公积转增股不增加持股成本

A公司共取得上市公司资本公积金转增69 819 445股。根据国税函〔2010〕79号第四条规定,"被投资企业将股权(票)溢价所形成的资本公积转为股本的,不作为投资方企业的股息、红利收入,投资方企业也不得增加该项长期投资的计税基础"。因此,A公司取得的69 819 445股不需要计入所得计算缴纳企业所得税,但也不增加其对上市公司持股的计税基础。

但如果A公司取得的是上市公司用资本溢价以外的资本公积转增股本或用未分配利润转股(即红股),A公司需要计入所得计算缴纳企业所得税,但根据《企业所得税法》第二十六条及其实施条例第八十三条,符合条件的股息红利收入可以免征企业所得税,A公司也可以按股票的面值增加其投资的计税基础。

(三) 税务处理的影响分析

对本案A公司的一般性税务处理及特殊性税务处理,如表12-1所示。

表12-1　一般性税务处理及特殊性税务处理对比表

A公司	一般性税务处理	特殊性税务处理
对甲公司20%股权的计税基础(元)	12 000 000.00	
取得上市公司股票数量(股)	37 537 336	
股票增发价格(元/股)	13.72	
甲公司20%股权转让收入(元)	515 012 249.92	
甲公司20%股权转让所得(元)	503 012 249.92	暂不确认
取得上市公司股票的计税基础(元)	515 012 249.92	12 000 000.00
取得资本公积转增股票数量(股)	69 819 445	
协议转让股票数量(股)	107 356 781	
协议转让股票价格(元/股)	0.21	
协议转让股票收入(元)	22 544 924.01	
协议转让股票所得(元)	-492 467 325.91	10 544 924.01

从表12-1可以比较看出,一般性税务处理时,A公司出售甲公司20%股权的转让所得503 012 249.92元与协议转让股票损失492 467 325.91元的差额

为 10 544 924.01 元，正好是特殊性税务处理时确认的股票转让所得。因此，特殊性税务处理并不是税收优惠，而是一种递延纳税。

由于 A 公司处置股票的价格（0.21 元/股）远远低于其取得股票的实际成本（13.72/股），如果选择适用一般性税务处理，则在甲公司的股权转让环节将实现较大的所得，需要缴纳大额企业所得税，但后期处置股票时会形成大额亏损，而我国企业所得税法并不允许亏损向前结转，只能向后结转，会造成 A 公司以前缴纳的企业所得税不能退税，其亏损只能由以后实现的所得来弥补，对 A 公司会造成非常被动的局面。

在本案例中，如果各方选择适用特殊性税务处理，A 公司可以在甲公司股权转让环节暂不确认所得，而是将该所得递延到其处置取得的股票时再予确认，即 A 公司在转让甲公司股权时暂不确认所得，其取得上市公司股票的计税基础由甲公司股权的计税基础替代，实际是将两个环节的所得合并为在一个环节确认，即 A 公司特殊性税务处理应确认的所得 = 甲公司 20% 股权转让应确认的所得 + 协议转让股票应确认的所得，即 10 544 924.01 = (515 012 249.92 − 12 000 000.00) + (22 544 924.01 − 515 012 249.92)。如选择适用特殊性税务处理，可以缓冲股票价格的大幅度波动对所得的影响。

（四）股权收购方的税务处理

上面我们以 A 公司为例，分析了股权转让方的一般性税务处理与特殊性税务处理，上市公司作为股权收购方，也应该采取一致性税务处理。《企业重组业务企业所得税管理办法》（国家税务总局公告 2010 年第 4 号印发）第四条规定："同一重组业务的当事各方应采取一致税务处理原则，即统一按一般性或特殊性税务处理。"

当各方选择一般性税务处理时，上市公司取得甲公司股权的计税基础按甲公司 100% 股权的成交价格 257 506.13 万元确定。

当各方选择特殊性税务处理时，上市公司取得甲公司 100% 股权的计税基础按原股东的计税基础 6 000 万元确定。

案例 13
上市公司以转让股权名义转让土地使用权被征收土地增值税案例

以转让股权名义转让房地产是否征收土地增值税的问题，在实践中一直存有争议，本部分介绍了上市公司恒立实业转让股权被视为转让土地使用权而被征收土地增值税案例，并收录了国家税务总局的三个批复、两个地区的执行口径、两起引起上市公司监管层关注的案例以及三个司法判例中的法院态度。

一、基本案情

2018 年 1 月 5 日，荣盛房地产发展股份有限公司（股票代码：002146，股票简称：荣盛发展）在《2017 年 12 月份新增土地储备情况简报》中披露："通过股权收购方式取得的地块情况：2017 年 12 月，公司全资子公司湖南荣盛房地产开发有限公司通过股权收购方式，以 37 000 万元取得岳阳恒通实业有限公司 100% 股权，同时控制了其旗下土地证编号为岳市国用（2014）第 009 号地块的国有建设用地使用权和开发权。"

该土地使用权原在恒立实业发展集团股份有限公司（股票代码：000622，股票简称：恒立实业）名下。2014 年，恒立实业以该土地使用权作价 5 563.69 万元及现金出资 3 000 万元设立全资子公司岳阳恒通实业有限责任公司（以下简称"恒通实业"）。2016 年及 2017 年恒立实业分别转让恒通实业 80% 及 20%

的股权，被主管税务机关要求补缴土地增值税。

笔者将恒立实业历年公告中与本案例相关的内容摘录如下，供读者研究。

（一）补税情况

2019 年 9 月 30 日，恒立实业在《关于转让岳阳恒通实业有限责任公司股权转让完结后续会计核算的公告》中披露："2019 年 3 月我司依据协议约定完成了该宗土地的搬迁工作，经税务机关重新计算后向我司送达《税务事项告知书》（岳楼洛税通〔2019〕201 号），我司于 2019 年 6 月底按告知书要求补缴了土地增值税约 253.26 万元，搬迁费用于 7 月底已支付完毕，累计约 5 314.00 万元。至此，股权转让事项中涉及的税费已全部清缴完结，我司原账面计提的搬迁费用和土地增值税结余约 2 053.90 万元。"

（二）土地使用权变迁

2003 年 4 月 20 日，岳阳市人民政府市长办公室就岳阳恒立和有关改制后历史遗留问题形成〔2003〕第 12 号会议纪要，同意将岳阳恒立使用的土地划拨给岳阳恒立制冷集团有限公司，其再将土地评估后的增值归还岳阳恒立的欠款。

2003 年 7 月 20 日，岳阳市人民政府办公室印发《关于恒立公司原工业用地改变用途协调会议纪要》（岳府阅〔2003〕50 号），同意岳阳恒立将原由市政府划拨作为工业用地的土地变更为商业用地（但土地按原权属不变）。上述土地改变用途增值部分，全部用于解决岳阳恒立上市前国家干部职工的身份置换。

2003 年 12 月 31 日，岳阳恒立与岳阳市国土资源局签署《国有土地使用权出让合同》，同意将位于青年中路的宗地编号为"2003－19#"的地块以现状条件出让给岳阳恒立，宗地用途为商服和商住用地，土地使用权出让年限为：商服用地 40 年、商住用地 70 年；同日，岳阳市国土资源局向岳阳恒立核发"岳国用（2003）字第 00178 号""国有土地使用证"予以确认。

2014 年 1 月，恒立实业以青年中路地块土地使用权评估作价对恒通实业进行出资，随后恒通实业取得"岳市国用（2014）第 00009 号""国有土地使用证"。

（三）股权转让

1. 转让 80%股权给长沙丰泽

长沙丰泽于 2016 年 11 月 2 日成立，系谭迪凡先生为承接本次交易取得的恒通实业 80% 的股权之目的专门出资设立。

2016 年 11 月 24 日，恒立实业发布公告称，恒立实业将其全资子公司恒通实业 80% 的股权出售给长沙丰泽房地产咨询有限公司，长沙丰泽以现金方式支付全部交易对价。本次交易完成后，上市公司持有恒通实业 20% 的股权，长沙丰泽持有恒通实业 80% 的股权。恒通实业的法定代表人由李一龙变更为谭迪凡。

根据具有证券期货相关业务资格的评估机构中铭国际出具的《评估报告》(〔2016〕第 8011 号)，以 2016 年 8 月 31 日为评估基准日，恒通实业股东全部权益价值为 29 101.00 万元。通过本次交易，公司拟向长沙丰泽出售其持有的恒通实业 80% 股权，对应的评估值为 23 280.7982 万元。经交易双方充分协商，最终确定恒通实业 80% 股权的交易对价为 23 280.7982 万元。

恒通实业自设立以来未实际经营，对恒通实业的评估增值主要为公司设立出资时土地使用权的评估增值。

对待估宗地采用市场法和假设开发法进行评估测算，其评估结果见表 13 – 1。

表 13 – 1　　评估结果

市场比较法		假设开发法		最终估价结果单价取值（元/平方米）	宗地面积（平方米）	最终估价结果总价取值（元）
评估结果（元/平方米）	权重	评估结果（元/平方米）	权重			
3 228.00	0.5	2 938.00	0.5	3 083.00	90 216.00	278 135 928.00

上市公司应于 2017 年 6 月 30 日前，协调完成“岳市国用（2014）第 00009 号”“国有土地使用权证”所属地块的地上建筑物、构筑物涉及的全部租户搬迁事宜。

恒立实业披露，本次交易产生的利润、可能涉及的税费及对上市公司当期损益的影响：

(1) 因恒立实业对子公司恒通公司丧失控制权的时点尚未确定，暂以本次交易基准日即 2016 年 8 月 31 日来计算合并报表层面产生的利润；

（2）合并报表中确认的投资收益：（恒通实业 2016 年 8 月 31 日评估价值 - 按最终控制方而言的持续计算的净资产值）×80% =（29 101.00 万元 - 7 719.26 万元）×80% = 17 105.39（万元）；

（3）对 20% 的剩余股权视同自取得时即采用权益法核算进行调整，影响当期损益 -38.65 万元；

（4）因交易所涉及的税费：土地增值税 10 513.16 万元；

（5）公司以前年度累计可弥补亏损金额巨大，本次交易对所得税不产生影响。

综上，恒立实业处置其持有的恒通实业 80% 的股权，将增加合并财务报表处置期间的净利润 6 553.58 万元（即 17 103.31 万元 -38.65 万元 - 10 513.16 万元 =6 553.58 万元）。

2. 转让 20% 股权给长沙道明

2017 年 7 月 27 日，恒立实业发布公告称，公司拟以 2016 年实施重大资产出售时中铭国际资产评估（北京）有限责任公司出具的中铭评报字〔2016〕第 8011 号《恒立实业发展集团股份有限公司拟股权转让事宜涉及的岳阳恒通实业有限责任公司股东全部权益价值项目资产评估报告》为根据，将恒通实业 20% 股权以 5 820.20 万元转让给长沙道明房地产有限公司（以下简称“长沙道明”），此次股权转让完成后公司将不再持有恒通实业的股权。长沙丰泽及谭迪凡先生作为持有恒通实业 80% 股权的控股股东，在本次公司转让恒通实业 20% 股权的交易中享有对恒通 20% 股权的优先购买权，长沙丰泽与谭迪凡已作出声明，放弃恒立实业拥有的恒通实业 20% 股权的优先购买权。

（四）股权转让中的税收

恒立实业对股权转让中的相关税收情况披露如下。

1. 相关税费的由来

鉴于恒通实业的资产状况，上述转让事项起始时，岳阳市主管税务机关就将此事项认定为：以股权转让名义的土地使用权转让，须按税法规定缴纳土地增值税。

2016 年底恒立实业根据测算计提了该股权转让预计将发生的搬迁费用约

4 600.00 万元，根据相关税法及审计意见计提土地增值税 6 691.80 万元，上述两项合计约为 11 291.80 万元。具体计算过程见表 13－2。

表 13－2　　土地增值税计提表　　单位：万元

1	不动产转让总价	27 813.59
2	土地取得成本	6 500.00
3	预估搬迁费用	4 600.00
4	可抵扣成本合计（2＋3）	11 100.00
5	增值额（1－4）	16 713.59
6	增值率（5/4）	150.57%
7	适用税率	50%
8	速算扣除率	15%
9	应交土地增值税（5×7－4×8）	6 691.7950

并且，2016 年度将我司拆迁范围内即所属恒通实业的土地上建筑物余额全额计提减值损失，账面价值为 0。

2. 相关税费的实际清缴情况

2017 年恒立实业启动地面建筑物拆迁、人员安置工作，并聘请当地税务师事务所进行税收筹划，将账面价值为 0 的建筑物过户到恒通公司名下，在整体转让收入不变的前提下，根据税法规定对旧房按评估重置成本 6 543.75 万元过户，作为转让子公司价款一部分没有影响原股权交易的价格，并且交易除了调整税收外，没有商业实质，同时对当期损益也不产生影响。恒立实业于 2017 年 5 月将旧房过户后，缴纳相关税费约 729.94 万元，并对土地增值税进行了预清算，缴纳税款约 2 940.70 万元。经重新计算后，旧房过户和股权转让的税费情况见表 13－3。

表 13－3　　旧房过户及股权转让税费计算表　　单位：万元

	旧房过户	股权转让	小计
收入总额	6 543.75	21 269.84	27 813.59
简易办法征收增值税	311.61		311.61
扣除项目金额合计			
其中：取得土地使用权的金额		6 500.00	6 500.00
拆迁补偿支出		5 860.00	5 860.00

续表

	旧房过户	股权转让	小计
与转让房地产有关的税金	44.40	11.64	56.04
其中：城建税	21.81		21.81
教育费附加	15.58		15.58
印花税	3.27	11.64	14.91
水利建设基金	3.74		3.74
增值额		8 898.20	8 898.20
增值率		71.92%	
适用税率	6%	40%	
速算扣除系数		5%	
应交土地增值税税额	373.93	2 940.70	3 314.63
税费合计	729.94	2 952.34	3 682.28

由于纳税调整的结果很大程度上取决于税收部门的判断及认定，而企业一般无法直接依照相关税收法律法规计算出须调整的金额。并且恒立实业评估重置成本 6 543.75 万元是否能够取得税务部门认可也具有不确定性，同时相关搬迁工作尚未完结，最终应缴土地增值税金额还需要根据实际支出的搬迁费用金额计算确定。因此 2017 年度，审计机构要求恒立实业取得税务机关结论后再做会计处理。

2019 年 3 月，恒立实业依据协议约定完成了该宗土地的搬迁工作，经税务机关重新计算后向恒立实业送达《税务事项告知书》（岳楼洛税通〔2019〕201 号），我司于 2019 年 6 月底按告知书要求补缴了土地增值税约 253.26 万元，搬迁费用于 7 月底已支付完毕，累计约 5 314.00 万元。至此股权转让事项中涉及的税费已全部清缴完结，恒立实业原账面计提的搬迁费用和土地增值税结余约 2 053.90 万元。

（五）会计处理

恒立实业在 2020 年 5 月 22 日《关于对深圳证券交易所年报问询函回复的公告》中，就土地增值税计提及余额结转、转让恒通实业股权的会计处理如下：

2016 年转让 80% 股权会计处理：

借：其他应收款——长沙丰泽公司　　　　232 807 982.00

贷：长期股权投资——恒通实业——投资成本　　68 509 524.04

其他应付款——预提土增税及搬迁费　　112 917 964.00

投资收益——股权投资　　51 380 493.96

2017 年转让 20% 股权会计处理：

借：银行存款　　58 202 000.00

贷：长期股权投资——恒通实业——损益调整　　－2 208 695.25

——恒通实业——投资成本　　17 127 381.01

投资收益——股权投资　　43 283 314.24

2019 年结转会计处理：

借：其他应付款——预提土增税及搬迁费　　20 539 029.38

贷：营业外收入——其他　　20 539 029.38

（六）变更为荣盛发展孙公司

经国家企业信用信息公示系统查询，岳阳恒通实业有限责任公司于 2017 年 8 月 25 日变更名称为岳阳恒通房地产开发有限公司，2017 年 10 月 24 日股东由长沙道明房地产有限公司、长沙丰泽房地产咨询有限公司变更为湖南荣盛房地产开发有限公司。至此，荣盛发展通过全资子公司湖南荣盛房地产开发有限公司取得岳阳恒通实业有限公司 100% 股权。

二、以转让股权形式转让不动产的延伸阅读

（一）三个国家税务总局文件

土地增值税的纳税人，是转让国有土地使用权、地上的建筑物及其附着物（以下简称“转让房地产”）并取得收入的单位和个人。《土地增值税暂行条例》第二条规定：“转让国有土地使用权、地上的建筑物及其附着物（以下简称转让房地产）并取得收入的单位和个人，为土地增值税的纳税义务人（以下简称“纳税人”），应当依照本条例缴纳土地增值税。”在实务中，一些公司以转让股权之名，行房地产转让之实，出于反避税的考虑，国家税务总局曾出台过三个批复，要求对上述行为征收土地增值税。

1. 国税函〔2000〕687号

《国家税务总局关于以转让股权名义转让房地产行为征收土地增值税问题的批复》（国税函〔2000〕687号）

广西壮族自治区地方税务局：

你局《关于以转让股权名义转让房地产行为征收土地增值税问题的请示》（桂地税报〔2000〕32号）收悉。

鉴于深圳市能源集团有限公司和深圳能源投资股份有限公司一次性共同转让深圳能源（钦州）实业有限公司100%的股权，且这些以股权形式表现的资产主要是土地使用权、地上建筑物及附着物，经研究，对此应按土地增值税的规定征税。

国家税务总局

2000年9月5日

2. 国税函〔2009〕387号

《国家税务总局关于土地增值税相关政策问题的批复》（国税函〔2009〕387号）

广西壮族自治区地方税务局：

你局《关于土地增值税相关政策问题的请示》（桂地税报〔2009〕13号）收悉。

鉴于广西玉柴营销有限公司在2007年10月30日将房地产作价入股后，于2007年12月6日、18日办理了房地产过户手续，同月25日即将股权进行了转让，且股权转让金额等同于房地产的评估值。

因此，我局认为这一行为实质上是房地产交易行为，应按规定征收土地增值税。

国家税务总局

2009年7月17日

3. 国税函〔2011〕415号

《国家税务总局关于天津泰达恒生转让土地使用权土地增值税征缴问题的批复》（国税函〔2011〕415号）

天津市地方税务局：

你局《关于天津泰达恒生转让土地使用权土地增值税征缴问题的请示》

（津地税办〔2011〕6号）收悉。

经研究，同意你局关于“北京国泰恒生投资有限公司利用股权转让方式让渡土地使用权，实质是房地产交易行为”的认定，应依照《土地增值税暂行条例》的规定，征收土地增值税。

国家税务总局

2011年7月29日

（二）两个地区的执行口径

1. 广东省梅州市

国家税务总局广东省税务局官方网站有一则纳税咨询①，内容如下：

标题：房地产公司100%股权转让是否需要缴纳土地增值税

内容：房地产公司主要资产为土地使用权，现将该公司100%股权转让（资产和负债整体转让），该股权转让是否需要缴纳土地增值税？

咨询人：陶伟

咨询时间：2021－08－03　10：01

回复单位：国家税务总局梅州市梅江区税务局

回复时间：2021－08－04　09：27

回复内容：

尊敬的纳税人：您好！您提交的网上留言咨询已知悉，现答复如下：根据《国家税务总局关于以转让股权名义转让房地产行为征收土地增值税问题的批复》（国税函〔2000〕687号），鉴于深圳市能源集团有限公司和深圳能源投资股份有限公司一次性共同转让深圳能源（钦州）实业有限公司100%的股权，且这些以股权形式表现的资产主要是土地使用权、地上建筑物及附着物，经研究，对此应按土地增值税的规定征税。以上答复仅供参考，如仍有疑问，请致电12366纳税服务热线咨询，我们将竭诚为您服务。

2. 海南省税务局

国家税务总局12366网站有一则纳税咨询，内容如下：

① http://guangdong.chinatax.gov.cn/siteapps/webpage/gdtax/tjjcx/tjjcx_result.jsp?cid=9cff8d8dc16446fc97b3de8be3a03a26.

标题：以转让股权名义转让房地产行为征收土地增值税问题[①]

留言时间：2021－08－11

纳税人所属地：海南

问题内容：

问题1：A公司2014年在海南从B公司受让一家房地产开发企业C95%股权（C公司股份由股东B公司持有95%，另外两自然人持有5%股份）间接得到5块地？现想问一下，B公司转让C公司股份是否需要缴土地增值税？

问题2：如果B公司缴纳土地增值税，对于C公司销售房产后期土地增值税扣除土地成本，是以B公司缴纳土地增值税的土地成本作为扣除基数？需要提供什么资料支持？还是以C公司账上土地成本作为扣除基数？

答复机构：海南省税务局

答复时间：2021－08－12

答复内容：

您好！您提交的问题已收悉，现针对您所提供的信息回复如下：

根据《中华人民共和国土地增值税暂行条例》（国务院令第138号）第二条规定："转让国有土地使用权、地上的建筑物及其附着物并取得收入的单位和个人，为土地增值税的纳税义务人，应当依照本条例缴纳土地增值税。"

根据上述文件规定及电话回访情况，如未存在转让国有土地使用权情形的无须缴纳土地增值税。

感谢您的咨询！上述回复仅供参考，若您对此仍有疑问，请联系海南税务12366或主管税务机关。

（三）两起引起上市公司监管层关注的案例

1. 转让土地的税收筹划，被深交所问询

2021年3月19日晚间，发行人奥扬科技在首发上市相关资料中回复了深交所关于公司以购买股权形式购买土地使用权的问询。

2017年9月6日，潍坊日东环保装备有限公司以土地、房产出资设立奥捷特种装备，注册资本为3 000万元，持有其100%股权。2017年12月28日，

① https：//12366.chinatax.gov.cn/nszx/onlinemessage/detail?id＝4591b16aa2cd41d2ba84e58aa6898f8a.

发行人以 3 555 万元的价款收购奥捷特种装 100% 的股权，奥捷特种装备成为公司的全资子公司。发行人以收购奥捷特种装备 100% 股权形式实质为购买对应的土地房产。深交所询问中涉税问题为："奥捷特种装备注销过程是否合法合规、是否存在补缴税款风险。"

2. 以转让股权形式转让不动产，被上市委问询了土地增值税风险

上海证券交易所科创板上市委员会 2021 年第 18 次审议会议于 2021 年 3 月 17 日上午召开，审议结果认定上海康鹏科技股份有限公司（首发）不符合发行条件、上市条件和信息披露要求。上市委现场问询问题中，"根据申请文件，发行人转让万溯众创 100% 股权的直接目的是转让相关不动产。请发行人代表说明该次交易是否需要缴纳土地增值税，是否存在被追缴风险。请保荐代表人发表明确意见"。

（四）三个司法判例中的法院态度

1. 马庆泉、马松坚与湖北瑞尚置业有限公司股权转让纠纷案

根据 2015 年 7 月 21 日《马庆泉马松坚与湖北瑞尚置业有限公司股权转让纠纷二审民事判决书》[中华人民共和国最高人民法院民事判决书（2014）民二终字第 264 号]，在马庆泉、马松坚与湖北瑞尚置业有限公司（以下简称"瑞尚公司"）股权转让纠纷案中，瑞尚公司称，合同名为股权转让实为土地使用权转让，规避法律关于土地使用权转让的禁止性规定，应当无效。原审法院（湖北省高级人民法院）认为，股权转让的目标公司乘风公司为有限责任公司，依据我国公司法的规定，有限责任公司为法律拟制人格，依法独立享有民事权利及承担民事责任，公司股东的变更不对公司的权利能力和行为能力构成影响，不论瑞尚公司购买乘风公司全部股权是为将乘风公司名下的工业用地土地使用权性质变性后进行房地产开发或其他经营目的，均不因此而影响股权转让合同的效力。因此，瑞尚公司关于合同无效的反诉请求无法律依据，予以驳回。

二审法院（最高人民法院）认为：

第一，根据《中华人民共和国公司法》第七十一条的规定，有限责任公司的股东之间可以相互转让其全部或者部分股权。股东向股东以外的人转让股

权，应当经其他股东过半数同意。乘风公司的股东马庆泉、马松坚同意将其持有的乘风公司的全部股权转让给瑞尚公司，双方签订了股权转让协议并已实际履行，且办理了公司股权变更登记手续。本案股权转让协议及补充协议的内容和形式并不违反法律法规的强制性规定。第二，瑞尚公司主张本案所涉合同系名为股权转让，实为土地使用权转让，规避法律关于土地使用权转让的禁止性规定而无效。股权转让与土地使用权转让是完全不同的法律制度。股权是股东享有的，并由《公司法》或公司章程所确定的多项具体权利的综合体。股权转让后，股东对公司的权利义务全部同时移转于受让人，受让人因此成为公司股东，取得股权。依据《中华人民共和国物权法》第一百三十五条之规定，建设土地使用权，是权利人依法对国家所有的土地享有占有、使用和收益的权利，以及利用该土地建造建筑物、构筑物及其附属设施的权利。股权与建设用地使用权是完全不同的权利，股权转让与建设用地使用权转让的法律依据不同，两者不可混淆。当公司股权发生转让时，该公司的资产收益、参与重大决策和选择管理者等权利由转让方转移到受让方，而作为公司资产的建设用地使用权仍登记在该公司名下，土地使用权的公司法人财产性质未发生改变。乘风公司所拥有资产包括建设用地使用权（工业用途）、房屋所有权（厂房）、机械设备以及绿化林木等，股权转让后，乘风公司的资产收益、参与重大决策和选择管理者等权利，或者说公司的控制权已由马庆泉、马松坚变为瑞尚公司，但乘风公司包括建设用地使用权在内的各项有形或无形、动产或不动产等资产，并未发生权属改变。当然，公司在转让股权时，该公司的资产状况，包括建设用地使用权的价值，是决定股权转让价格的重要因素。但不等于说，公司在股权转让时只要有土地使用权，该公司股权转让的性质就变成了土地使用权转让，进而认为其行为是名为股权转让实为土地使用权转让而无效。股权转让的目标公司乘风公司为有限责任公司，依据我国《公司法》的规定，依法独立享有民事权利及承担民事责任，公司股东的变更不对公司的权利能力和行为能力构成影响，不论瑞尚公司购买乘风公司全部股权是为将乘风公司名下的工业用地土地使用权性质变性后进行房地产开发或是其他经营目的，均不因此而影响股权转让合同的效力。第三，瑞尚公司提出在工商登记机关备案的协议与双方当事人实际履行的协议内容不一致，规避了我国税法对于土地使用权转让交易的税收规定，规避缴纳营业税、土地增值税，是不合法的。瑞尚公司与马庆泉、马松坚对本案所涉的股权转让协议及两份补充协议的内容均无异议，且对应实际履行的协议内容无争议，故虽然出现备案的合同内容与实际履行的合同内容不一致，不影响案涉股权转让合同效力。由于转让股权和转让土地使用权是完全不同的行为，当股权发生转让时，目标公司并未发生国有土地使用权转让的应税行为，目标公司并不需要缴纳营业税和土地增值税。如双方在履行合同中有规避纳税的行为，应向税务部门反映，由相关部门进行查处。

2. 刘步书、石艳春等人与新疆盈科投资集团有限公司股权转让纠纷案

根据2016年5月31日《新疆盈科投资集团有限公司等诉刘步书等股权转让纠纷再审案》［中华人民共和国最高人民法院民事判决书（2015）民再字第2号］，在刘步书、石艳春等人与新疆盈科投资集团有限公司股权转让纠纷案中，最高人民法院认为：

本院再审认为，本案中，工贸公司与盈科房地产公司先行签订《房地产转让协议》，约定工贸公司将诉争土地使用权等转让给盈科房地产公司，后因该协议履行受阻，遂由盈科集团公司出面，受让工贸公司全部股权，从而实现控制工贸公司以将工贸公司名下土地开发销售的目的，并在上述目的实现后将股权由工贸公司原股东无偿回购。上述交易安排在《股权转让协议》有明文约定，且《股权转让协议》及其补充协议中多次强调上述行为系各方真实意思表示，各方已经理解无误，各方也实际实施了变更工贸公司工商登记等履行《股权转让协议》的行为，盈科集团公司也是基于工贸公司股东身份而控制工贸公司将部分土地使用权交付挂牌出让。因此，本院二审判决认为，涉案股权转让协议及其补充协议缺乏当事人真实意思表示，工贸公司原股东石艳春等人起诉主张涉案股权转让协议及其补充协议存在重大误解，均与事实不符。

《中华人民共和国合同法》第五十二条第（三）项规定“以合法形式掩盖非法目的”的合同无效，重点在于规制被掩盖的违法行为，而当事人通过民事行为实现另一后果本身，并不构成该项规定中的“非法目的”，对于上述行为的法律后果，应就各方当事人所表现出来的真实意思表示及相应客观行为作出认定。盈科集团公司依据《股权转让协议》受让涉案股权、行使股东权利，并控制工贸公司将土地使用权申请挂牌出让等行为，与工贸公司在原股东的控

制下与盈科房地产公司签订、履行《房地产转让协议》以转让土地使用权的行为并无不同，也不违反法律规定，本案中也没有证据显示在此过程中存在其他违法情形足以导致合同无效。二审判决仅以盈科集团公司与工贸公司原股东均知道股权转让的目标不是由盈科集团进行实际经营为由，依照《中华人民共和国民法通则》第五十五条的规定认定股权转让行为因缺乏真实意思表示而无效，与本案事实不符，适用法律不当。

刘步书等人还主张双方上述交易存在偷逃国家税收并要求调取涉案各方当事人的纳税情况，但刘步书等人提交的新证据只能说明当地税务部门准许工贸公司免征土地增值税，而股权转让行为和房地产交易行为应分别课以不同的税收，对当事人需如何缴纳税款亦应由税务部门根据实际发生的行为作出相应认定，不能仅以两者课税标准存在不同而认定各方存在偷逃税收的合意并进而认定合同无效，刘步书等人亦无税务部门对此予以查处的决定等证据对其此项主张予以佐证，故其以此主张合同无效的理由不能成立，对其要求调查各方当事人纳税情况的请求不予支持。一审判决认定股权转让合同及其补充协议有效正确。

3. 苏州翡翠国际社区置业有限公司与苏州工业园区税务局税务行政处理案

根据2019年12月27日的《苏州翡翠国际社区置业有限公司与国家税务总局苏州工业园区税务局苏州工业园区管理委员会再审行政裁定》［江苏省高级人民法院行政裁定书（2018）苏行申626号］，江苏省高级人民法院作出如下判定。

一、翡翠公司的行为实质上构成国有土地使用权转让

原园区地税局要求翡翠公司缴纳土地增值税、营业税的理由是，翡翠公司以股权转让的名义进行国有土地使用权转让。而翡翠公司主张其未取得73046号地块国有土地使用证，不可能转让国有土地使用权。本案争议焦点为翡翠公司的行为是否构成国有土地使用权转让。本院认为翡翠公司的行为实质上构成国有土地使用权转让，主要理由如下：

1. 73046号地块最初由原园区国土房产局出让给上海静安置业（集团）有限公司和上海工业投资（集团）有限公司，后翡翠公司四名股东一致同意将73046号地块变更至翡翠公司名下，由翡翠公司进行土地登记。原园区国土

部门亦确认，翡翠公司为该地块真实受让人，实际享有国有土地使用权出让合同项下的所有权利与义务。

2. 从翡翠公司与星狮集团五公司签订的《合作协议书》来看，翡翠公司转让了土地使用权。《合作协议书》明确约定，共同设立的星隆公司取得73046号地块国有土地使用权，且保证星隆公司为73046号地块土地的唯一权属人。从该约定来看，翡翠公司将该土地使用权进行了处分。星隆公司虽然办理了国有土地使用证，但与土地行政主管部门签订国有土地使用权出让合同的主体并非星隆公司。星隆公司虽然缴纳了土地出让金并补缴了利息，但是系代替翡翠公司缴纳。

3. 从"股权溢价款"的计算来看，翡翠公司实质上构成土地使用权转让。翡翠公司将其持有的星隆公司20%股权转让时，获得133 033 923元"股权溢价款"的计算方式为：314 501平方米（73046号地块面积）×1.8（容积率）×235元/平方米。从该计算方式可以看出，翡翠公司获得的"股权溢价款"是根据73046号地块的土地面积和容积率等进行计算。

4. 星狮集团五公司之所以愿意与翡翠公司合作，正是因为翡翠公司实际占有并有权处分73046号地块土地使用权。翡翠公司转让股权之前，星隆公司实际上并未经营，翡翠公司获得的133 033 923元"股权溢价款"，实际上是通过股权转让的外在形式，客观上实现了土地增值并转让了土地使用权。如果翡翠公司不占有涉案土地、无权处分涉案土地使用权，其不可能获得所谓的"股权溢价款"。

5. 国家税务总局国税函〔2007〕645号《关于未办理土地使用权转让土地有关税收问题的批复》明确规定，土地使用权者转让土地，无论其是否取得了该土地的使用权属证书，无论其在转让过程中是否与对方当事人办理了土地使用权证书变更登记手续，只要土地使用者享有占有、使用、收益或处分该土地的权利，且有合同等证据表明其实质转让土地并取得了相应的经济利益，土地使用者及其对方当事人应当依照税法规定缴纳营业税、土地增值税和契税等相关税收。该批复虽然不是法律、法规、规章，但系国家税务行政主管部门对未办理土地使用权转让土地的解读，有效解决了非正常转让土地使用权逃避税收的问题。综上，翡翠公司虽未办理73046号地块国有土地使用证，但其实际占有并处分了土地使用权，且客观上翡翠公司通过股权转让的外在形式，实现了土地增值，取得了相应的经济利益，故翡翠公司的行为实质上构成国有土地使用权转让。

二、翡翠公司转让73046号地块国有土地使用权存在偷税情形，依法应当追缴税款

2013年《税收征收管理法》第六十三条第一款规定，纳税人伪造、变造、隐匿、擅自销毁账簿、记账凭证，或者在账簿上多列支出或者不列、少列收入，或者经税务机关通知申报而拒不申报或者进行虚假的纳税申报，不缴或者少缴应纳税款的，是偷税。本案中，翡翠公司隐瞒转让国有土地使用权的事实，未将国有土地使用权转让收入在账簿上列入，规避了国有土地使用权转让过程中应缴纳的各项税款，属于在账簿上“不列收入”情形，构成偷税，原园区地税局有权依法追缴相应的税款。

案例 14
跨境重组的特殊性税务处理案例

我国税法对于跨境重组适用特殊性税务处理有着严格的限制，目前仅限于股权收购和资产收购，以及因境外企业分立、合并导致中国居民企业股权被转让的情形。本部分介绍发行人收购香港某公司持有居民企业股权时的特殊性税务处理。

一、重组的基本情况

2021 年 2 月，某股份有限公司（以下简称“发行人”）在创业板首次公开发行股票招股说明书（申报稿）中披露了其收购 A 公司 100% 股权时的税务处理。

股权收购时，标的企业 A 公司的股权架构为：香港甲公司持股 78.33%，香港乙公司持股 21.67%，香港乙公司系香港甲公司的全资子公司。

2020 年 3 月 25 日，发行人股东决定，同意发行人注册资本从 274 683 612.20 元增加至 275 183 612.00 元，增资 499 999.80 元，股东香港甲公司以其持有的 A 公司 78.33% 股权认购上述增资额。

根据审计报告及资产评估报告，A 公司 2019 年 12 月 31 日净资产为 247 686 176.17 元，股东全部权益价值为 306 270 147.33 元。最终确定 A 公司 78.33% 股权作价为 239 901 406.40 元，其中 499 999.80 元增加发行人的注册资本，其余 239 401 406.60 元增加发行人的资本公积。

发行人以股权支付方式收购 A 公司 78.33% 股权，交易价格 23 990.14 万元，收购完成日为 2020 年 4 月 17 日。该转让适用特殊性税务处理，已获得国家税务总局某市税务局某税务分局备案受理，香港甲公司无须在本次交易中缴纳税金。

发行人以现金支付方式收购 A 公司 21.67% 股权，交易价格 6 636.87 万元，收购完成日 2020 年 4 月 20 日。香港乙公司将其持有的 21.67% 股权以 6 636.87 万元转让给发行人，发行人已向国家税务总局某市税务局某税务分局代扣代缴上述转让款产生的税金 304.90 万元。

交易示意图见图 14－1。

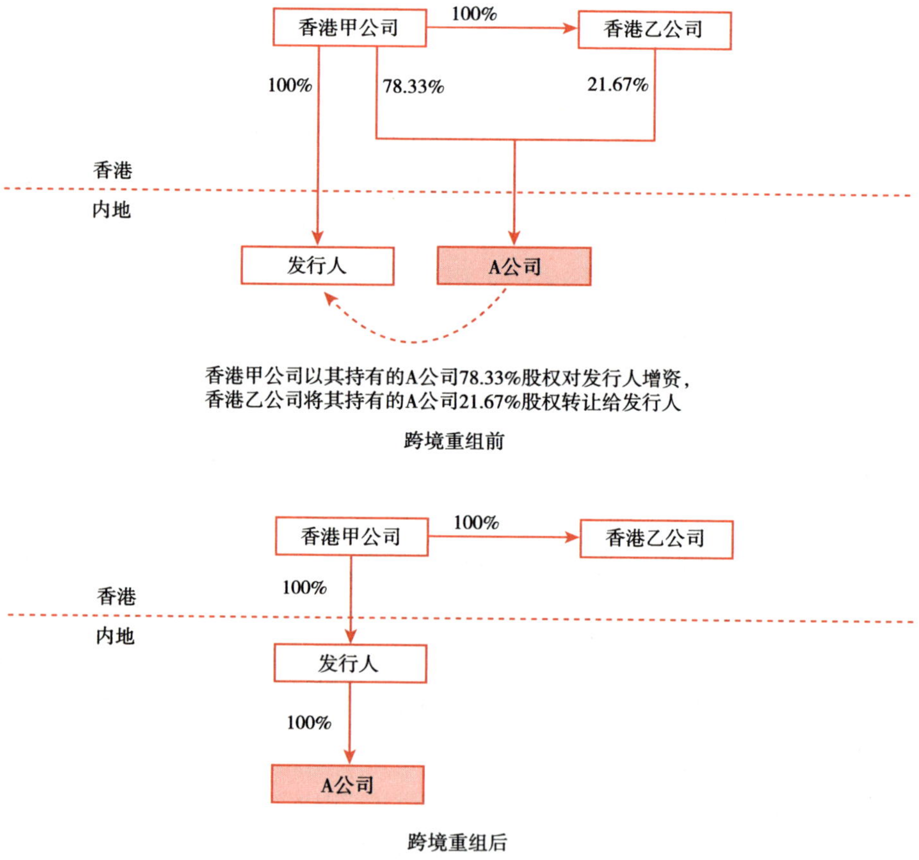

图 14－1　跨境重组前后的交易示意图

二、税务处理分析

（一）非居民企业转让中国境内企业股权应缴纳非居民企业所得税

《企业所得税法》第二条第三款规定：“非居民企业，是指依照外国（地区）法律成立且实际管理机构不在中国境内，但在中国境内设立机构、场所的，或者在中国境内未设立机构、场所，但有来源于中国境内所得的企业。”

《企业所得税法》第三条第三款规定：“非居民企业在中国境内未设立机构、场所的，或者虽设立机构、场所但取得的所得与其所设机构、场所没有实际联系的，应当就其来源于中国境内的所得缴纳企业所得税。”《企业所得税法实施条例》第七条第三项规定：“企业所得税法第三条所称来源于中国境内、境外的所得，按照以下原则确定：……权益性投资资产转让所得按照被投资企业所在地确定。”

《企业所得税法》第四条第二款规定：“非居民企业取得本法第三条第三款规定的所得，适用税率为20%。”《企业所得税法实施条例》第九十一条第一款规定：“非居民企业取得企业所得税法第二十七条第（五）项规定的所得，减按10%的税率征收企业所得税。”

《企业所得税法》第三十七条规定：“对非居民企业取得本法第三条第三款规定的所得应缴纳的所得税，实行源泉扣缴，以支付人为扣缴义务人。税款由扣缴义务人在每次支付或者到期应支付时，从支付或者到期应支付的款项中扣缴。”

根据上述规定，非居民企业转让中国境内企业股权应按照10%的税率缴纳非居民企业所得税，税款由支付方代扣代缴。

（二）跨境重组适用特殊性税务处理的条件

跨境重组适用特殊性税务处理须满足一定的条件，《财政部 国家税务总局关于企业重组业务企业所得税处理若干问题的通知》（财税〔2009〕59号）第七条规定，“企业发生涉及中国境内与境外之间（包括港澳台地区）的股权和资产收购交易，除应符合本通知第五条规定的条件外，还应同时符合下列条件，才可选择适用特殊性税务处理规定：……（二）非居民企业向与其具有100%直接控股关系的居民企业转让其拥有的另一居民企业股权。”如图14－2所示。

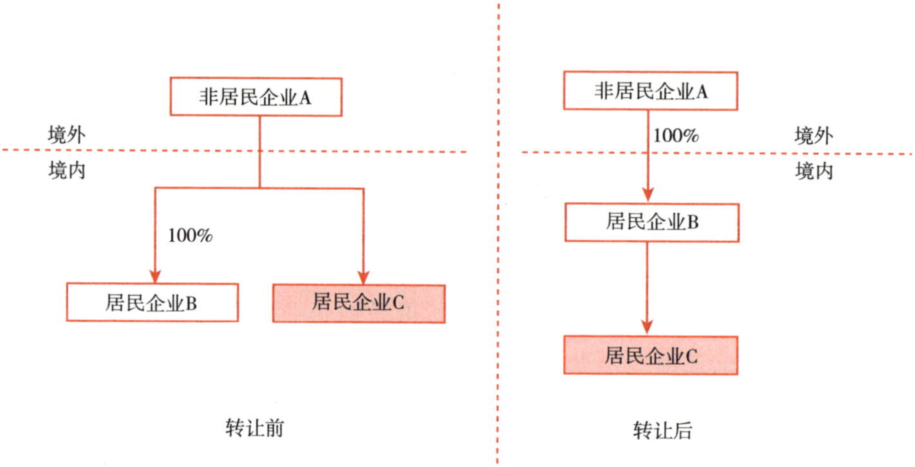

图14－2 转让前后的股权架构图

（三）跨境重组特殊性税务处理分析

本案例是一个标准的跨境重组特殊性税务处理案例。在本案例中，香港甲公司持有发行人100%的股权，香港甲公司以其持有的A公司78.33%股权对发行人增资，站在发行人角度看，是股权收购行为。股权收购比例为78.33%，大于50%；支付对价全部为发行人自身的股权，因此股权支付比例大于85%。如果本次收购具有合理商业目的，并且收购完成后连续12个月内A公司不改变原来的实质性经营活动，香港甲公司不转让其新取得的发行人股权，则本案例满足特殊性税务处理要求的条件。

在选择特殊性税务处理时，按以下规定处理：（1）被收购企业的股东取得收购企业股权的计税基础，以被收购股权的原有计税基础确定。（2）收购企业取得被收购企业股权的计税基础，以被收购股权的原有计税基础确定。（3）收购企业、被收购企业的原有各项资产和负债的计税基础和其他相关所得税事项保持不变。

本案例在各方选择特殊性税务处理时，香港甲公司不必确认 A 公司 78.33% 股权的转让所得，其取得发行人支付股权的计税基础以其对 A 公司 78.33% 股权的计税基础确定。发行人取得 A 公司 78.33% 股权的计税基础也以香港甲公司原对 A 公司 78.33% 股权的计税基础确定。

香港乙公司转让 A 公司 21.67% 股权，由于取得的对价为现金支付，不能适用特殊性税务处理，须确认股权转让所得，按 10% 的税率计算缴纳非居民企业所得税。由于股权收购方为居民企业，即发行人，因此发行人是代扣代缴义务人，税款由发行人向其主管税务机关申报缴纳。

此外，《国家税务总局关于非居民企业股权转让适用特殊性税务处理有关问题的公告》（国家税务总局公告 2013 年第 72 号）对相关征管问题进行了明确。

案例15
港股上市公司先收购一个亏损企业，再吸收合并盈利企业的避税安排

从《财政部 国家税务总局关于企业重组业务企业所得税处理若干问题的通知》（财税〔2009〕59号）对企业合并的相关规定来看，在一般性税务处理时，被合并企业的亏损不得在合并企业结转弥补；在特殊性税务处理时，合并企业可以按公式计算限额弥补被合并企业的亏损。在本案例中，港股上市公司先收购一个有巨额亏损的企业，再由该亏损企业吸收合并上市公司控股的另一个盈利企业，该吸收合并拟适用特殊性税务处理。吸收合并完成后，该亏损企业的巨额亏损可抵销该盈利企业在以后年度产生的利润，从而达到避税的目的。对于该避税安排，税务机关能否进行纳税调整？

一、重组的基本情况

（一）股权收购

2020年11月，在香港上市的杭州某股份有限公司（以下简称“上市公司”）发布公告称，上市公司与甲集团签订了股权收购协议，上市公司收购甲集团持有的L公司全部股权，代价为人民币23 814万元。收购完成后，L公司将成为上市公司的全资子公司。

（二）吸收合并

股权收购事项完成后，L公司将根据《中华人民共和国公司法》（以下简称《公司法》）及其他相关法律吸收合并J公司。吸收合并完成后，J公司不再为独立法律实体，而将并入L公司，同时根据《公司法》或《中华人民共和国企业法人登记管理条例》及相关法律条文办理注销登记。L公司作为存续公司将继续承担J公司的人员、资产及负债（连同有关资产所附带的权利及义务）。

本公告发布时，上市公司拥有J公司99.9995%的权益。上市公司称，通过此次吸收合并，可以对L公司和J公司的管理及行政事务进行重组，从而降低行政成本、提高管理效率以及本公司的整体盈利能力。

（三）税务考量

公告称，根据本公司税务顾问某“四大”会计师事务所的意见，由于按照中国相关税务法规，交易可享有税务优惠，故吸收及合并不大可能产生增值税、土地增值税、契税及印花税责任。是否获得税务优惠须视税务机关评估而定。此外，倘吸收及合并根据财税通知〔2009〕59号合资格为特殊性重组，则L公司将可受惠于递延企业所得税。因此，于现阶段并无应付企业所得税。是否合资格获得该等税务递延优惠须视税务机关评估而定。

根据中国相关税法，税务亏损最多可结转五年。于吸收及合并后，L公司于截至2020年12月31日五年内产生的累计税项亏损（约2 328 882 703元）可结转以抵销L公司其后数年的溢利。根据L公司管理层所提供的财务预测，于吸收及合并后，截至2021年12月31日年度、截至2022年12月31日年度及截至2023年12月31日年度可由上述累计税项亏损所抵销的利润的估计金额分别约为880 946 396元、989 343 973元及458 592 344元。本公司预期吸收及合并将大为有助本公司整体省减税项（见图15-1）。

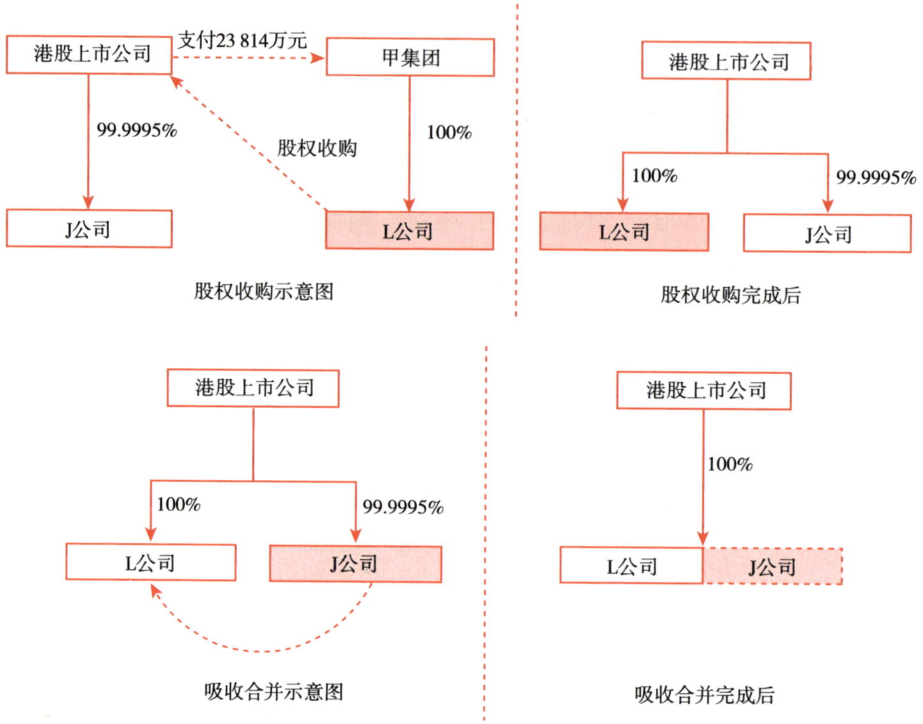

图 15－1　吸收合并前后的交易示意图

二、本案例的税务处理分析

（一）相关规定

从《财政部 国家税务总局关于企业重组业务企业所得税处理若干问题的通知》（财税〔2009〕59 号）对企业合并的相关规定来看，在一般性税务处理时，被合并企业的亏损不得在合并企业结转弥补；在特殊性税务处理时，可由合并企业弥补的被合并企业亏损的限额 = 被合并企业净资产公允价值 × 截至合并业务发生当年年末国家发行的最长期限的国债利率。

企业选择特殊性税务处理须同时满足以下条件：（1）具有合理的商业目的，且不以减少、免除或者推迟缴纳税款为主要目的。（2）被收购、合并或分立部分的资产或股权比例符合该通知规定的比例。（3）企业重组后的连续

12个月内不改变重组资产原来的实质性经营活动。（4）重组交易对价中涉及股权支付金额符合该通知规定比例。（5）企业重组中取得股权支付的原主要股东，在重组后连续12个月内，不得转让所取得的股权。

当企业合并选择一般性税务处理时，被吸收合并企业的亏损不能由合并企业来弥补；当选择特殊性税务处理时，被吸收合并企业的亏损只能按公式计算限额来弥补一部分。如果被合并企业净资产按公允价值计算属于资不抵债的，即其净资产为负数时，其亏损将得不到弥补。

（二）本案例的合理商业目的可能会被税务机关质疑

前面税务处理考虑的是资产较为优质的盈利企业吸收合并亏损企业，但本案例是亏损企业吸收合并盈利企业。在本案例中，由于亏损企业L公司的法人主体继续存在，其未弥补的亏损23.29亿元将继续存在于合并后的法人主体L公司中。吸收合并完成后，J公司优质的资产在以后年度将产生部分利润，该利润将自然弥补L公司以前年度产生的未弥补亏损。而目前的相关政策并未对亏损企业吸收合并盈利企业作出限制性规定。那么，税法是否允许此种形式的吸收合并呢？

《中华人民共和国企业所得税法》第四十七条规定，“企业实施其他不具有合理商业目的的安排而减少其应纳税收入或者所得额的，税务机关有权按照合理方法调整”。这一条款首先引入了“不具有合理商业目的的安排”这一概念。《中华人民共和国企业所得税法实施条例》第一百二十条进一步规定，“企业所得税法第四十七条所称不具有合理商业目的，是指以减少、免除或者推迟缴纳税款为主要目的”。《一般反避税管理办法（试行）》（国家税务总局令第32号）第五条也规定，“税务机关应当以具有合理商业目的和经济实质的类似安排为基准，按照实质重于形式的原则实施特别纳税调整”。

财税〔2009〕59号对企业重组中选择特殊性税务处理的首要限制条件就是重组要具有合理的商业目的，且不以减少、免除或者推迟缴纳税款为主要目的。《国家税务总局关于企业重组业务企业所得税征收管理若干问题的公告》（国家税务总局公告2015年第48号）要求：“企业重组业务适用特殊性税务处理的，申报时，应从以下方面逐条说明企业重组具有合理的商业目的：（一）重组交易的方式；（二）重组交易的实质结果；（三）重组各方涉及的税务状况变化；（四）重组各方涉及的财务状况变化；（五）非居民企业参与重组活动的情况。”

《一般反避税管理办法（试行）》第三条及第四条分别规定：“税收利益是指减少、免除或者推迟缴纳企业所得税应纳税额。”“避税安排具有以下特征：（一）以获取税收利益为唯一目的或者主要目的；（二）以形式符合税法规定、但与其经济实质不符的方式获取税收利益。”

综上所述，税法所允许的重组行为必须具有合理商业目的。不具合理商业目的应该具有三个构成要件：一是必须存在一个安排，即人为规划的一个或一系列行动或交易；二是企业必须从该安排中获取“税收利益”，即减少企业的应纳税收入或者所得额；三是企业获取税收利益是其安排的主要目的。满足以上三个特征，可推断该安排已经构成了避税事实。

在本案例中，实施吸收合并的主体是亏损企业 L 公司，其并不是上市公司原来持有的，而是通过股权收购取得的，然后 L 公司再吸收合并 J 公司。可以看出，该交易系一个刻意的人为安排，相关方可以从该交易中获取税收利益。因此，该交易有可能会受到来自税务机关的挑战，税务机关可能会审查企业本次交易的主要目的。

（三）税务机关能否进行纳税调整

如果该上市公司不能充分说明其交易目的是基于其他商业方面的考虑而非为了获取税收利益，那么税务机关将会认为该交易系以获取税收利益为主要目的，认定其不具有合理商业目的，从而进行纳税调整。

在实践中，税务机关以“纳税人的重组行为不具有合理商业目的”为由而要求纳税人补税的案例时有发生。2016 年，最高院再审儿童投资主基金诉杭州西湖区国税局税务征收案[①]中，法院对其商业目的的合理性进行了重点审查。在该案中，再审被申请人呈报国家税务总局后，国家税务总局经审核后作

① 《儿童投资主基金与中华人民共和国杭州市西湖区国家税务局再审行政裁定书》，中华人民共和国最高人民法院行政裁定书（2016）最高法行申 1867 号.

出批复，认定再审申请人与其他涉案公司之间间接转让杭州国益路桥公司股份的交易不具有合理的商业目的，属于以减少缴纳企业所得税税款为主要目的安排；因此，国家税务总局同意对再审申请人的间接转让交易重新定性，否定用作税收安排的CFC公司和香港国汇公司的存在，主张对再审申请人取得的股权转让所得应征收企业所得税。最终，最高院支持了税务机关的主张。

《中国税务报》曾有文章称[①]，北京市一家大企业的一系列股权交易被税务机关认定为过度筹划，不具有合理商业目的，最终被调增应纳税所得额7.37亿元，补缴税款及利息2.1亿元。

如果本案被税务机关认定不具有合理商业目的，属于一个避税安排的话，L公司未弥补的亏损23.29亿元将可能不允许被弥补，吸收合并后的L公司将可能被要求直接就其盈利部分缴纳企业所得税。

三、案例启示及建议

（一）税企双方都应提高税法的遵从度

税法一旦公布，就对税企双方都具有约束力。对具体税法条文的理解应以其字面所表现出的意义为准，而不能依赖于税务机关或权威机构的解读，更不能为了堵塞政策漏洞而刻意进行曲解。一方面，对纳税人来说，法无禁止即可为，但纳税人也应对税法抱有敬畏之心，不能过度进行税务筹划，或滥用税收规则去避税；另一方面，作为执法者，法无明文规定不可为，税务机关也应守法，对纳税人合理利用税收规则的行为应予包容，对税收政策的漏洞或不合理之处，需要依靠税法的不断修订去完善，而不能动辄进行纳税调整，以征管手段去弥补税收立法技术的缺陷，这才是税收法定的体现。

（二）完善立法，及时修补税法漏洞

1. 明确企业重组中的亏损承担原则

德国和美国都意识到需要采取措施防止公司间的亏损交易，两国税法中都

① 张楠．税收筹划：看收益更要看到风险［N］．中国税务报，2017－09－01.

有防止公司间亏损交易的规则①，主要包括所有权的连续性测试和经营的连续性测试，这些测试规则比较有效地防止了利用亏损交易进行避税的行为。而我国税法目前还没有关于防止亏损交易的系统规则，仅在财税〔2009〕59号文用相关条款对亏损弥补的金额进行了限制。建议在以后的立法中予以完善，堵塞漏洞，防止此类避税案件的发生。

2. 完善59号文的相关规定

财税〔2009〕59号文对亏损企业吸收合并盈利企业的亏损弥补问题并未明确，使得在本案例这样的重组行为中，相关方获得了额外的税收利益。另外，一些持续亏损的上市公司会有大额未弥补亏损，资产优质的企业可能会借壳上市，如果注入上市公司的是资产而不是股权，这些优质资产未来产生的利润将会弥补被借壳上市企业的未弥补亏损，此时，税务机关会面临能否进行纳税调整的尴尬局面。因此，建议在以后的政策中对此问题予以明确，完善亏损弥补条款，规定谁的亏损谁承担，对原资产产生的亏损由原资产在以后实现的利润来弥补。

3. 细化合理商业目的具体内容

目前，合理商业目的仅是一个定性指标，非量化指标，具有很大的主观判断因素，这就导致基层税务机关在税务行政执法中难以把握执法的尺度，而具体执法人员的自由裁量对合理商业目的判断有着重要影响。《国家税务总局关于非居民企业间接转让财产企业所得税若干问题的公告》（国家税务总局公告2015年第7号）对判断合理商业目的时需要综合分析的相关因素进行了规定，具有一定的可操作性，但仅适用于非居民企业间接转让财产的情形，对其他的企业重组情形并不适用。因此，建议引入合理商业目的量化标准，增加税务机关执法的具体判别标准，减少执法者的自由裁量权。

4. 完善分步交易规则

财税〔2009〕59号第十条规定，企业在重组发生前后连续12个月内分步对其资产、股权进行交易，应根据实质重于形式原则将上述交易作为一项企业重组交易进行处理。国家税务总局公告2015年第48号第六条规定，企业重组

① 吴申军. 对德国和美国税法中防止公司间亏损交易规则的比较分析［J］. 财经理论与实践（双月刊），2004（3）.

业务适用特殊性税务处理的，申报时，当事各方还应向主管税务机关提交重组前连续 12 个月内有无与该重组相关的其他股权、资产交易情况的说明，并说明这些交易与该重组是否构成分步交易，是否作为一项企业重组业务进行处理。在本案例中，在港股上市公司主导下，先收购一个亏损企业 L 公司，再由亏损企业 L 公司吸收合并盈利企业 J 公司，此时如何适用分步交易原则？从现行规定中找不出答案，建议有关部门予以完善。

案例 16
吸收合并中各个税种的税务处理及办理程序

2021 年 6 月，某股份有限公司在《首次公开发行股票招股意向书附录》中披露了前身 A 公司吸收合并 B 公司时各个税种的税务处理，其称，A 公司吸收合并 B 公司不涉及企业所得税、个人所得税以及增值税，免征土地增值税和契税。本部分介绍了有限公司吸收合并的程序，分析了 A 公司吸收合并 B 公司过程中各个税种重组政策适用的准确性，尤其是个人所得税，提出了自己的观点，并对各个税种的办理程序作出说明。

一、吸收合并的具体情况

为整合资源、便于管理，2011 年 6 月 16 日，A 公司与 B 公司（系童某某一人出资的有限责任公司）分别通过股东（会）决定（决议），同意 A 公司对 B 公司进行吸收合并，合并完成后 B 公司将注销法人资格，A 公司作为存续公司继承 B 公司的全部资产、负债、权益和业务。吸收合并完成后，A 公司的注册资本增至 6 000 万元，存续公司的股权结构发生相应变化，其注册地、组织形式、法定代表人和名称均保持不变。

吸收合并的基准日定为 2011 年 3 月 31 日。A 公司与 B 公司原股东在存续公司即 A 公司的持股比例 =（该股东在原公司的持股比例 × 原公司基准日的净资产值）/（A 公司基准日的净资产值 + B 公司基准日的净资产值）。上述净资产值均为经审计后的合并财务报表归属于存续公司的净资产。同时 A 公司与 B 公司一致同意签署《吸收合并协议》。

A 公司和 B 公司于 2011 年 7 月 14 日在《××日报》上刊登吸收合并公告。

2011 年 8 月 31 日，A 公司通过股东会决议，确认于 2011 年 8 月 31 日作出的《债务清偿说明》，同意作为本次吸收合并后的存续公司，承继 B 公司的全部债务并按有关债权文件的约定向债务人进行清偿，并同意根据《吸收合并协议》内容约定及有关法律法规规定，修改公司章程。

截至 2011 年 3 月 31 日止，A 公司的净资产值为 55 935 547.74 元，B 公司的净资产值为 152 827 622.63 元，而且上述计算公式中使用的净资产值均为合并基准日未经审计的净资产值，当时亦未由会计师事务所对 A 公司与 B 公司截至合并基准日的净资产值进行审计并出具审计报告。

发行人称，当时适用的《公司法》及《国务院关于促进企业兼并重组的意见》（2010 年 8 月 28 日施行）等相关法律法规或规范性文件并未要求对非国有企业吸收合并类型的交易进行审计或资产评估，且 A 公司与 B 公司已签署《吸收合并协议》，合并当时 A 公司的全体股东以及 B 公司的股东均已分别出具《关于吸收合并事宜的确认函》，同意以未经审计的财务报表数据为基础计算合并后持股比例且确认股权权属清晰，不存在任何争议或权属纠纷，本次吸收合并已完成相应的公告、注销、工商变更登记等手续。因此，A 公司吸收合并 B 公司未进行审计和评估不违反法律法规或规范性文件的规定且不存在任何争议或权属纠纷。

A 公司吸收合并 B 公司定价依据为合并基准日未经审计的净资产值，作价公允，根据某会计师事务所有限公司于 2011 年 9 月 2 日出具的《验资报告》，B 公司相关资产和负债已并入 A 公司。本次吸收合并系同一控制下合并，不涉及现金价款支付。

B 公司注销其独立法人资格后，B 公司的全体员工由 A 公司全部接受并安排工作，A 公司原有员工根据其与 A 公司签订的聘用合同，继续留任原来的工作，双方员工的工作岗位可视具体情况适当调整。A 公司同 B 公司的原全体员工重新签订了聘用合同。

二、发行人披露的税务处理

发行人披露，本次吸收合并中各个税种的税务处理如下。

（一）企业所得税和个人所得税

根据《财政部 国家税务总局关于企业重组业务企业所得税处理若干问题的通知》（财税〔2009〕59 号），“企业股东在该企业合并发生时取得的股权支付金额不低于其交易支付总额的 85%，以及同一控制下且不需要支付对价的企业合并，可以选择按以下规定处理：1. 合并企业接受被合并企业资产和负债的计税基础，以被合并企业的原有计税基础确定。2. 被合并企业合并前的相关所得税事项由合并企业承继。3. 可由合并企业弥补的被合并企业亏损的限额 = 被合并企业净资产公允价值 × 截至合并业务发生当年年末国家发行的最长期限的国债利率。4. 被合并企业股东取得合并企业股权的计税基础，以其原持有的被合并企业股权的计税基础确定。”

根据发行人提供的资料及确认，A 公司就本次合并选择按上述规定进行税务处理，即无须缴纳企业所得税，亦未发生分配和按清算进行所得税处理，因此自然人股东无须缴纳个人所得税。根据国家税务总局 × × 经济技术开发区税务局于 2020 年 8 月 21 日出具的情况说明，A 公司没有因本次吸收合并被该局处罚或追缴税款的情形。

根据《财政部 国家税务总局关于企业重组业务企业所得税处理若干问题的通知》（财税〔2009〕59 号）第十一条规定，“企业发生符合本通知规定的特殊性重组条件并选择特殊性税务处理的，当事各方应在该重组业务完成当年企业所得税年度申报时，向主管税务机关提交书面备案资料，证明其符合各类特殊性重组规定的条件。企业未按规定书面备案的，一律不得按特殊重组业务进行税务处理”。经与发行人核实，2011 年 A 公司吸收合并 B 公司虽然满足 59 号文的适用条件，但公司未及时向地方主管税务机关提交书面备案资料，发行人为此主动与国家税务总局 × × 经济技术开发区税务局沟通，并于 2020 年 8 月 21 日取得该局出具的情况说明，确认 A 公司没有因本次吸收合并被该局处罚或追缴税款的情形。

后经发行人审慎考虑，认为根据59号文的规定，发行人当时未经主管税务机关备案而直接选择对本次吸收合并进行特殊税务处理并无依据，故此，发行人已主动向税务主管部门补充申报，并按照税务主管部门以一般税务处理核定的税款补缴企业所得税31 706.94元，取得国家税务总局某省税务局下发的《税收完税证明》。

（二）增值税、土地增值税和契税

根据当时适用的（2011年3月1日实施）《关于纳税人资产重组有关增值税问题的公告》（国家税务总局公告2011年第13号），纳税人在资产重组过程中，通过合并、分立、出售、置换等方式，将全部或者部分实物资产以及与其相关联的债权、负债和劳动力一并转让给其他单位和个人，不属于增值税的征税范围。根据当时适用的（1995年5月25日实施）《财政部 国家税务总局关于土地增值税一些具体问题规定的通知》（财税字〔1995〕48号），“在企业兼并中，对被兼并企业将房地产转让到兼并企业中的，暂免征收土地增值税”。根据当时适用的（2009年1月1日实施）《财政部 国家税务总局关于企业改制重组若干契税政策的通知》（财税〔2008〕175号），两个或两个以上的企业，依据法律规定、合同约定，合并改建为一个企业，且原投资主体存续的，对其合并后的企业承受原合并各方的土地、房屋权属，免征契税。

A公司吸收合并B公司系B公司将全部实物资产以及与其相关联的债权、负债和劳动力一并转让给A公司，合并后房地产转让到存续主体A公司名下，不涉及增值税、免征收土地增值税和契税。

综上，A公司吸收合并B公司不涉及企业所得税、个人所得税、增值税，免征土地增值税和契税。

三、案例分析

经查阅招股说明书等资料，本次吸收合并前，童某某持有吸收合并企业A公司65%的股权，其余19人持有A公司35%的股权；童某某持有被吸收合并企业B公司100%的股权。交易示意图见图16－1。

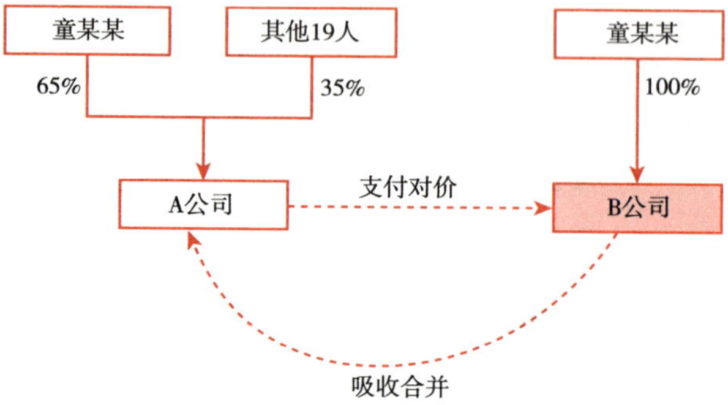

图16－1　交易示意图

（一）吸收合并的税务定性

财税〔2009〕59号规定，合并，是指一家或多家企业（以下称为“被合并企业”）将其全部资产和负债转让给另一家现存或新设企业（以下称为“合并企业”），被合并企业股东换取合并企业的股权或非股权支付，实现两个或两个以上企业的依法合并。

合并的税务定性应为财税〔2009〕59号中一般性税务处理规定，即企业合并，当事各方应按下列规定处理：（1）合并企业应按公允价值确定接受被合并企业各项资产和负债的计税基础。（2）被合并企业及其股东都应按清算进行所得税处理。（3）被合并企业的亏损不得在合并企业结转弥补。

由此可见，一个典型的吸收合并业务，其交易规则可以分解为两个交易：被合并方向合并方资产转让业务，适用财产交换规则；被合并方向其股东清算的业务，适用一般清算规则。即吸收合并业务按照下列顺序依次进行：合并是指一家或多家企业（被合并企业）将其全部资产和负债转让给另一家现存或新设企业（合并企业）；被合并企业及其股东都应按清算进行所得税处理；企业发生财税〔2009〕59号第四条第（四）项规定的合并时，应按照《财政部国家税务总局关于企业清算业务企业所得税处理若干问题的通知》（财税〔2009〕60号）文件规定进行清算；企业清算的所得税处理包括以下内容：全部资产均应按可变现价值或交易价格，确认资产转让所得或损失；向股东分配剩余财产、应付股息等①。

（二）吸收合并中各个税种的处理

在吸收合并中，被合并企业会涉及增值税、土地增值税、印花税及企业所得税，合并企业涉及印花税及契税。除此之外，被吸收合并企业的股东会涉及企业所得税或个人所得税。

1. 企业所得税

《财政部 国家税务总局关于企业重组业务企业所得税处理若干问题的通知》（财税〔2009〕59 号）第五条规定，企业重组同时符合下列条件的，适用特殊性税务处理规定：（1）具有合理的商业目的，且不以减少、免除或者推迟缴纳税款为主要目的。（2）被收购、合并或分立部分的资产或股权比例符合本通知规定的比例。（3）企业重组后的连续 12 个月内不改变重组资产原来的实质性经营活动。（4）重组交易对价中涉及股权支付金额符合本通知规定比例。（5）企业重组中取得股权支付的原主要股东，在重组后连续 12 个月内，不得转让所取得的股权。

财税〔2009〕59 号第六条规定，企业合并，企业股东在该企业合并发生时取得的股权支付金额不低于其交易支付总额的 85%，以及同一控制下且不需要支付对价的企业合并，可以选择按以下规定处理：（1）合并企业接受被合并企业资产和负债的计税基础，以被合并企业的原有计税基础确定。（2）被合并企业合并前的相关所得税事项由合并企业承继。（3）可由合并企业弥补的被合并企业亏损的限额 = 被合并企业净资产公允价值 × 截至合并业务发生当年年末国家发行的最长期限的国债利率。（4）被合并企业股东取得合并企业股权的计税基础，以其原持有的被合并企业股权的计税基础确定。

在本案例中，吸收合并目的是整合资源、便于管理，并非以减少、免除或者推迟缴纳税款为主要目的，因此，具有合理商业目的；吸收合并完成后，B 公司的全部资产、负债、权益和业务由 A 公司承继，实质性经营活动未发生改变；本次交易的支付对价全部为 A 公司自身股权，即 A 公司增资扩股，股

① 此处参考了魏斌、韦国庆的文章《吸收合并一般性税务处理规则辨析——税法拟制交易的分解方法》，微信公众号“税里税外”2019 年 8 月 2 日文章，https://mp.weixin.qq.com/s/iNe0iJTEGQ0d2ERhcAOxJw.

权支付比例为100%；B公司原股东在重组后的12个月内未转让所取得合并后的A公司股权。因此，本案例满足特殊性税务处理的条件。

在交易各方选择特殊性税务处理时，B公司不确认相关资产的转让所得或损失；A公司接受B公司资产和负债的计税基础，以B公司的原有计税基础确定；B公司合并前的相关所得税事项由A公司承继；可由A公司弥补的B公司亏损限额＝B公司净资产公允价值×截至合并业务发生当年年末国家发行的最长期限的国债利率；B公司原法人股东取得A公司股权的计税基础，以其原持有B公司股权的计税基础确定。

2. 个人所得税

在本案例中，发行人称，"未发生分配和按清算进行所得税处理，因此自然人股东无须缴纳个人所得税"，该理解错误。

《国家税务总局关于企业重组业务企业所得税征收管理若干问题的公告》（国家税务总局公告2015年第48号）规定，在上述重组交易中，股权收购中转让方、合并中被合并企业股东和分立中被分立企业股东，可以是自然人。当事各方中的自然人应按个人所得税的相关规定进行税务处理。也就是说，有自然人股东参与的企业重组，不影响法人股东适用特殊性税务处理。

然而，目前我国税法对自然人股东参与企业重组并无特别规定。对于合并、分立中自然人股东的税务处理问题，有专家认为，在全部为股权支付的合并、分立中自然人股东不产生个人所得，不涉及个人所得税问题。实务中，各地理解不一，执行口径较多，有的按股权转让处理，有的按非货币性资产交换处理，也有按非货币性资产投资来处理。微信公众号"陇上税语"挖掘了几起企业重组中个人股东适用了特殊性税务处理或认为不需要缴纳个人所得税的案例，例如青岛中加特披露的子公司吸收合并自然人持股的母公司案例、常州顺祥新材吸收合并全部为自然人持股的关联企业案例、新亚强反向吸收合并控股股东案例等。

笔者认为，在吸收合并中，被吸收合并企业自然人股东的税务处理定性应当为：自然人股东以现金或股权的形式收回其于被吸收合并企业的投资，根据《国家税务总局关于个人终止投资经营收回款项征收个人所得税问题的公告》（国家税务总局公告2011年第41号），应按照"财产转让所得"项目适用的规定计算缴纳个人所得税。同样，在分立中，被分立企业自然人股东的税务处理定性应当为：自然人股东以现金或股权的形式收回被分立企业的投资，根据国家税务总局公告2011年第41号，也应按照“财产转让所得”项目适用的规定计算缴纳个人所得税。在合并、分立中，自然人股东新取得合并企业或分立企业的股权应按公允价值确认其投资成本。在目前的税收规则下，对自然人股东比照企业股东适用特殊性税务处理，虽然具有合理性，但并不合法。

企业重组时，无论选择一般性税务处理还是特殊性税务处理，在现行规定下，自然人股东均须计算缴纳个人所得税。如果各方选择适用特殊性税务处理，在企业层面，被合并企业不确认相关资产的转让所得，合并企业取得相关资产的计税基础以原计税基础确定，被合并企业不按清算进行所得税处理；在股东层面，被合并企业的自然人股东仍须按公允价值确认投资收回，并计算缴纳个人所得税。

例如，甲公司注册资本及实收资本为5 000万元，净资产的公允价值为7 000万元，其股东为A公司。现甲公司拟以增资扩股的方式吸收合并乙公司，乙公司的股东为自然人张某。吸收合并时张某对乙公司的投资成本1 000万元，乙公司实收资本1 000万元，盈余公积500万元，未分配利润500万元，净资产的计税基础2 000万元，公允价值3 000万元。吸收合并后甲公司注册资本8 000万元（原实收资本5 000＋新增加的净资产公允价值3 000），张某成为甲公司的股东，占3 000/(7 000＋3 000)＝30%股权，A公司占7 000/(7 000＋3 000)＝70%股权。

当各方选择一般性税务处理时，税务处理如下：

乙公司确认资产转让所得：3 000－2 000＝1 000（万元）

乙公司缴纳清算所得税：1 000×25%＝250（万元）

乙公司给张某分配剩余财产：3 000－250＝2 750（万元）

张某缴纳个人所得税：(2 750－1 000)×20%＝1 750×20%＝350（万元）

张某取得甲公司30%股权的投资成本为3 000万元；

甲公司取得乙公司净资产的计税基础为3 000万元。

当各方选择特殊性税务处理时，税务处理如下：

乙公司不确认资产转让所得；

乙公司不进行清算所得税处理；

乙公司给张某分配剩余财产：3 000 万元；

张某缴纳个人所得税：（3 000 - 1 000）×20% =2 000 ×20% =400 （万元）

张某取得甲公司 30% 股权的投资成本为 3 000 万元；

甲公司取得乙公司净资产的计税基础为 2 000 万元。

然而，《财政部 国家税务总局关于个人非货币性资产投资有关个人所得税政策的通知》（财税〔2015〕41 号）将股权置换纳入个人非货币性资产投资范围中，财税〔2015〕41 号规定，“本通知所称非货币性资产投资，包括以非货币性资产出资设立新的企业，以及以非货币性资产出资参与企业增资扩股、定向增发股票、股权置换、重组改制等投资行为”。因此，一些地区对合并、分立中自然人股东新取得股权的行为，允许适用非货币性资产投资，分期缴纳个人所得税。如本案例中，张某的行为属于其以原持有的乙公司 100% 股权来置换甲公司 30% 股权的行为，张某应纳个人所得税为（3 000 - 1 000）×20% = 400（万元），可以分期缴纳。

3. 增值税

根据《国家税务总局关于纳税人资产重组有关增值税问题的公告》（国家税务总局公告 2011 年第 13 号）及《财政部 国家税务总局关于全面推开营业税改征增值税试点的通知》（财税〔2016〕36 号），在吸收合并中，纳税人将全部或者部分实物资产以及与其相关联的债权、负债和劳动力一并转让给其他单位和个人，不属于增值税的征税范围，其中涉及的货物、不动产、土地使用权转让，不征收增值税。因此，B 公司可以适用该政策。

4. 土地增值税

目前，企业重组业务最新的土地增值税政策是《财政部 税务总局关于继续实施企业改制重组有关土地增值税政策的公告》（财政部 税务总局公告 2021 年第 21 号），其规定，按照法律规定或者合同约定，两个或两个以上企业合并为一个企业，且原企业投资主体存续的，对原企业将房地产转移、变更到合并后的企业，暂不征土地增值税。但上述政策不适用于房地产转移任意一方为房地产开发企业的情形。如果 A 公司及 B 公司均不是房地产开发企业，可以适用该政策。

5. 印花税

在企业重组中，如果涉及不动产等权属发生变更的，交易各方需要按照产权转移书据缴纳万分之五的印花税。

除此之外，《财政部 国家税务总局关于企业改制过程中有关印花税政策的通知》（财税〔2003〕183 号）规定，以合并或分立方式成立的新企业，其新启用的资金账簿记载的资金，凡原已贴花的部分可不再贴花，未贴花的部分和以后新增加的资金按规定贴花。

6. 契税

目前，企业重组业务最新的契税政策是《关于继续执行企业 事业单位改制重组有关契税政策的公告》（财政部 税务总局公告 2021 年第 17 号），其规定，两个或两个以上的公司，依照法律规定、合同约定，合并为一个公司，且原投资主体存续的，对合并后公司承受原合并各方土地、房屋权属，免征契税。因此，A 公司可以适用该政策。

（三）企业重组中各个税种的办理程序

目前的税法对重组中企业所得税等税种的办理程序作出了规定。

1. 企业所得税

2009 年，财政部、国家税务总局发布《关于企业重组业务企业所得税处理若干问题的通知》（财税〔2009〕59 号），对符合条件的企业重组的所得税处理给予递延纳税的特殊待遇。2010 年，国家税务总局发布《企业重组业务企业所得税管理办法》（国家税务总局公告 2010 年第 4 号发布），为企业享受特殊待遇提供了程序方面的指引。根据规定，企业选择适用特殊性税务处理的，应在年度纳税申报时向主管税务机关书面备案，否则不得实施特殊性税务处理。但随着国务院行政审批制度改革的推进，这种事先核准的管理方式越来越不适应重组市场的需求。

2015 年 5 月，国务院发布《关于取消非行政许可审批事项的决定》，取消了“企业符合特殊性税务处理规定条件业务的核准”这项非行政许可审批事项。2015 年，国家税务总局发布《关于企业重组业务企业所得税征收管理若干问题的公告》（国家税务总局公告 2015 年第 48 号），及时转变企业重组特殊性税务处理管理方式，明确了“企业符合特殊性税务处理规定条件业务的核准”取消后企业重组适用特殊性税务处理的管理方式，将其由事先核准改为申报管理，同时规范和修订后续管理事项，优化了征管流程，进一步支持企业兼并重组，优化企业发展环境。48号公告规定，企业重组适用特殊性税务处理的管理方式由事先核准改为年度汇算清缴时申报并提交相关资料。

国家税务总局公告2015年第48号第四条规定，企业重组业务适用特殊性税务处理的，除财税〔2009〕59号文件第四条第（一）项所称企业发生其他法律形式简单改变情形外，重组各方应在该重组业务完成当年，办理企业所得税年度申报时，分别向各自主管税务机关报送“企业重组所得税特殊性税务处理报告表及附表”和申报资料。合并、分立中重组一方涉及注销的，应在尚未办理注销税务登记手续前进行申报。重组主导方申报后，其他当事方应向其主管税务机关办理纳税申报。申报时还应附送重组主导方经主管税务机关受理的“企业重组所得税特殊性税务处理报告表及附表”（复印件）。

《国家税务总局关于税务行政审批制度改革若干问题的意见》（税总发〔2014〕107号）第十一条规定，实施备案管理。各级税务机关应当严格区分行政审批和备案管理方式，不得以事前核准性备案方式变相实施审批。实施备案管理的事项，纳税人等行政相对人应当按照规定向税务机关报送备案材料，税务机关应当将其作为加强后续管理的资料，但不得以纳税人等行政相对人没有按照规定备案为由，剥夺或者限制其依法享有的权利、获得的利益、取得的资格或者可以从事的活动。纳税人等行政相对人未按照规定履行备案手续的，税务机关应当依法进行处理。

因此，企业重组符合特殊性税务处理但未及时备案的，可以补充备案，不影响其适用特殊性税务处理。

2. 增值税

纳税人根据《国家税务总局关于纳税人资产重组有关增值税问题的公告》（国家税务总局公告2011年第13号）及《财政部 国家税务总局关于全面推开营业税改征增值税试点的通知》（财税〔2016〕36号）中的规定，在资产重组过程中，对货物、土地使用权、不动产适用不征收增值税处理的，由于其并不属于增值税的征收范围，因此纳税人不需要税务机关的审批或者备案，也不需要进行纳税申报。

由于资产重组不属于增值税的征收范围，因此纳税人也不需要就资产重组过程中转移的相关资产开具增值税发票。但由于不动产及土地使用权在办理产权过户手续时需要提供发票，纳税人可以开具商品编码为“607”（资产重组涉及的不动产）、“608”（资产重组涉及的土地使用权）的不征税发票，以及为了入账需要开具“616”（资产重组涉及的货物）的不征税发票。

3. 土地增值税

《财政部 税务总局关于继续实施企业改制重组有关土地增值税政策的公告》（财政部 税务总局公告2021年第21号）第七条规定，纳税人享受上述税收政策，应按税务机关规定办理。

4. 契税

根据《全国税务机关纳税服务规范（3.0版）》，纳税人按规定需要申报享受契税减免的，在首次申报享受时随申报表报送附列资料，或直接在申报表中填列减免税信息，无须报送资料。

四、启示及建议

1. 企业重组涉及的税收政策比较复杂，纳税人除了准确适用税收政策外，还要了解各个税种的办理程序，及时收集、保存好相关备案资料，对须审批的事项，如契税减免，及时到税务机关办理减免税审批手续。

2. 在全部采用股权支付的合并、分立时，相关股东并没有取得现金收入，缺乏纳税必要资金，目前的税收政策对企业股东有特殊性税务处理的待遇，但对自然人股东并没有类似的税收政策，造成自然人股东须另行筹资缴税。建议有关部门尽早出台相关措施，鼓励企业兼并重组，避免因为税收成本阻碍企业的重组行为。

3. 由于目前个人所得税并没有出台相应的重组政策，当合并、分立中涉及自然人股东时，纳税人应加强与税务机关沟通，了解当地的执行口径，避免税收风险。

案例 17
以分立形式剥离土地，后转让新设公司股权

企业分立涉及的税种较多，税务处理相对复杂。在本案例中，该公司增值税适用了不征税政策，土地增值税适用了暂不征税政策，其认为分立不属于契税的征税范围，企业所得税没有适用特殊性税务处理。该公司的上述税务处理存在一定的风险，尤其是增值税，因为只有符合“业务”的转让才可以适用增值税不征税政策；另外，以转让股权形式转让土地使用权可能会被税务机关质疑。本部分详细介绍了该案例的税务处理，并分析了其中的税务风险。

一、重组情况介绍

2020 年 4 月，广东某股份有限公司（以下简称为“发行人”）在首次公开发行股票招股意向书中披露了其子公司 A 公司、孙公司 B 公司在报告期内的分立重组事项：为了聚焦主业及避免涉及房地产开发业务，发行人通过分立的方式剥离土地使用权，随后将新设公司的股权转让给实际控制人控制的公司。具体情况如下：

发行人子公司 A 公司于 2013 年 6 月取得某宗土地，总面积为 162 237.20 平方米。发行人孙公司 B 公司于 2014 年 4 月取得某宗土地，总面积为 56 948.10 平方米。上述两宗土地用途均为工业用地。

2015年11月，按照当地的整体规划要求，A公司、B公司所持有的土地用途由工业用地转为其他普通商品住房用地。该土地用途变更时，尚未进行开发建设。

发行人根据自身的发展规划，为聚焦主业、避免涉及房地产开发业务，故决定处理上述非主业资产。为降低成本，公司选择采用分立方式进行了上述相关资产的处理，具体情况如下。

（一）A公司

2017年1月，发行人全资子公司A公司以账面价值为基础将上述土地及对发行人的负债分立至A1公司，分立后A1公司成为发行人的全资子公司。A公司分立前后的资产负债影响情况见表17－1。

表17－1　资产负债影响情况表

财务指标	分立前	分立后		备注
	A公司	A公司	A1公司	
总资产（万元）	25 350.58	17 179.65	8 170.93	分立的资产只有“变更性质”后的土地使用权
总负债（万元）	23 071.44	15 400.51	7 670.93	全部为A1公司承担的对发行人负债
所有者权益（万元）	2 279.14	1 779.14	500.00	A1公司实收资本500万元

注：分立后的A1公司财务报表只有无形资产、其他应付款、实收资本三个科目。

2017年8月，发行人将A1公司100%股权以某资产评估机构出具的评估报告中净资产评估值2 777.14万元转让给A2公司（实际控制人控制的公司）。同时，A2公司将A1公司承担的对发行人的负债7 670.93万元也结清支付给发行人。

至此，发行人全资子公司A公司土地“变更性质”后的非主业资产，账面价值8 170.93万元，以评估值10 448.07万元处理完毕。

（二）B公司

2018年12月，发行人的全资孙公司B公司以账面价值为基础将上述土地、附着建筑物及对发行人的负债分立至 B1 公司，分立后 B1 公司成为发行人的全资孙公司。B 公司分立前后的资产负债影响情况见表 17－2。

表 17－2　　资产负债影响情况表

财务指标	分立前	分立后		备注
	B 公司	B 公司	B1 公司	
总资产（万元）	39 520.52	27 607.49	11 913.04	分立的资产只有“变更性质”后的土地使用权及上附建筑物
总负债（万元）	31 866.22	20 453.19	11 413.04	全部为 B1 公司承担的对发行人负债
所有者权益（万元）	7 654.30	7 154.30	500.00	B1 公司实收资本 500 万元

注：分立后的 B1 公司财务报表只有无形资产、固定资产、其他应付款、实收资本四个科目。

2019 年 1 月，发行人的某子公司将 B1 公司 100% 股权以某资产评估机构出具的评估报告中净资产评估值 5 547.70 万元转让给 B2 公司（实际控制人控制的公司）。

同时，B2 公司将 B1 公司承担的对发行人的负债 11 413.04 万元也已结清支付给发行人。上述两项款项合计为 16 960.74 万元，与 B1 公司取得的土地使用权及上附建筑物评估值相一致。

至此，发行人全资孙公司 B 公司土地变更用途后的非主业资产，账面价值 11 913.04 万元，已以评估值 16 960.74 万元处理完毕。

股权架构图见图 17－1。

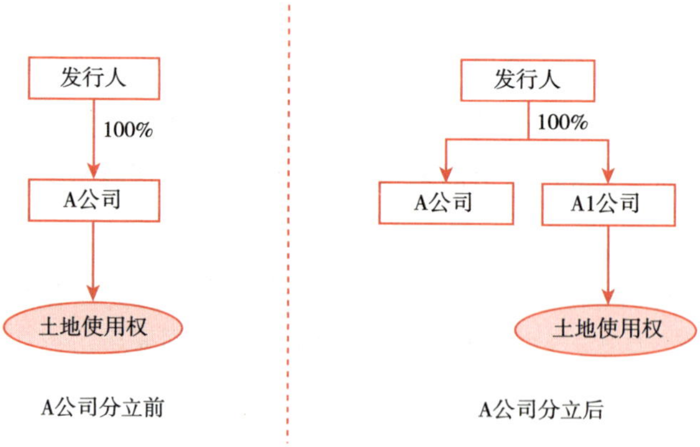

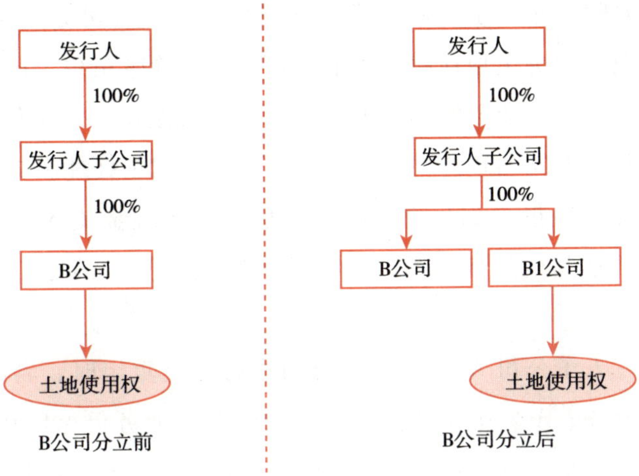

图 17－1　A、B 公司分立前后的股权架构图

二、发行人的税务处理

发行人在相关资料中，对本次分立的税务处理陈述如下。

（一）分立对发行人生产经营及财务状况的影响

1. 发行人剥离的资产及负债不构成一项业务

根据当地总体规划，发行人子公司 A 公司及孙公司 B 公司所持有的部分土地使用权用途变更为其他普通商品住房用地。发行人通过分立方式将变更为商业用地的土地使用权、上附建筑物和连带负债剥离出上市体系外。

根据《企业会计准则讲解》的相关规定："根据第 20 号指南的规定，业务是指企业内部某些生产经营活动或资产的组合，该组合具有投入、加工处理和产出能力，能够独立计算其成本费用或所产生的收入。有关资产、负债的组合要形成一项业务，通常应具备以下要素：（1）投入，指原材料、人工、必要的生产技术等无形资产以及构成生产能力的机器设备等其他长期资产的投入；（2）加工处理过程，指具有一定的管理能力、运营过程，能够组织投入形成产出；（3）产出，如生产出产成品，或是通过为其他部门提供服务来降低企业整体的运行成本等其他带来经济利益的方式。"

A 公司分立时，相关土地尚未进行开发建设；B 公司分立时，剥离至 B1 公司的资产和负债仅为土地使用权、上附建筑物和连带负债，B 公司的相关生产设备、存货、人员、业务等均由 B 公司承接，继续从事门窗幕墙安装业务。

因此，发行人剥离的资产与负债不具有投入、加工处理和产出的要素，不具备向投资者提供回报（如生产的产品出售后形成现金流入，或是能够为企业的生产经营带来其他经济利益，如能够降低成本等）的能力，不构成一项业务。

综上，发行人子公司 A 公司及 B 公司进行分立重组时，剥离的资产与负债不构成一项业务，A 公司及 B 公司原有的经营性业务仍保留在发行人内部，发行人在资产、人员、机构和业务等方面保持稳定，具有持续性。

2. 上述分立对发行人财务状况和经营成果的影响

（1）A 公司分立重组对财务状况和经营成果的影响。A 公司通过分立方式剥离该土地时，尚未进行开发建设。因此剥离的资产在最近一个会计年度所产生的营业收入为 0，影响利润总额的金额为剥离前一年该土地的摊销金额。

上述转让产生的投资收益金额为 2 277.14 万元，发行人已将上述投资收益计入当期非经常性损益。

（2）B 公司分立重组对财务状况和经营成果的影响。剥离的资产在最近一个会计年度所产生的营业收入为 0，对利润总额的影响金额为剥离前一年的该土地使用权与房屋建筑物的折旧摊销金额减去租赁房产年租金的净影响。

上述转让产生的投资收益金额为 5 047.70 万元，发行人已将上述投资收益计入当期非经常性损益。

（二）税费缴纳情况

企业分立重组及股权转让过程中，涉及的税种可能包括增值税、土地增值税、企业所得税及契税等，具体分析如下。

1. 增值税

《中华人民共和国增值税暂行条例》规定：“在中华人民共和国境内销售货物或者提供加工、修理修配劳务以及进口货物的单位和个人，为增值税的纳税人。”

2011 年 2 月 18 日，国家税务总局发布《国家税务总局关于纳税人资产重组有关增值税问题的公告》（国家税务总局公告 2011 年第 13 号），进一步明确资产重组过程中的合并、分立等行为不属于增值税征收范围。

因此，企业分立及企业股权转让不属于该征税范围，不应征收增值税。

2. 土地增值税

《中华人民共和国土地增值税暂行条例》规定："转让国有土地使用权、地上的建筑物及其附着物并取得收入的单位和个人，为土地增值税的纳税义务人，应当依照本条例缴纳土地增值税。"

《财政部 国家税务总局关于企业改制重组有关土地增值税政策的通知》规定："企业分设为两个或两个以上与原企业投资主体相同的企业，对原企业将国有土地、房屋权属转移、变更到分立后的企业，暂不征土地增值税（上述改制重组有关土地增值税政策不适用于房地产开发企业）。"

由于 A1 公司、B1 公司在股权转让时均不是房地产开发企业，企业分立及股权转让不属于该征税范围，不应征收土地增值税。

3. 企业所得税

《财政部 国家税务总局关于企业重组业务企业所得税处理若干问题的通知》（财税〔2009〕59 号），关于分立重组中企业所得税的税务处理规定如下：

"1. 被分立企业对分立出去资产应按公允价值确认资产转让所得或损失；2. 分立企业应按公允价值确认接受资产的计税基础；3. 被分立企业继续存在时，其股东取得的对价应视同被分立企业分配进行处理；4. 被分立企业不再继续存在时，被分立企业及其股东都应按清算进行所得税处理；5. 企业分立相关企业的亏损不得相互结转弥补。"

根据上述规定，A 公司派生分立 A1 公司、B 公司派生分立 B1 公司，应当分别根据分立出的资产及负债的公允价值确认资产转让所得，由 A 公司和 B 公司缴纳企业所得税。A 公司、B 公司已根据相关规定，分别于 2017 年第一季度、2019 年第一季度就上述分立事项缴纳企业所得税。

4. 契税

根据《关于企业改制重组若干契税政策的通知》（财税〔2008〕175 号）及《关于企业事业单位改制重组契税政策的通知》（财税〔2012〕4 号），企业依照法律规定、合同约定分设为两个或两个以上投资主体相同的企业，对派生方、新设方承受原企业土地、房屋权属，不征收契税。

因此，企业分立及企业股权转让不属于该征税范围，不应征收契税。

5. 主管税务机关已出具税务合法证明

根据国家税务总局广东省某税务局出具的证明文件，2017—2019 年发行人及各子公司无欠缴税费记录，不存在税收违法违章行为。

综上，保荐机构及申报会计师认为：在发行人的上述资产重组过程中，相关税收缴纳符合法律规定。

三、本案例税务处理的合规性分析

《财政部 国家税务总局关于企业重组业务企业所得税处理若干问题的通知》（财税〔2009〕59 号）规定，“分立，是指一家企业（以下称为被分立企业）将部分或全部资产分离转让给现存或新设的企业（以下称为分立企业），被分立企业股东换取分立企业的股权或非股权支付，实现企业的依法分立”。企业分立，被分立企业一般会涉及增值税、土地增值税、印花税及企业所得税，分立企业会涉及印花税及契税。

（一）增值税

1. 本案例税法依据引用错误

《国家税务总局关于纳税人资产重组有关增值税问题的公告》（国家税务总局公告 2011 年第 13 号）规定，“纳税人在资产重组过程中，通过合并、分立、出售、置换等方式，将全部或者部分实物资产以及与其相关联的债权、负债和劳动力一并转让给其他单位和个人，不属于增值税的征税范围，其中涉及的货物转让，不征收增值税”。

《财政部 国家税务总局关于全面推开营业税改征增值税试点的通知》（财税〔2016〕36 号）附件 2“营业税改征增值税试点有关事项的规定”第一条规定，“（二）不征收增值税项目。5. 在资产重组过程中，通过合并、分立、出售、置换等方式，将全部或者部分实物资产以及与其相关联的债权、负债和劳动力一并转让给其他单位和个人，其中涉及的不动产、土地使用权转让行为”。

在本案例中，A 公司的分立发生在 2017 年，B 公司的分立发生在 2018 年，都发生于“营改增”以后，对分立过程中将土地使用权及地上建筑物分立出去的行为是否需要缴纳增值税，应看其是否满足财税〔2016〕36 号附件 2“营业税改征增值税试点有关事项的规定”第一条规定中的不征收增值税项目的规定。

2. 符合增值税不征税的资产转让必须是一项“业务”的转让

（1）企业会计准则对“业务”的解释。国家税务总局公告 2011 年第 13 号及财税〔2016〕36 号文均明确，在重组中符合增值税不征税的行为必须是纳税人将全部或者部分实物资产以及与其相关联的债权、负债和劳动力一并转让。笔者认为，以上规定在此处所要强调的，其实是纳税人所转让的资产必须能构成一项“业务”。所谓的“业务”，其实在税法中并没有明确规定，笔者认为，此处的“业务”与会计准则中的“业务”规定比较类似。2019 年 12 月 10 日，财政部印发了《企业会计准则解释第 13 号》（财会〔2019〕21 号印发），其中对“业务”进行了如下解释。

根据第 20 号指南的规定，业务是指企业内部某些生产经营活动或资产的组合，该组合一般具有投入、加工处理过程和产出能力，能够独立计算其成本费用或所产生的收入。合并方在合并中取得的生产经营活动或资产的组合（以下简称“组合”）构成业务，通常应具有下列三个要素：（1）投入，指原材料、人工、必要的生产技术等无形资产以及构成产出能力的机器设备等其他长期资产的投入。（2）加工处理过程，指具有一定的管理能力、运营过程，能够组织投入形成产出能力的系统、标准、协议、惯例或规则。（3）产出，包括为客户提供的产品或服务、为投资者或债权人提供的股利或利息等投资收益，以及企业日常活动产生的其他的收益。

（2）历史上税法对不征税的资产转让强调的是产权转让。从已经废止的一些文件中可以看出税收政策制定的意图，即对企业产权的转让才不征收增值税或营业税。《国家税务总局关于转让企业全部产权不征收增值税问题的批复》（国税函〔2002〕420 号，已废止）规定，“增值税的征收范围为销售货物或者提供加工、修理修配劳务以及进口货物。转让企业全部产权是整体转让企业资产、债权、债务及劳动力的行为。因此，转让企业全部产权涉及的应税货物的转让，不属于增值税的征税范围，不征收增值税”。《国家税务总局关于转让企业产权不征收营业税问题的批复》（国税函〔2002〕165 号，已废止）也规定，“营业税的征收范围为有偿提供应税劳务、转让无形资产或者销售不动产的行为。转让企业产权是整体转让企业资产、债权、债务及劳动力的行为，其转让价格不仅仅是由资产价值决定的，与企业销售不动产，转让无形资产的行为完全不同。因此，转让企业产权的行为不属于营业税征收范围，不应征收营业税”。

从以上历史文件来看，其核心是强调打包资产转让的特殊性：第一是转让对象的整体性，包含资产、债权、债务及劳动力的组合，实际是对“业务”的转让，而非单纯资产的转让；第二是价格决定的特殊性，由于企业整体资产的价值并不等于企业单项资产价值的简单相加，如对单个资产征税，如何定价也是需要解决的问题①。

（3）TOGC 规则对符合“持续经营前提下的业务转让”行为，不征收增值税②。在英国增值税法规体系中，700/9 号公告专门处理持续经营前提下业务转让涉及的增值税问题（Notice 700/9：Transfer of business as a going concern）。该公告介绍了什么情况下的业务转让应被视为持续经营前提下的业务转让。同时，该公告还解释了不同情况下的增值税的处理。通常情况下，增值税纳税人销售货物都应按适用税率缴纳增值税。但是，在持续经营前提下（符合“TOGC”规则）的业务转让中涉及的货物转让，如果符合相关条件，将不被视为提供增值税应税行为，不征收增值税。

3. 发行人已经说明，剥离的资产及负债不构成一项业务

该公司在“分立对发行人生产经营及财务状况的影响”中分析说明，发行人剥离的资产及负债不构成一项业务，即发行人剥离的资产与负债不具有投入、加工处理和产出的要素，不具备向投资者提供回报的能力。

因此，笔者认为，该分立中对资产的转移不符合增值税不征税条件，应按规定计算缴纳增值税。

---

① 此处引用了“中国财税浪子”王骏先生在授课时提出的观点。

② 赵国庆，温彩霞．借鉴英国增值税“TOGC”规则，完善我国资产重组增值税［J］．税务研究，2012（12）．

然而，目前的政策规定并没有特别说明符合增值税不征税政策的资产转让必须是构成“业务”的转让，在实际操作中难免会发生一些税企争议，期待以后政策会进一步作出明确。

（二）土地增值税

1. 分立符合暂不征土地增值税政策

A 公司的分立发生于 2017 年，当时有效的文件是《财政部 国家税务总局关于企业改制重组有关土地增值税政策的通知》（财税〔2015〕5 号），B 公司的分立发生于 2018 年，当时有效的文件是《财政部 税务总局关于继续实施企业改制重组有关土地增值税政策的通知》（财税〔2018〕57 号）。

财税〔2015〕5 号及财税〔2018〕57 号均规定，按照法律规定或者合同约定，企业分设为两个或两个以上与原企业投资主体相同的企业，对原企业将房地产转移、变更到分立后的企业，暂不征土地增值税。投资主体相同，是指企业改制重组前后出资人不发生变动，出资人的出资比例可以发生变动。

前面介绍过，发行人全资子公司 A 公司将土地及对发行人的负债分立至 A1 公司，分立后 A1 公司成为发行人的全资子公司；发行人的某子公司的全资子公司 B 公司将土地、附着建筑物及对发行人的负债分立至 B1 公司，分立后 B1 公司成为发行人的全资孙公司。因此，上述分立过程中，出资人未发生变动，满足“投资主体相同”。

财税〔2018〕57 号还规定，上述改制重组有关土地增值税政策不适用于房地产转移任意一方为房地产开发企业的情形。由于分立时各方并非房地产开发企业，因此，上述分立符合暂不征土地增值税政策的要求。

2. 转让分立后公司的股权有可能受到税务机关的质疑

《国家税务总局关于以转让股权名义转让房地产行为征收土地增值税问题的批复》（国税函〔2000〕687 号）对广西壮族自治区地方税务局作出了如下批复：“鉴于深圳市能源集团有限公司和深圳能源投资股份有限公司一次性共同转让深圳能源（钦州）实业有限公司 100% 的股权，且这些以股权形式表现的资产主要是土地使用权、地上建筑物及附着物，经研究，对此应按土地增值税的规定征税。”

由于分立后的A1公司、B1公司的资产仅仅只有土地使用权，因此在转让其股权环节，有可能被税务机关质疑系以转让股权的名义转让土地使用权、地上建筑物及附着物。当然，实务中，以转让股权的形式转让房地产行为被征收土地增值税的案例并不是很常见。

（三）契税

1. 分立符合免征契税政策

A公司、B公司分立时有效的契税文件分别是《财政部 国家税务总局关于进一步支持企业事业单位改制重组有关契税政策的通知》（财税〔2015〕37号）及《财政部 税务总局关于继续支持企业 事业单位改制重组有关契税政策的通知》（财税〔2018〕17号）。

上述文件均规定，公司依照法律规定、合同约定分立为两个或两个以上与原公司投资主体相同的公司，对分立后公司承受原公司土地、房屋权属，免征契税。投资主体相同，是指公司分立前后出资人不发生变动，出资人的出资比例可以发生变动。

因此，在上述分立过程中，分立后的A1公司、B1公司分别承受原A公司、B公司的土地、房屋权属，免征契税。

2. 转让分立后公司的股权不属于契税的征税范围

由于股权转让时，土地、房屋权属并未发生变动，因此，股权转让不属于契税的征税范围。

（四）印花税

《财政部 国家税务总局关于企业改制过程中有关印花税政策的通知》（财税〔2003〕183号）规定，以合并或分立方式成立的新企业，其新启用的资金账簿记载的资金，凡原已贴花的部分可不再贴花，未贴花的部分和以后新增加的资金按规定贴花。

根据《财政部 税务总局关于对营业账簿减免印花税的通知》（财税〔2018〕50号）的规定，自2018年5月1日起，对按万分之五税率贴花的资金账簿减半征收印花税，对按件贴花五元的其他账簿免征印花税。

（五）企业所得税

财税〔2009〕59 号对分立规定了一般性税务处理及特殊性税务处理。

特殊性税务处理需要同时符合下列条件：（1）具有合理的商业目的，且不以减少、免除或者推迟缴纳税款为主要目的。（2）被收购、合并或分立部分的资产或股权比例符合该通知规定的比例。（3）企业重组后的连续 12 个月内不改变重组资产原来的实质性经营活动。（4）重组交易对价中涉及股权支付金额符合该通知规定比例。（5）企业重组中取得股权支付的原主要股东，在重组后连续 12 个月内，不得转让所取得的股权。

被分立企业所有股东按原持股比例取得分立企业的股权，分立企业和被分立企业均不改变原来的实质经营活动，且被分立企业股东在该企业分立发生时取得的股权支付金额不低于其交易支付总额的 85%，可以选择特殊性税务处理。

上述分立中，在分立后的 12 个月内，发行人转让了 A1 公司 100% 股权，发行人的某子公司转让了 B1 公司 100% 股权，均不再满足权益连续要求。因此，上述分立不能适用特殊性税务处理，只能适用一般性税务处理。

四、案例总结及启示

1. 本案例中一些税法依据引用错误，有的语言表达不准确、不专业，影响上市公司的信息披露质量。2018 年 11 月 5 日，我国试点注册制改革。注册制的核心是发行人的信息披露，证券交易所等监管部门仅负责形式审核，并对相关事项进行问询，发行人需要对其提供信息的真实性、完整性和可靠性承担法律责任。从实践看，税务事项是证券交易所问询的标配内容。大部分企业在上市前均会作出股权架构调整，比如并购重组、公司股份制改制等，其中会涉及诸多税务问题。建议拟上市公司，对于企业存在的且已经解决的涉税争议事项，如果对企业有较为重大的影响，可在申请上市过程中进行充分披露。如果没有主动披露而被发现，可能会带来负面影响，严重的可能会对企业上市造成实质性障碍。

2. 由于增值税是链条税，如果上家缴了税，下家可以凭上家开具的增值税专用发票来抵扣。在本案例中，即使 A 公司、B 公司在分立时缴纳了增值税，分立后的 A1 公司、B1 公司也可以抵扣，双方合起来看并不会产生实际税收负担，仅会影响企业当期的现金流。因此，企业要吃透税收政策，做好风险控制，避免由于政策的误用、错用及滥用而产生不必要的税收风险。

3. 由于并购重组税收政策比较复杂，涉及的文件较多，各地税务机关对一些事项的理解可能存在差异，因此执行尺度也可能有所不同，建议企业在做并购重组税收时引入专业机构参与，让专业的人做专业的事。

案例 18
拟上市公司的分立适用了特殊性税务处理

2021 年 9 月 28 日，武汉新华扬生物股份有限公司在《首次公开发行股票并在科创板上市招股说明书（申报稿）》中披露，其 2019 年的分立适用了特殊性税务处理。本部分介绍了其招股说明书披露的详细分立过程，并对本次分立中各个税种及个人股东、合伙企业股东的税务处理做了简要分析。

一、案例介绍

2019 年 7 月，公司以存续的方式分立为武汉新华扬生物股份有限公司（存续公司）和武汉嘉宏管理咨询有限公司（新设公司）。本次分立的基准日为 2018 年 12 月 31 日，根据双方签署的分立协议，武汉嘉宏通过分立取得的具体资产见表 18－1。

表 18－1　　武汉嘉宏通过分立取得的具体资产

序号	科目名称	金额（万元）	主要内容
1	货币资金	178.25	维持运营必要的货币资金
2	长期股权投资	4 904.20	持有的江西酵素和四川山野股权，江西酵素和四川山野拥有的主要资产为闲置土地和房屋
3	固定资产	1 273.32	位于武汉市东湖开发区凌家山南路 5 号的房屋建筑物

续表

序号	科目名称	金额（万元）	主要内容
4	无形资产	400.27	位于武汉市东湖开发区凌家山南路5号的土地使用权
5	应付职工薪酬	4.88	分立至武汉嘉宏管理咨询有限公司的4名员工的应付职工薪酬

（一）本次分立前后的股权结构情况

1. 本次分立前的股权结构见表18－2。

表18－2　　分立前的股权结构

序号	股东姓名/名称	持股数量（万股）	持股比例（%）
1	詹志春	2 480.00	41.33
2	高农集团	700	11.67
3	于舜娜	480	8
4	深圳厚生（合伙企业）	450	7.5
5	苏州厚齐（合伙企业）	441	7.35
6	赵玉珍	320	5.33
7	新华扬投资	270	4.5
8	金良元	150	2.5
9	吴学军	100	1.67
10	深圳创信宝（合伙企业）	80	1.33
11	单大平	80	1.33
12	赖作勤	70	1.17
13	凌全良	70	1.17
14	程鹏	59	0.98
15	胡昌彬	50	0.83
16	孙慧	40	0.67
17	何汝斌	35	0.58
18	邹菊霞	20	0.33
19	詹连生	12	0.2
20	王大春	12	0.2
21	胡莉	10	0.17
22	熊新龙	10	0.17

续表

序号	股东姓名/名称	持股数量（万股）	持股比例（%）
23	张正华	10	0.17
24	谢科生	8	0.13
25	顾爱玲	7	0.12
26	彭毓志	7	0.12
27	周樱	6	0.1
28	杨剑	6	0.1
29	梅芳	5	0.08
30	蔡长缨	5	0.08
31	夏瑾明	5	0.08
32	童早清	2	0.03
合计		6 000.00	100

2. 本次分立后的股权结构见表18－3。

表18－3　　分立后的股权结构

序号	股东姓名/名称	持股数量（万股）	持股比例（%）
1	詹志春	2 066.67	41.33
2	高农集团	583.33	11.67
3	于舜娜	400	8
4	深圳厚生（合伙企业）	375	7.5
5	苏州厚齐（合伙企业）	367.5	7.35
6	赵玉珍	266.67	5.33
7	新华扬投资	225	4.5
8	金良元	125	2.5
9	吴学军	83.33	1.67
10	深圳创信宝（合伙企业）	66.67	1.33
11	单大平	66.67	1.33
12	赖作勤	58.33	1.17
13	凌全良	58.33	1.17
14	程鹏	49.17	0.98
15	胡昌彬	41.67	0.83
16	孙慧	33.33	0.67

续表

序号	股东姓名/名称	持股数量（万股）	持股比例（%）
17	何汝斌	29.17	0.58
18	邹菊霞	16.67	0.33
19	詹连生	10	0.2
20	王大春	10	0.2
21	胡莉	8.33	0.17
22	熊新龙	8.33	0.17
23	张正华	8.33	0.17
24	谢科生	6.67	0.13
25	顾爱玲	5.83	0.12
26	彭毓志	5.83	0.12
27	周樱	5	0.1
28	杨剑	5	0.1
29	梅芳	4.17	0.08
30	蔡长缨	4.17	0.08
31	夏瑾明	4.17	0.08
32	童早清	1.67	0.03
合计		5 000.00	100

（二）分立背景及原因

本次存续分立的主要目的是减少部分资产与主营业务的非关联性，突出主营业务，提高公司的管理效益。因此，本次分立资产选取的标准为已闲置的相关土地、房屋以及维持相关资产管理所必要的货币资金和人员，具体如下。

1. 位于武汉市东湖开发区凌家山南路 5 号的土地和房屋。武汉市东湖开发区凌家山南路 5 号原为公司注册地址及实际办公场所，承载了总部办公及部分生产职能。

由于上述土地、房屋的占地面积相对较小，无法满足公司持续扩大的生产经营需求。公司于 2010 年购买了东湖新技术开发区光谷八路 98 号的土地使用权，并规划用于建设九龙酶制剂生产基地。其中，一期工程于 2016 年 10 月竣工，二期工程于分立时正在建设，且仍余有部分土地可用于后续产能扩建。九龙酶制剂生产基地为公司酶制剂的主要生产基地，已能充分满足当时的生产需求，位于武汉市东湖开发区凌家山南路 5 号的产能因此逐步停产。

同时，为便于管理，公司于 2019 年 5 月将总部办公场所搬迁至九龙酶制剂生产基地附近的“武汉市东湖新技术开发区高新大道 888 号”，位于武汉市东湖开发区凌家山南路 5 号的土地和房屋成为闲置资产。

2. 四川山野。四川山野位于四川省资阳市，主要生产、销售糖化酶、淀粉酶、蛋白酶等酶制剂产品。分立前，因四川省推行煤改气政策，但当地的天然气供应得不到充分保障，严重制约了四川山野的发展。同时，四川山野生产的主要产品糖化酶毛利率较低，公司拟逐步放弃糖化酶业务。鉴于上述原因，四川山野于 2018 年逐步停产，并将主要生产设备转移至公司其他生产基地。本次分立前，四川山野土地、房产处于闲置状态。

3. 江西酵素。江西酵素最初主要从事纺织用酶制剂的生产及销售。为实现集约化生产管理，公司将纺织用酶制剂逐步转移至九龙酶制剂生产基地进行生产。同时，分立前，因江西省推行煤改气政策，但当地的天然气供应得不到充分保障，严重制约了江西酵素的发展。鉴于上述原因，江西酵素于 2018 年逐步停产。本次分立前，江西酵素土地、房产处于闲置状态。

（三）分立方案

1. 分立方式

以天健会计师湖北分所出具的“天健鄂审〔2019〕140 号”《审计报告》确认的新华扬截至 2018 年 12 月 31 日的审计数据为基础，公司实施存续分立，即分立为武汉新华扬生物股份有限公司（存续公司）和武汉嘉宏管理咨询有限公司（新设公司）。

公司剥离的资产主要包括自身拥有的位于武汉市东湖开发区凌家山南路 5 号的土地和房屋、子公司四川山野 100% 股权及其拥有的位于四川省资阳市安岳县工业园区的土地和房屋、子公司江西酵素 100% 股权及其拥有的位于江西省抚州市金溪县的土地和房屋，以及运营管理上述资产所必需的部分流动资金。

本次分立前，新华扬的股权架构见图 18 - 1。

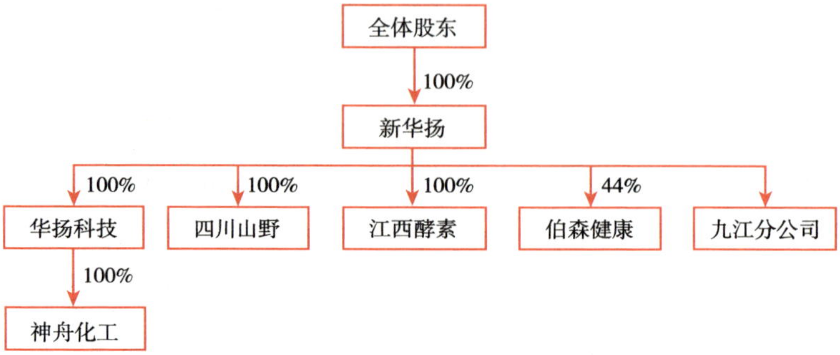

图 18－1　新华扬分立前的股权架构

本次分立后，存续公司及新设公司的股权架构见图 18－2。

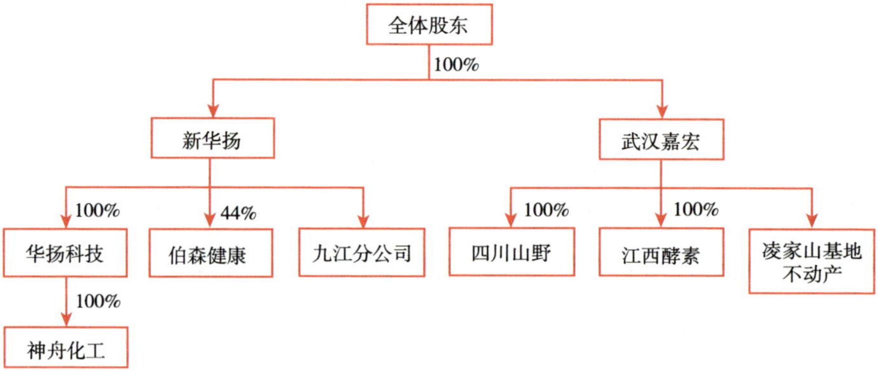

图 18－2　新华扬分立后的股权架构

2. 分立原则

公司继续从事生物酶制剂、微生态制剂等系列产品的研发、生产和销售业务，闲置土地和房屋的管理由分立后派生的武汉嘉宏承继经营。同时，为保证与公司相关的业务和资产保留在体内，分立前，江西酵素将拟经营酵素业务的子公司伯森健康股权转让至公司，并将酵素相关固定资产转让至伯森健康：（1）2019 年 4 月，江西酵素按实缴出资金额 1 320.00 万元向公司转让持有的伯森健康 44% 股权；（2）2019 年 4 月，江西酵素按 194.36 万元的价格（账面净值 188.70 万元，税款 5.66 万元）向伯森健康转让酵素生产相关的有效生产设备。

3. 分立后两家公司的注册资本及股权结构

分立后两家公司的注册资本及股权结构如表 18－4 所示。

表18－4　　分立后两家公司的注册资本及股权结构

公司名称	注册资本（分立前）	注册资本（分立后）	各股东持股比例（分立后）
武汉新华扬生物股份有限公司	6 000万元	5 000万元	与分立前新华扬的股东结构及持股比例相同
武汉嘉宏管理咨询有限公司	—	1 000万元	与分立前新华扬的股东结构及持股比例相同

4. 分立后财产及债权债务分割

分立后，原新华扬全部资产与负债事项由分立后的两家公司共同承继。其中，武汉嘉宏所承继的资产及债权债务的具体情况见表18－5。

表18－5　　武汉嘉宏所承继的资产及债权债务的具体情况　　单位：万元

科目	武汉嘉宏承继金额
货币资金	178.25
长期股权投资	4 904.20
固定资产	1 273.32
无形资产	400.27
资产合计	6 756.04
应付职工薪酬	4.88
负债合计	4.88
实收资本	1 000.00
资本公积	5 751.16
所有者权益合计	6 751.16
负债和所有者权益合计	6 756.04

5. 职工安置

分立前，公司共有在岗职工307名。分立后，与资产管理业务相关的4名职工由新设的武汉嘉宏接收并与之签订新的劳动合同，其余303名职工由公司继续雇用。

6. 过渡期损益安排

过渡期是指始于分立协议签署之日、止于分立资产权属交割等分立程序全部完成之日的期间。根据双方签署的分立协议，过渡期内，分立资产因日常经营行为、第三方行为、政府行为而产生的全部损益（增加的成本、获得的收益），包括但不限于经营过程中产生的损失/收益、对外出售（如有）产生的处置损失/收益、政府征收补偿等，仍由公司承担或享有。

（四）决策及实施情况

公司本次分立已按照有关法律、法规、规范性文件及《公司章程》的要求，履行了相应的程序，本次分立合法、有效。

（五）税务处理情况

2020 年 4 月 16 日，国家税务总局武汉东湖新技术开发区税务局对公司报送的“企业重组所得税特殊性税务处理报告表”出具了同意意见。

二、案例简评

在本次分立中，被分立企业新华扬涉及增值税、土地增值税、印花税及企业所得税；分立企业武汉嘉宏涉及印花税及契税；被分立企业新华扬的股东涉及企业所得税或个人所得税。虽然招股说明书并未披露企业所得税以外其他税种的税务处理，但可以推断，本次分立应该很好地利用了企业重组中的各项税收政策。

（一）分立中各个税种的税务处理

1. 增值税

《国家税务总局关于纳税人资产重组有关增值税问题的公告》（国家税务总局公告 2011 年第 13 号）规定，“纳税人在资产重组过程中，通过合并、分立、出售、置换等方式，将全部或者部分实物资产以及与其相关联的债权、负债和劳动力一并转让给其他单位和个人，不属于增值税的征税范围，其中涉及的货物转让，不征收增值税”。

《财政部 国家税务总局关于全面推开营业税改征增值税试点的通知》（财税〔2016〕36 号）附件 2“营业税改征增值税试点有关事项的规定”第一条

规定，“（二）不征收增值税项目。5. 在资产重组过程中，通过合并、分立、出售、置换等方式，将全部或者部分实物资产以及与其相关联的债权、负债和劳动力一并转让给其他单位和个人，其中涉及的不动产、土地使用权转让行为”。

在本次分立中，该公司称，应付职工薪酬4.88万元由武汉嘉宏承继，与资产管理业务相关的4名职工由新设的武汉嘉宏接收并与之签订新的劳动合同。因此，基本可以判断本次分立属于“实物资产以及与其相关联的债权、负债和劳动力一并转让”，符合增值税不征收的规定。

2. 土地增值税

《财政部 税务总局关于继续实施企业改制重组有关土地增值税政策的通知》（财税〔2018〕57号）第三条规定，“按照法律规定或者合同约定，企业分设为两个或两个以上与原企业投资主体相同的企业，对原企业将房地产转移、变更到分立后的企业，暂不征土地增值税”，且双方均为非房地产开发企业，新华扬将房地产转移到武汉嘉宏，符合暂不征土地增值税的政策规定。

3. 契税

分立时有效的契税文件《财政部 税务总局关于继续支持企业 事业单位改制重组有关契税政策的通知》（财税〔2018〕17号）第四条规定，“公司依照法律规定、合同约定分立为两个或两个以上与原公司投资主体相同的公司，对分立后公司承受原公司土地、房屋权属，免征契税”。因此，武汉嘉宏承受新华扬的土地、房屋权属，符合免征契税的政策规定。

4. 企业所得税

《财政部 国家税务总局关于企业重组业务企业所得税处理若干问题的通知》（财税〔2009〕59号）第六条规定，“被分立企业所有股东按原持股比例取得分立企业的股权，分立企业和被分立企业均不改变原来的实质经营活动，且被分立企业股东在该企业分立发生时取得的股权支付金额不低于其交易支付总额的85%，可以选择特殊性税务处理”。分立后的两家公司与分立前新华扬的股东结构及持股比例相同，且全部为股权支付，本次分立可以适用特殊性税务处理，即新华扬不确认相关资产的转让所得，武汉嘉宏取得相关资产的计税基础以原计税基础确定；新华扬的法人股东高农集团及新华扬投资取得武汉嘉宏的股权（以下简称“新股”），如须部分或全部放弃原持有的新华扬股权（以下简称“旧股”），“新股”的计税基础应以放弃“旧股”的计税基础确定。如不须放弃“旧股”，则其取得“新股”的计税基础可从以下两种方法中选择确定：直接将“新股”的计税基础确定为零；或者以新华扬分立出去的净资产占新华扬全部净资产的比例先调减原持有的“旧股”的计税基础，再将调减的计税基础平均分配到“新股”上。

（二）分立中自然人股东的税务处理

在本次分立中，新华扬的 32 名股东中有 2 名法人股东，3 名合伙企业股东及 27 名自然人股东，该招股说明书并未披露分立中自然人股东及合伙企业股东的税务处理。

目前，我国税法对自然人股东参与企业重组并无特别规定。对于合并、分立中自然人股东的税务处理问题，有专家认为，在全部为股权支付的合并、分立中，自然人股东不产生个人所得，不涉及个人所得税问题。实务中，各地理解不一，执行口径较多，有的按股权转让处理，有的按非货币性资产交换处理，也有按非货币性资产投资来处理。

笔者认为，在分立中，被分立企业自然人股东的税务处理定性应当为：自然人股东以现金或股权的形式收回被分立企业的投资，根据《国家税务总局关于个人终止投资经营收回款项征收个人所得税问题的公告》（国家税务总局公告 2011 年第 41 号），应按照“财产转让所得”项目适用的规定计算缴纳个人所得税。自然人股东新取得分立企业的股权应按公允价值确定其投资成本。企业重组时，无论各方选择一般性税务处理还是特殊性税务处理，在现行规定下，自然人股东均须计算缴纳个人所得税。但一些地区对分立中自然人股东新取得股权的行为，视为股权置换，允许适用非货币性资产投资，分期缴纳个人所得税。

（三）分立中合伙企业股东的税务处理

虽然财税〔2009〕59 号对企业重组的主体没用“公司”，用的是“企业”，但对合伙企业而言，由于合伙企业并不是企业所得税纳税人，不能适用

59 号文，因此，目前企业重组中的特殊性税务处理政策对合伙企业并不适用。因此，在企业重组中涉及合伙企业的，应视为合伙企业按公允价值收回投资，投资所得或损失应该并入经营所得，再按照“先分后税”的规定，自然人合伙人计算缴纳个人所得税，法人合伙人计算缴纳企业所得税。

三、政策建议

在全部采用股权支付的合并、分立时，相关股东并没有取得现金收入，缺乏纳税必要资金，目前的税收政策对企业股东有特殊性税务处理的待遇，但对自然人股东及合伙企业股东并没有类似的税收政策，造成其须另行筹资缴税。

一些地区对自然人股东比照法人股东适用特殊性税务处理，虽然具有一定的合理性，但在目前的税收规则下，并不合法。笔者建议有关部门尽早出台相关措施，鼓励企业兼并重组，避免因为税收成本阻碍企业的重组行为。同时，笔者提醒纳税人注意，当合并、分立中涉及自然人股东时，应加强与税务机关沟通，了解当地的执行口径，避免税收风险。

案例19

上市公司控股股东分立，股票过户需要缴纳增值税吗？

企业重组中，除了货物、不动产、土地使用权，往往还会涉及金融商品及土地使用权以外无形资产的转移。目前政策对不征收增值税的范围仅列举了货物、不动产及土地使用权，对其余部分是否也属于不征收增值税的范围并不明确。本案中，A上市公司股东在分立时将部分A上市公司的股票过户到新设公司，是否需要按照金融商品转让缴纳增值税？本部分从政策原理及历史延续方面进行了分析。

一、基本情况

2020年7月，A上市公司发布公告称，公司收到控股股东通知，为进一步深化国有企业改革，控股股东甲集团拟进行存续分立。在本次分立中，A上市公司的股东甲集团分立成为甲集团（存续公司）和新设公司。甲集团原持有A上市公司44.80%的股权，在分立过程中，甲集团将其持有的部分A公司股票过户到新设公司，占A上市公司22.85%的股权。分立后，甲集团持有A上市公司21.95%的股权，新设公司持有A上市公司22.85%的股权（见图19－1）。

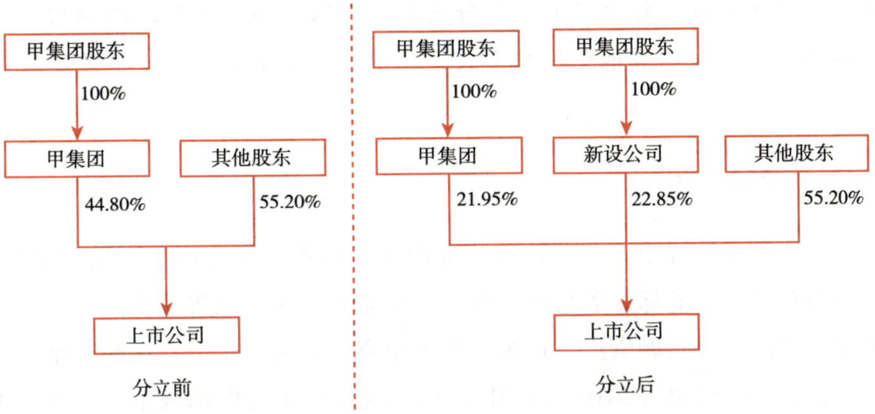

图 19－1　甲集团分立前后的股权架构图

2021 年 1 月，A 上市公司发布公告称，公司收到股东提供的中国证券登记结算有限责任公司出具的《证券过户登记确认书》，本次存续分立的相关股份过户和登记手续已在中国证券登记结算有限责任公司办理完毕。那么，当甲集团将其持有的 A 上市公司 22.85% 的股权过户给新设公司时，增值税该如何处理？

二、政策分析

（一）政策规定

现行税收政策中，关于企业重组增值税政策规定主要有以下两个文件。

《国家税务总局关于纳税人资产重组有关增值税问题的公告》（国家税务总局公告 2011 年第 13 号，以下简称“13 号公告”）规定，“纳税人在资产重组过程中，通过合并、分立、出售、置换等方式，将全部或者部分实物资产以及与其相关联的债权、负债和劳动力一并转让给其他单位和个人，不属于增值税的征税范围，其中涉及的货物转让，不征收增值税。”

《财政部 国家税务总局关于全面推开营业税改征增值税试点的通知》（财税〔2016〕36 号）附件 2 “营业税改征增值税试点有关事项的规定” 中关于不征收增值税项目作出规定，“在资产重组过程中，通过合并、分立、出售、置换等方式，将全部或者部分实物资产以及与其相关联的债权、负债和劳动力一并转让给其他单位和个人，其中涉及的不动产、土地使用权转让行为”。

（二）争议焦点

在企业重组过程中，需要转移的资产除了货物、不动产和土地使用权外，可能还会有技术、商标、著作权、商誉、探矿权、采矿权等无形资产，也可能有上市公司股票等金融资产。作为企业重组资产包的一部分，这些在企业重组中经常存在。但财税〔2016〕36 号文件和 13 号公告仅明确规定了货物、不动产和土地使用权转让不征增值税，对其他无形资产和金融资产的转让是否征收增值税，现行政策没有明确规定，因此在实际征管中常存有争议。

有观点认为，由于相关文件以列举的形式对企业重组中的货物、不动产、土地使用权转移行为明确不征收增值税，因此，纳税人将除货物、不动产、土地使用权以外的资产转移，都需要缴纳增值税，甚至包括未到期的理财产品。例如，2020 年 8 月 7 日，某省税务局在官方网站针对纳税人咨询在资产重组中，涉及无形资产转让是否可以不征收增值税的问题，该省税务局答复道，财税〔2016〕36 号文只是明确规定了资产重组中，符合不征收增值税条件的只有不动产、土地使用权，无形资产不在列举范围内，需要缴纳增值税。

那么，企业分立过程中的股票过户能否适用《财政部 税务总局关于明确无偿转让股票等增值税政策的公告》（财政部、税务总局公告 2020 年第 40 号，以下简称“40 号公告”）规定的股票无偿转让政策，即“纳税人无偿转让股票时，转出方以该股票的买入价为卖出价，按照‘金融商品转让’计算缴纳增值税”呢？笔者认为，虽然目前 40 号公告并未对“纳税人无偿转让股票”行为进行定义，但在企业分立中，被分立企业将股票过户到新设公司，取得了新设公司的股权，属于有偿转让股票的行为，并非无偿转让股票，因此也不能适用 40 号公告的股票无偿转让政策。

（三）原理分析

从政策原理分析，我国增值税不征税政策借鉴了 TOGC 规则（Transfer of a

business as a going concern)①，即“持续经营前提下的业务转让”。TOGC 规则要点有：

（1）在“经营连续性”原则下，转让方转让的资产必须具有投入、加工处理过程和产出能力，能够独立计算其成本费用和所产生的投入；

（2）是生产性资产或资产组，而不能仅仅是存货等消耗性资产；

（3）转让的资产在转让前和转让后都必须处于实际运营状态；

（4）受让方在购买资产后必须使用这些资产继续从事与转让方原来从事的类似的经营业务；

（5）不能因为纳税人身份问题而使得国家的税收利益受到损失。

从 TOGC 规则分析，对符合“持续经营前提下的业务转让”行为，不论是货物、不动产和土地使用权，还是其他无形资产及金融商品，都是企业资产组的组成部分，均应该不征收增值税；而且，由于企业整体资产的价值并不等于企业单项资产价值的简单相加，如对单个资产征税，如何定价也是问题。

（四）历史分析

从政策的历史延续性看，国家税务总局曾经在一些废止的文件中对打包资产转让不征收增值税（营业税）的机理进行了诠释，可以看出，以往政策更多强调的是企业的产权转移。

《国家税务总局关于转让企业全部产权不征收增值税问题的批复》（国税函〔2002〕420 号，已废止）规定，“根据《中华人民共和国增值税暂行条例》及其实施细则的规定，增值税的征收范围为销售货物或者提供加工、修理修配劳务以及进口货物。转让企业全部产权是整体转让企业资产、债权、债务及劳动力的行为，因此，转让企业全部产权涉及的应税货物的转让，不属于增值税的征税范围，不征收增值税”。《国家税务总局关于转让企业产权不征收营业税问题的批复》（国税函〔2002〕165 号，已废止）规定，“根据《中华人民共和国营业税暂行条例》及其实施细则的规定，营业税的征收范围为有偿提

① 赵国庆，温彩霞．借鉴英国增值税“TOGC”规则，完善我国资产重组增值税［J］．税务研究，2012（12）．

供应税劳务、转让无形资产或者销售不动产的行为。转让企业产权是整体转让企业资产、债权、债务及劳动力的行为，其转让价格不仅仅是由资产价值决定的，与企业销售不动产，转让无形资产的行为完全不同。因此，转让企业产权的行为不属于营业税征收范围，不应征收营业税”。

从以上两个历史文件来看，其核心是强调打包资产转让的特殊性：第一是转让对象的整体性，包含资产、债权、债务及劳动力，实际是对“业务”的转让，而非单纯资产的转让；第二是价格决定的特殊性，价格不是由单项资产决定。如果以此为判定依据，打包资产转让涉及的金融商品转让、非土地使用权无形资产转让也都符合这一特性，理应不征收增值税①。

此外，《国家税务总局关于中国电信集团公司及所属网络分公司资产重组有关增值税 营业税问题的通知》（税总函〔2013〕124 号）就中国电信集团公司（以下简称“集团公司”）总部及所属 30 省网络资产分公司（以下简称“网分公司”）向中国电信股份有限公司（以下简称“股份公司”）转让 CDMA 网络资产有关增值税和营业税问题曾明确，“根据《国家税务总局关于纳税人资产重组有关增值税问题的公告》（国家税务总局公告 2011 年第 13 号）和《国家税务总局关于纳税人资产重组有关营业税问题的公告》（国家税务总局公告 2011 年第 51 号）的有关规定，集团公司总部及所属 30 省网分公司将与 CDMA 网络相关实物资产以及与之相关联的债权、债务和劳动力一并转让给股份公司的行为，不属于增值税和营业税的征税范围，其中涉及的货物转让，不征收增值税；其中涉及的不动产和土地使用权等无形资产的转让，不征收营业税。”此段描述并未将无形资产排除在不征收增值税政策之外。

综上所述，笔者认为，只要其他条件满足，对于企业重组中的股票转让行为，也应该给予同其他资产相同的税收政策，即不征收增值税。

三、政策建议

近年来，上市公司控股股东合并、分立事项时有发生，涉及股票过户的案例较多。另外在企业重组中，也时常有无形资产的转让行为，例如，2021 年 8

① 此处引用了“中国财税浪子”王骏先生在授课中的观点。

月 27 日，某上市公司发布《关于全资子公司向公司划转资产的公告》称，公司全资子公司拟将部分药品批件、专利技术及商标等资产无偿划转至公司。对以上股票、无形资产等是否需要缴纳增值税，各地执行口径不一，税企争议时有发生。建议有关部门尽快明确此问题，完善我国企业重组中增值税政策，以避免税企争议，增加企业重组中税务事项的确定性。

案例 20
上市公司债务重组的特殊性税务处理案例

债务重组适用特殊性税务处理的公开案例并不多见。现行税法关于债务重组的一些规定还不够合理，其中涉及的一些问题还存有争议。本部分介绍了某上市公司债务重组收益适用了特殊性税务处理的案例，并就债务重组特殊性税务处理的适用条件进行了讨论。

一、基本情况

A 上市公司在 2019 年年度报告公司中披露，营业外收入——债务重组利得本期共计发生 116 286 万元。

审计师表示，“2019 年度，公司确认债务重组利得 1 162 863 194. 94 元，确认债务重组损失 712 368 685. 04 元，对利润总额影响重大，债务重组收益和损失的确认依据是否充分，数据是否正确，对本期财务报表影响重大，因此我们将债务重组收益和损失的确认识别为关键审计事项”。

在其 2019 年度财务决算报告中，该公司说明：“应付账款期末余额 2 317. 09 万元，较上年末减少 570 817. 03 万元，降幅 99. 60%，主要系：……②上市公司因进入破产重整，按照重整计划经公司管理人确认债权后，公司将按照 12% 清偿的部分转入其他应付款核算，剩余 88% 部分确认债务重组收益计入营业外收入。本报告期末应付账款余额主要为子公司应付账款。”“递延所得税负债期末余额为 3 037.80 万元，较上年末增加 3 037.80 万元，主要系按照税法相关规定‘企业债务重组确认的应纳税所得额占该企业当年应纳税所得额 50% 以上，可以在 5 个纳税年度的期间内，均匀计入各年度的应纳税所得额’，公司因执行重整计划形成债务重组收益的应纳税所得额已达到上述要求，符合特殊性税务处理的条件，形成应纳税暂时性差异，因此确认递延所得税负债 3 037.80 万元。”

二、税务处理分析

（一）相关规定

《财政部 国家税务总局关于企业重组业务企业所得税处理若干问题的通知》（财税〔2009〕59 号）第一条第（二）项规定，“债务重组，是指在债务人发生财务困难的情况下，债权人按照其与债务人达成的书面协议或者法院裁定书，就其债务人的债务作出让步的事项”。

债务重组中的税收问题主要有：债务人的债务重组所得如何处理；债权人的债务重组损失如何处理；债权人取得相关资产的，其计税基础如何确定等。税法分一般性税务处理与特殊性税务处理分别予以规定。

财税〔2009〕59 号规定，企业债务重组适用一般性税务处理时，相关交易应按以下规定处理：（1）以非货币资产清偿债务，应当分解为转让相关非货币性资产、按非货币性资产公允价值清偿债务两项业务，确认相关资产的所得或损失。（2）发生债权转股权的，应当分解为债务清偿和股权投资两项业务，确认有关债务清偿所得或损失。（3）债务人应当按照支付的债务清偿额低于债务计税基础的差额，确认债务重组所得；债权人应当按照收到的债务清偿额低于债权计税基础的差额，确认债务重组损失。（4）债务人的相关所得税纳税事项原则上保持不变。

财税〔2009〕59 号规定，企业债务重组适用特殊性税务处理时，交易各方对其交易中的股权支付部分，可以按以下规定进行特殊性税务处理：企业债务重组确认的应纳税所得额占该企业当年应纳税所得额 50% 以上，可以在 5

个纳税年度的期间内，均匀计入各年度的应纳税所得额。企业发生债权转股权业务，对债务清偿和股权投资两项业务暂不确认有关债务清偿所得或损失，股权投资的计税基础以原债权的计税基础确定。企业的其他相关所得税事项保持不变。

（二）本案的税务处理

A上市公司由于破产重整，债权人豁免部分债务，公司将豁免的部分计入营业外收入——债务重组利得，由于该部分确认的应纳税所得额占当年应纳税所得额50%以上，公司适用了特殊性税务处理。

在特殊性税务处理时，公司对债务重组确认的应纳税所得额可以在5个纳税年度内，均匀计入各年度的应纳税所得额，在弥补亏损后计算缴纳企业所得税。由于该公司未披露更详细的信息，相关数据的逻辑关系表述得并不清晰。

假设A公司2019年度应纳税所得额为50 000万元，其中：债务重组确认的应纳税所得额40 000万元，其他部分的应纳税所得额10 000万元。此时，债务重组确认的应纳税所得额占企业当年应纳税所得额的比例为40 000÷50 000=80%，大于50%。A公司可以选择特殊性税务处理，对债务重组确认的应纳税所得额40 000万元可以分5个纳税年度，均匀计入各年度的应纳税所得额，即2019—2023年每年对债务重组部分计入应纳税所得额40 000÷5=8 000（万元）。计入后，2019年应纳税所得额为8 000+10 000=18 000（万元）。

三、债务重组特殊性税务处理的适用条件

《财政部 国家税务总局关于企业重组业务企业所得税处理若干问题的通知》（财税〔2009〕59号）第六条规定，“企业重组符合本通知第五条规定条件的，交易各方对其交易中的股权支付部分，可以按以下规定进行特殊性税务处理……”。因此，实务中有部分人士认为，债务重组适用特殊性税务处理的部分仅为股权支付部分对应的所得。

笔者并不赞同该观点。债务重组的方式有债权转股权、非货币性资产清偿债务、债务豁免以及修改其他债务偿还条件等。一般情况下，除了债权转股权

外，在其他债务重组方式中都不会发生股权支付，如将适用特殊性税务处理的部分限定于股权支付部分对应的所得，将大大缩小税法对债务重组鼓励的范围，并非税法的立法本意。本案例是 A 上市公司在破产重组中债权人对其进行的债务豁免，并不会发生股权支付，如果该债务豁免不能适用特殊性税务处理，A 上市公司将需要在当期缴纳巨额企业所得税，其破产重整进程势必会受到极大影响。

另外，从《国家税务总局关于企业重组业务企业所得税征收管理若干问题的公告》（国家税务总局公告 2015 年第 48 号）附件填表说明也可以看出政策的本意。“企业重组所得税特殊性税务处理报告表”填表说明为：“2. ‘特殊性税务处理条件’，债务重组中重组所得超 50% 的，只需填写条件（一）；债转股的，只需填写条件（一）和（五）。”条件（一）是“具有合理的商业目的，且不以减少、免除或者推迟缴纳税款为主要目的”，条件（五）是“企业重组中取得股权支付的原主要股东，在重组后连续 12 个月内，不得转让所取得的股权”。由此可见，债务重组特殊性税务处理的适用条件只有两个，并不要求必须对应股权支付部分。

笔者根据以上填表说明及财税〔2009〕59 号文，对债务重组适用特殊性税务处理的条件进行总结（见图 20 - 1）。

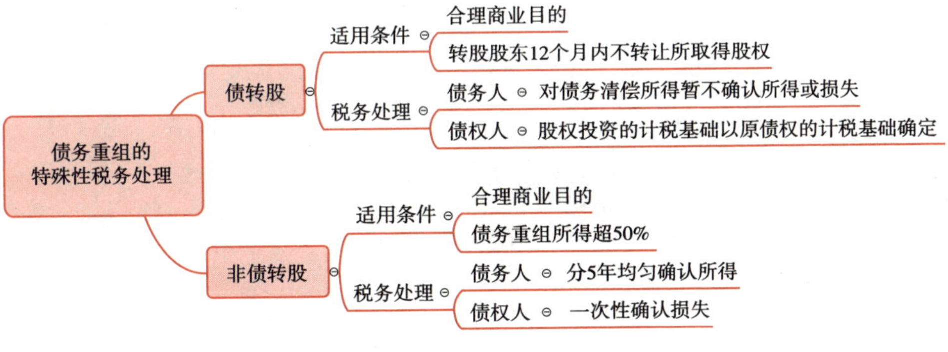

图 20 - 1　债务重组适用特殊性税务处理的条件

从公开案例看，也有税务机关认可债务重组适用特殊性税务处理的部分并不是必须对应股权支付部分。例如，大晟时代文化投资股份有限公司（原宝诚投资股份有限公司，股票代码：600892，股票简称：大晟文化）在 2013 年年度报告中披露："递延所得税负债570万元（年初为零），2012年钜盛华豁免公司债务3 800万元，北京市西城区地方税务局批示公司债务重组所得3 800万元可适用特殊税务处理，在2012—2016年5个纳税年度期间内平均分摊，计入应纳税所得额。截至期末，未分摊的应纳税所得额2 280万元，应计算递延所得税负债570万元。"

笔者建议相关企业在遇到此类问题时，积极与主管税务机关沟通，争取适用特殊性税务处理。

案例 21 不同重组政策下各个税种的税务处理——以 YKG 资产重组为例

近年来，上市公司不断出现换股吸收合并案例。典型的换股吸收合并路径是：A 公司吸收合并已经上市的 B 公司，A 作为存续公司用新发行或新增发的股票作为对价支付给 B 公司的原股东，来换取其持有的 B 公司股票，然后 B 公司退市，B 公司的所有资产和负债由 A 公司承接。在 B 公司将所有资产和负债装入 A 公司的过程中，会有不同的处理方式。本部分以 DLG 换股吸收合并 YKG 时，YKG 的资产重组为例，分析说明纳税人同时符合多项税收政策时，不同并购重组税收政策下各个税种的处理问题。

一、案例介绍

（一）资产重组情况概述

2021 年 1 月 7 日，DLG 发布了《DLG 股份有限公司换股吸收合并 YKG 股份有限公司并募集配套资金暨关联交易报告书》，DLG 拟以发行 A 股方式换股吸收合并 YKG，即 DLG 向 YKG 的所有换股股东发行 A 股股票，交换该等股东所持有的 YKG 股票。本次换股吸收合并完成后，YKG 将终止上市并注销法人资格，DLG 或其全资子公司将承继及承接 YKG 的全部资产、负债、业务、人员、合同及其他一切权利与义务。

为了推进本次换股吸收合并项目的顺利进行，YKG 于 2021 年 1 月 5 日以自有资金认缴出资 10 万元，在某市对外投资设立全资子公司××有限公司（以下简称“甲公司”），YKG 持有甲公司 100% 股权，用于承继及承接公司的全部资产、负债、业务、人员、合同等权利义务。本次换股吸收合并完成后，甲公司将作为 DLG 的全资子公司。

YKG 把截至 2020 年 12 月 31 日时 YKG 母公司层面所拥有的全部资产、负债、业务、人员、合同及其他一切权利和义务出售给甲公司，以换取甲公司 100% 的股权（即以净资产对甲公司进行增资，以下简称“本次资产重组暨增资”）。在本次投资中，YKG 母公司层面全部资产、负债的计税基础均以原计税基础确定，本次交易 YKG 与甲公司一致同意选择适用特殊性税务重组。

本次资产重组暨增资完成后，甲公司的注册资本由 10 万元增加至 1 000 000.00 万元。YKG 出资完成后，甲公司净资产额超过注册资本部分计入资本公积金，YKG 仍持有甲公司 100% 的股权。

本次资产重组暨增资完成后，YKG 所有资产的所有权（包括但不限于所有物业、海域、商标、专利、特许经营权、在建工程等资产）和与之相关的权利、利益、负债和义务，均由甲公司享有和承担。YKG 所有的分公司归属于甲公司，并变更登记为甲公司的分公司；YKG 所持子公司股权归属于甲公司，并变更登记为甲公司的子公司。YKG 所有未予偿还的债务在本次增资完成后将由甲公司承继。YKG 在其签署的一切有效的合同/协议下的权利、义务及权益的合同主体变更为甲公司。YKG 的全体在册员工将由甲公司全部接收并与甲公司签订劳动合同。YKG 作为其现有员工的雇主的全部权利和义务将由甲公司享有和承担（见图 21－1）。

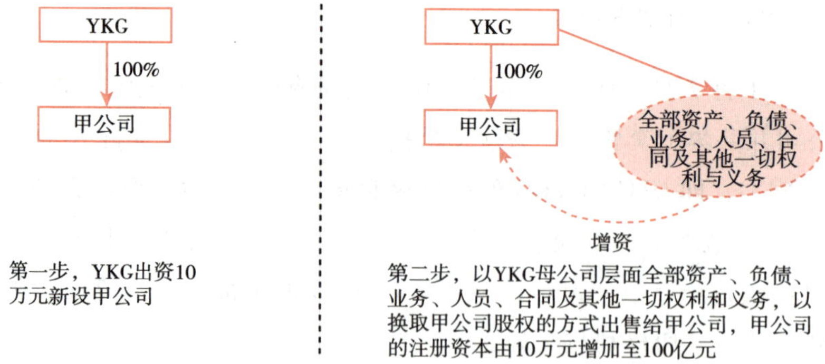

图 21－1　YKG 资产重组的变动情况

（二）换股吸收合并（见图21－2）

1. 换股吸收合并双方

本次换股吸收合并的合并方为DLG，被合并方为YKG。

2. 换股发行股份的种类及面值

DLG本次换股吸收合并发行的股份种类为境内上市人民币普通股（A股），每股面值为1.00元。

3. 换股对象及合并实施股权登记日

本次换股吸收合并的发行对象为合并实施股权登记日收市后登记在册的YKG全体股东，即于合并实施股权登记日，未申报、部分申报、无权申报或无效申报行使现金选择权的YKG股东持有的YKG股票，以及现金选择权提供方因提供现金选择权而持有的YKG股票，将全部按照换股比例转换为DLG因本次换股吸收合并发行的A股股票。

合并双方董事会将在本次交易获得中国证监会核准后，另行公告合并实施股权登记日。

4. 定价依据、换股价格及换股比例

根据《重组管理办法》第四十五条规定，上市公司发行股份的价格不得低于市场参考价的90%。市场参考价为本次发行股份购买资产的董事会决议公告日前20个交易日、60个交易日或者120个交易日的公司股票交易均价之一。定价基准日前若干个交易日公司股票交易均价＝定价基准日前若干个交易日公司股票交易总额/定价基准日前若干个交易日公司股票交易总量。换股吸收合并涉及上市公司的，上市公司的股份定价及发行按照前述规定执行。

在本次换股吸收合并中，DLG换股价格为定价基准日前20个交易日的A股股票交易均价，即1.71元/股，若DLG自定价基准日起至换股实施日（包括首尾两日）发生派送现金股利、股票股利、资本公积转增股本、配股等除权除息事项，则上述换股价格将作相应调整。YKG换股价格以定价基准日前20个交易日的股票交易均价为基础，并在此基础上给予20%的溢价率确定，即2.59元/股；若YKG自定价基准日起至换股实施日（包括首尾两日）发生派送现金股利、股票股利、资本公积转增股本、配股等除权除息事项，则上述

换股价格将作相应调整。

每 1 股 YKG 股票可以换得 DLG 的 A 股股票数 = YKG 的换股价格/DLG 的 A 股换股价格（计算结果按四舍五入保留四位小数）。根据上述公式，YKG 与 DLG 的换股比例为 1∶1.5146，即每 1 股 YKG 股票可以换得 1.5146 股 DLG 的 A 股股票。

5. 换股发行股份的数量

截至本报告书签署日，DLG 的 A 股股票为 7 735 820 000 股，H 股股票为 5 158 715 999 股，参与本次换股的 YKG 股票为 6 472 983 003 股。参照本次换股比例 1∶1.5146 计算，DLG 为本次换股吸收合并发行的 A 股股份数量合计为 9 803 980 057 股。

若合并双方任何一方自定价基准日起至换股实施日（包括首尾两日）发生派送现金股利、股票股利、资本公积转增股本、配股等除权除息事项，则上述换股发行的股份数量将作相应调整。截至本报告书签署日，合并双方 2019 年度利润分配方案已实施完毕，上述换股发行的股份数量相应调整，调整后的换股发行的股份数量为 9 728 893 454 股。

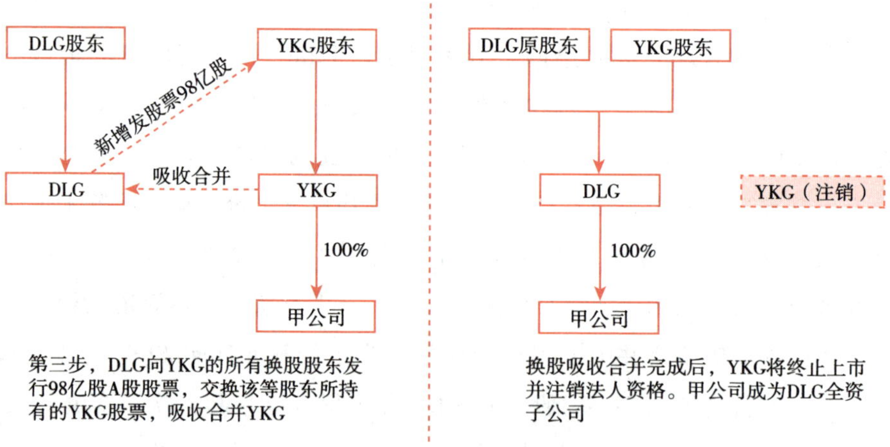

图 21-2 换股吸收合并的过程

（三）资产重组时 YKG 的资产情况

截至 2020 年 6 月 30 日，YKG 纳入合并报表范围内的子公司 2 家，参股子公司4家、分支机构9家。

截至2020年6月30日，YKG财务数据如下：资产总计1 498 159.42万元，负债总计176 677.14万元，所有者权益1 321 482.28万元，归属于母公司股东权益合计1 266 332.36万元。

截至2020年6月30日，YKG及其子公司拥有的主要固定资产情况见表21－1。

表21－1　YKG及其子公司的固定资产情况　单位：万元

项目	账面原值	累计折旧	减值准备	净额
房屋建筑物	347 519.21	171 433.75	—	176 085.45
港口及码头设施	807 235.27	241 370.73	—	565 864.54
汽车及船舶	17 512.70	14 778.70	—	2 734.00
机器设备、家具、器具及其他设备	520 344.36	347 582.18	—	172 762.18

截至2020年6月30日，YKG及其子公司拥有的主要无形资产情况见表21－2。

表21－2　YKG及其子公司的无形资产情况　单位：万元

项目	账面原值	累计折旧	减值准备	净额
土地使用权	131 148.77	31 695.78	—	99 452.99
软件及其他	4 161.65	3 039.10	—	1 122.55

二、不同政策下各个税种的税务处理

下面，我们分析YKG将母公司层面所拥有的全部资产、负债、业务、人员、合同及其他一切权利和义务出售给甲公司时的税务处理。

YKG净资产126亿元，资产价值较大且含有房屋建筑物，当其将全部资产和负债等装入甲公司时，会涉及增值税、土地增值税、印花税、企业所得税及契税。相关资料称，“本次交易YKG与甲公司一致同意选择适用特殊性重组”，但并未明确说明企业所得税属于哪一种类型的特殊性税务处理。如果一项经济行为同时符合不同的税收政策、可以选择不同的税收工具时，纳税人可以对比择优进行税务处理。不同政策下各个税种的税务处理如下。

（一）非货币性资产投资

非货币性资产，指货币性资产以外的资产，包括存货、固定资产、无形资产、股权投资，以及不准备持有至到期的债券投资等。非货币性资产投资是投资方以非货币性资产换取被投资企业的股权，属于非货币资产交换的一种。《企业会计准则第7号——非货币性资产交换》规范了非货币性资产交换的确认、计量和相关信息的披露。企业以非货币性资产进行投资，投资方会涉及增值税、土地增值税、印花税及企业所得税，被投资方会涉及印花税及契税。

1. 增值税

YKG将母公司层面全部资产、负债、业务、人员、合同及其他一切权利和义务，以换取甲公司股权的方式出售给甲公司，符合《国家税务总局关于纳税人资产重组有关增值税问题的公告》（国家税务总局公告2011年第13号）及《财政部 国家税务总局关于全面推开营业税改征增值税试点的通知》（财税〔2016〕36号）附件2“营业税改征增值税试点有关事项的规定”，不属于增值税的征税范围，对其中涉及的货物、不动产、土地使用权转让行为，不征收增值税。

2. 土地增值税

《财政部 国家税务总局关于继续实施企业改制重组有关土地增值税政策的公告》（财政部 税务总局公告2021年第21号）第四条规定，“单位、个人在改制重组时以房地产作价入股进行投资，对其将房地产转移、变更到被投资的企业，暂不征土地增值税”。如果当地税务机关认可该投资属于“单位、个人在改制重组时以房地产作价入股进行投资”，则可以适用此规定。

3. 印花税

非货币性资产投资协议不属于印花税的征税对象，无须缴纳印花税，但由于所投资资产中含有房屋建筑物，会涉及房屋建筑物权属的变更，因此，YKG及甲公司需要按照产权转移书据缴纳0.05%的印花税。

同时，甲公司还须对注册资金及资本公积增加的部分缴纳0.05%印花税。根据《财政部 税务总局关于对营业账簿减免印花税的通知》（财税〔2018〕50号）规定，对按0.05%税率贴花的资金账簿减半征收印花税。

4. 企业所得税

《财政部 国家税务总局关于非货币性资产投资企业所得税政策问题的通知》（财税〔2014〕116 号）第一条规定，居民企业（以下简称“企业”）以非货币性资产对外投资确认的非货币性资产转让所得，可在不超过 5 年期限内，分期均匀计入相应年度的应纳税所得额，按规定计算缴纳企业所得税。因此，YKG 以实物资产投资甲公司时，对所投资资产的转让所得，可以分期确认。第四条规定，企业在对外投资 5 年内转让上述股权或投资收回的，应停止执行递延纳税政策，并就递延期内尚未确认的非货币性资产转让所得，在转让股权或投资收回当年的企业所得税年度汇算清缴时，一次性计算缴纳企业所得税；企业在计算股权转让所得时，可按本通知第三条第一款规定将股权的计税基础一次调整到位。企业在对外投资 5 年内注销的，应停止执行递延纳税政策，并就递延期内尚未确认的非货币性资产转让所得，在注销当年的企业所得税年度汇算清缴时，一次性计算缴纳企业所得税。

5. 契税

在本案例中，甲公司将承受 YKG 的土地、房屋权属，涉及契税。

《财政部 税务总局关于继续执行企业 事业单位改制重组有关契税政策的公告》（财政部 税务总局公告 2021 年第 17 号）第六条第三款规定，“母公司以土地、房屋权属向其全资子公司增资，视同划转，免征契税”。YKG 以实物资产增资甲公司，使其注册资本从 10 万元增加至 100 亿元，属于母公司以土地、房屋权属向其全资子公司增资的情形，符合免征契税规定。

纳税人在适用非货币性资产投资税收政策时，还须注意负债的处理。财税〔2014〕116 号第五条规定，本通知所称非货币性资产，是指现金、银行存款、应收账款、应收票据以及准备持有至到期的债券投资等货币性资产以外的资产。因此，一般认为，在企业所得税适用非货币性资产投资相关政策时，非货币性资产投资仅为实物资产，不包含负债。但适用增值税不征税政策时，必须含有相关负债。

（二）资产划转

资产划转使得资产在不同法律主体之间的权属发生了改变。本案例适用资产划转的税收工具时，划出方为YKG，划入方为甲公司，划转标的为YKG全部资产、负债等。在一般情况下，划转需要视同销售来处理。对于资产划转，划出方涉及的税种有增值税、土地增值税、印花税、企业所得税；划入方涉及的税种有印花税及契税。

1. 增值税

笔者认为，划转也属于企业重组的一种形式，如其他条件符合，划转货物、不动产、土地使用权，也可以适用《国家税务总局关于纳税人资产重组有关增值税问题的公告》（国家税务总局公告2011年第13号）及《财政部 国家税务总局关于全面推开营业税改征增值税试点的通知》（财税〔2016〕36号）附件2“营业税改征增值税试点有关事项的规定”中关于不征收增值税的相关规定。

2. 土地增值税

在企业重组的土地增值税文件《财政部 国家税务总局关于继续实施企业改制重组有关土地增值税政策的公告》（财政部 税务总局公告2021年第21号）中，并不包含“划转”这一类型，无偿划转也不在土地增值税的免税范围之内，反向推定无偿划转需要缴纳土地增值税。因此，无偿划转的资产中如果包含国有土地使用权、地上建筑物及其附着物的，虽然不是有偿转让，但仍需要计算缴纳土地增值税。

但在企业所得税的划转政策中，母公司向全资子公司进行划转，获得子公司100%股权支付的形式，实际是母公司对子公司的非货币性资产投资行为。如果当地税务机关认可，可以适用财政部、税务总局公告2021年第21号第四条的规定，即“单位、个人在改制重组时以房地产作价入股进行投资，对其将房地产转移、变更到被投资的企业，暂不征土地增值税”。

3. 印花税

有偿划转中印花税的处理，同非货币性资产投资。

对无偿划转，当所划转资产中含有房屋建筑物时，会涉及房屋建筑物权属的变更，需要按照产权转移书据缴纳0.05%的印花税，计税依据由主管税务机关核定。

4. 企业所得税

《财政部 国家税务总局关于促进企业重组有关企业所得税处理问题的通

知》（财税〔2014〕109 号）规定，对 100% 直接控制的居民企业之间，以及受同一或相同多家居民企业 100% 直接控制的居民企业之间按账面净值划转股权或资产，凡具有合理商业目的、不以减少、免除或者推迟缴纳税款为主要目的，股权或资产划转后连续 12 个月内不改变被划转股权或资产原来实质性经营活动，且划出方企业和划入方企业均未在会计上确认损益的，可以选择按以下规定进行特殊性税务处理：（1）划出方企业和划入方企业均不确认所得。（2）划入方企业取得被划转股权或资产的计税基础，以被划转股权或资产的原账面净值确定。（3）划入方企业取得的被划转资产，应按其原账面净值计算折旧扣除。

《国家税务总局关于资产（股权）划转企业所得税征管问题的公告》（国家税务总局公告 2015 年第 40 号）进一步明确了划转适用特殊性税务处理的具体要求及方式。

如果适用资产划转，则 YKG 以其全部资产、负债，即以净资产对其全资子公司甲公司进行增资，取得甲公司 100% 股权支付，属于国家税务总局公告 2015 年第 40 号中的第一种方式，即“100% 直接控制的母子公司之间，母公司向子公司按账面净值划转其持有的股权或资产，母公司获得子公司 100% 的股权支付。母公司按增加长期股权投资处理，子公司按接受投资（包括资本公积，下同）处理。母公司获得子公司股权的计税基础以划转股权或资产的原计税基础确定”。即 YKG 不确认相关资产的转让所得，甲公司取得相关资产的计税基础以原计税基础确定，并按原计税基础计算折旧扣除。

需要注意的是，划转的特殊性税务处理要求，在划转完成后 12 个月，划转双方股权架构保持不变。2015 年第 40 号公告第七条规定，交易一方在股权或资产划转完成日后连续 12 个月内发生生产经营业务、公司性质、资产或股权结构等情况变化，致使股权或资产划转不再符合特殊性税务处理条件的，发生变化的交易一方应在情况发生变化的 30 日内报告其主管税务机关，同时书面通知另一方。另一方应在接到通知后 30 日内将有关变化报告其主管税务机关。由于 DLG 吸收合并 YKG 后，YKG 将注销法人资格，此时，划转双方将不再具有 100% 的母子公司股权架构，不再满足划转的特殊性税务处理股权架构要求。因此，选择此税收工具时，须注意时间节点的要求。

另外，个别地区的税务机关认为，含有负债的资产划转不能适用特殊性税务处理。

5. 契税

在本案例中，甲公司将承受 YKG 的土地、房屋权属，涉及契税。

《关于继续执行企业 事业单位改制重组有关契税政策的公告》（财政部 税务总局公告 2021 年第 17 号）第六条第二款规定，同一投资主体内部所属企业之间土地、房屋权属的划转，包括母公司与其全资子公司之间，同一公司所属全资子公司之间，同一自然人与其设立的个人独资企业、一人有限公司之间土地、房屋权属的划转，免征契税。因此，本次划转中，甲公司承受 YKG 的土地、房屋权属，可以免征契税。

（三）资产收购

本案例也可以适用资产收购的税收政策，即甲公司收购 YKG 全部资产、负债，支付对价为甲公司自身股权。同样，YKG 作为资产转让方涉及增值税、土地增值税、印花税及企业所得税，甲公司涉及印花税及契税。

1. 增值税

增值税的处理同非货币性资产投资。

2. 土地增值税

YKG 向甲公司转让全部资产、负债，对其中的国有土地使用权、地上建筑物及其附着物，需要按规定计算缴纳土地增值税。

3. 印花税

资产收购合同属于印花税中的买卖合同，合同双方需要按购销合同计算缴纳 0.03% 的印花税。但对合同中涉及房屋建筑物权属变更的部分，需要按照产权转移书据缴纳 0.05% 的印花税。

4. 企业所得税

《财政部 国家税务总局关于企业重组业务企业所得税处理若干问题的通知》（财税〔2009〕59 号）第五规定，企业重组同时符合下列条件的，适用特殊性税务处理规定：（一）具有合理的商业目的，且不以减少、免除或者推迟缴纳税款为主要目的。（二）被收购、合并或分立部分的资产或股权比例符合本通知规定的比例。（三）企业重组后的连续12个月内不改变重组资产原来的实质性经营活动。（四）重组交易对价中涉及股权支付金额符合本通知规定比例。（五）企业重组中取得股权支付的原主要股东，在重组后连续12个月内，不得转让所取得的股权。

如果适用资产收购的税收工具，甲公司收购母公司YKG全部资产及负债，资产收购比例为100%，大于50%；支付的对价全部为其自身股权，股权支付比例大于85%；本案具有合理商业目的，且不以减少、免除或者推迟缴纳税款为主要目的；如果重组后的连续12个月内不改变重组资产原来的实质性经营活动，且在重组后连续12个月内，YKG不转让所取得的甲公司股权，则本案例可以适用特殊性税务处理，即YKG不确认相关资产的转让所得，甲公司取得相关资产的计税基础以原计税基础确定，并按原计税基础计算折旧扣除。

但在吸收合并完成后，甲公司将成为DLG的全资子公司，属于YKG转让了所取得的甲公司股权，将不再满足资产收购的特殊性税务处理条件。因此，选择此税收工具时，同样须注意时间节点的要求。

选择资产收购的税收工具时，还须注意“实质经营性资产”要求。财税〔2009〕59号第一条第（四）项对资产收购的定义是：“资产收购，是指一家企业（以下称为受让企业）购买另一家企业（以下称为转让企业）实质经营性资产的交易。受让企业支付对价的形式包括股权支付、非股权支付或两者的组合。”《企业重组业务企业所得税管理办法》（国家税务总局公告2010年第4号）进一步明确：“《通知》第一条第（四）项所称实质经营性资产，是指企业用于从事生产经营活动、与产生经营收入直接相关的资产，包括经营所用各类资产、企业拥有的商业信息和技术、经营活动产生的应收款项、投资资产等。”因此，一般认为，资产收购中的资产是不能含有负债的。

财税〔2009〕59号第二条规定，“本通知所称股权支付，是指企业重组中购买、换取资产的一方支付的对价中，以本企业或其控股企业的股权、股份作为支付的形式；所称非股权支付，是指以本企业的现金、银行存款、应收款项、本企业或其控股企业股权和股份以外的有价证券、存货、固定资产、其他资产以及承担债务等作为支付的形式”。因此，如果资产收购中的资产含有负债，对负债部分，属于收购方的非股权支付，将影响股权支付比例的计算，如果股权支付比例低于85%，将不能适用特殊性税务处理。

但也有观点认为，与收购资产不直接相关的负债才是承担债务，属于非股权支付，而与收购资产直接相关的负债不是承担债务，不属于非股权支付①。

5. 契税

资产收购中契税的税务处理同非货币性资产投资。

① 史玉峰．特殊性税务处理争议：承担被收购企业负债是否属于非股权支付［N］．中国税务报，2017－06－16．

案例 22
被深交所关注的收购土地使用权税收筹划案例

以转让股权的形式转让土地使用权是较为常见的税收筹划，其主要目的是规避相关法律法规及土地增值税。在本案例中，发行人以购买股权形式购买土地使用权，被深交所问询，本部分分析了该案例各个环节的税务处理。

一、基本案情

2021 年 3 月 19 日，乙公司在首发上市相关资料中回复了深圳证券交易所关于公司以购买股权形式购买土地使用权的问询。在本案例中，土地使用权转让方甲公司为了达到少缴土地增值税的目的，先以拟出售的土地使用权新设全资子公司 A 公司，然后出售 A 公司 100% 股权给乙公司，随后乙公司吸收合并 A 公司，将土地使用权过户到乙公司，最后注销 A 公司。

（一）深圳证券交易所问询中的涉税问题

2017 年 9 月 6 日，甲公司以土地、房产出资设立全资子公司 A 公司，注册资本为 3 000 万元。2017 年 12 月 28 日，发行人乙公司以 3 555 万元的价款收购 A 公司 100% 的股权，A 公司成为发行人的全资子公司。发行人以收购 A 公司 100% 股权形式实质为购买对应的土地、房产。

请发行人结合收购的土地、房产情况和具体用途，以及 A 公司的基本情况，包括实际控制人、主营业务、业务规模、收购前主要资产和财务数据、与发行人及其关联方的关系等，补充说明发行人通过收购 A 公司获取土地、房产的背景及合理性，A 公司注销过程是否合法合规、是否存在补缴税款风险。

（二）发行人回复中的主要涉税内容

2017 年 7 月，乙公司收购甲公司土地、房产的主要原因是出于发展规划考虑。公司当时主要经营场所系向某公司租赁所得，虽然某公司已计划以乙公司向其租赁的土地、房产对公司增资，但厂区已无足够的空余土地建设新的厂房、办公场所等。考虑到通过国有土地出让方式获得土地使用权耗时较长，在得知甲公司有土地、房产出售意向后，选择向其购买土地、房产。

以先增资再出售的方式主要系基于税收筹划的考虑，公司与甲公司洽谈购买土地使用权、房屋事宜时，由于直接转让土地使用权需要缴纳土地增值税，出于降低税务成本的考虑，经多次协商及谈判，双方就交易方案达成一致，即通过成立一家新公司并将上述土地使用权、房屋注入新公司的方式取得相关资产。

综上，公司不直接向甲公司购买土地使用权，系在综合考虑交易双方的需求后协商的结果，具有合理性。

2017 年 9 月 6 日，甲公司以上述土地、房产出资设立全资子公司 A 公司，注册资本为 3 000 万元，根据评估报告，出资的土地房产价值为 3 699.24 万元。根据不动产权证，上述土地、房产的权利人于 2017 年 11 月已变更至 A 公司。

2017 年 12 月 26 日，公司与甲公司签署了《有限公司股权转让协议书》，约定甲公司以 3 555 万元向公司转让其在 A 公司持有的 100% 的股权（认缴出资额为 3 000 万元）。2017 年 12 月 28 日，A 公司完成工商变更登记，本次变更后，A 公司成为公司的全资子公司。

2020 年 5 月，公司决定吸收合并 A 公司，A 公司的资产由公司承继，根据不动产权证，A 公司的土地、房产已变更至乙公司。

1. A 公司注销过程是否合法合规

（1）注销过程。2020 年 5 月 11 日，公司召开 2020 年第一次临时股东大会，审议通过了《关于乙公司吸收合并全资子公司某市 A 公司的议案》。

2020 年 6 月 12 日，A 公司在国家企业信用信息公示系统填报了简易注销公告，公告期为 2020 年 6 月 12 日至 2020 年 7 月 27 日，公告前所有债权债务已清算完毕。

2020 年 8 月 5 日，国家税务总局某市税务局出具清税证明，A 公司所有税务事项均已结清。

2020 年 8 月 7 日，A 公司完成工商注销登记。

（2）程序瑕疵。公司和 A 公司未履行通知债权人、登报公告的程序，吸收合并程序存在瑕疵。吸收合并 A 公司的程序瑕疵未发生损害债权人利益的争议纠纷，不会构成公司本次申请发行上市的实质性障碍。

根据发行人提供的登报公告文件及主要债权人出具的确认文件，发行人已于 2020 年 10 月 24 日在《××商报》上补充发布了《吸收合并公告》，并已取得主要债权人的确认文件，主要债权人对发行人吸收合并 A 公司没有异议，亦未要求提前清偿债务及提供担保。截至 2020 年 12 月 31 日，无其他债权人要求发行人提前清偿债务或提供相应的担保。

综上所述，公司吸收合并 A 公司的程序瑕疵未发生损害债权人利益的争议纠纷，不会构成公司本次申请发行上市的实质性障碍。

2. 是否存在补缴税款风险

根据《财政部 税务总局关于继续实施企业改制重组有关土地增值税政策的通知》（财税〔2018〕57 号）第二条规定，按照法律规定或者合同约定，两个或两个以上企业合并为一个企业，且原企业投资主体存续的，对原企业将房地产转移、变更到合并后的企业，暂不征土地增值税。

根据《财政部 税务总局关于继续支持企业事业单位改制重组有关契税政策的通知》（财税〔2018〕17 号）第三条规定，两个或两个以上的公司，依照法律规定、合同约定，合并为一个公司，且原投资主体存续的，对合并后公司承受原合并各方土地、房屋权属，免征契税。

因此，公司吸收合并 A 公司，A 公司土地、房产变更到公司符合免征契税、暂不征收土地增值税的规定。

2020 年 5 月 28 日，某市税务局第一税务分局出具《税收情况说明》，根据财税〔2018〕17 号、57 号文件规定，按照法律规定或者合同约定，两个或两个以上企业合并为一个企业，原企业投资主体存续的，对合并后的企业承受原合并各方房屋土地权属的，免征契税，暂不征收土地增值税。该市A公司被乙公司吸收合并，符合减免规定。

2020年6月10日，国家税务总局某市税务局出具证明，A公司自2017年9月6日设立之日起至该证明出具之日，一直遵守税收方面的各项法律、法规及规范性文件的规定，依法申报缴纳各项税款，享受的政府补助、税收优惠政策符合法律法规的规定，未有因违反税收方面法律、法规及规范性文件而被该局处罚的情形。

综上所述，A公司注销后补缴税款风险较小。

经核查，申报会计师认为：

（1）发行人收购土地、房产是公司发展规划需求，募投项目的实施地点位于收购的土地上。由于税收筹划因素，发行人不直接向甲公司购买土地使用权，是综合考虑交易双方的需求后协商的结果，具有合理性。

（2）A公司注销过程存在程序瑕疵，但未发生损害债权人利益的争议瑕疵，但未发生损害债权人利益的争议纠纷，不构成发行人本次申请上市的实质性障碍。A公司注销后补缴税款纠纷，不构成发行人本次申请上市的实质性障碍。A公司注销后补缴税款风险较小。

（3）收购的土地房产定价公允。

（三）交易示意图

1. 实物投资环节

第一步，甲公司以待出售的土地、房产出资设立全资子公司A公司（见图22-1）。

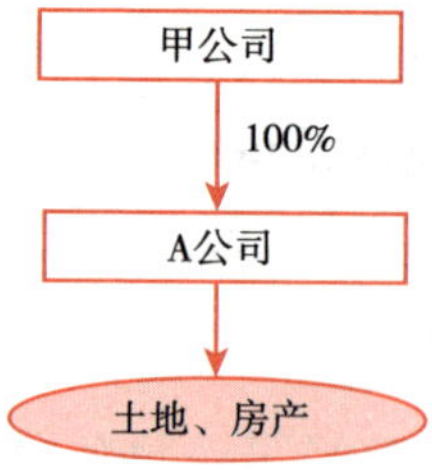

图22-1　实物投资环节

2. 股权转让环节

第二步，乙公司购买甲公司持有的 A 公司 100% 股权（见图 22 - 2）。

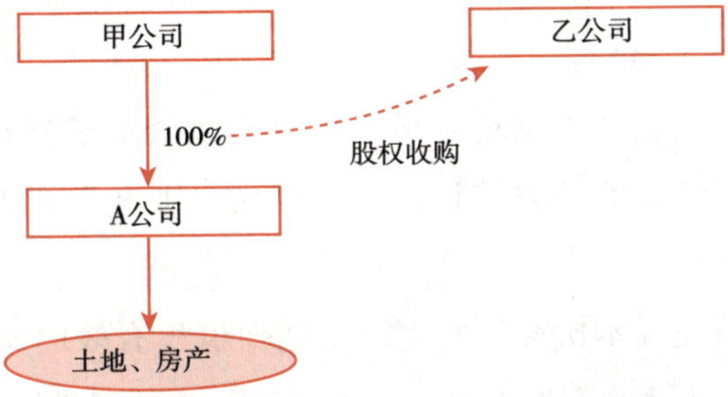

图 22 - 2　股权转让环节

3. 吸收合并环节

第三步，乙公司吸收合并 A 公司，土地房产过户到乙公司，A 公司注销（见图 22 - 3）。

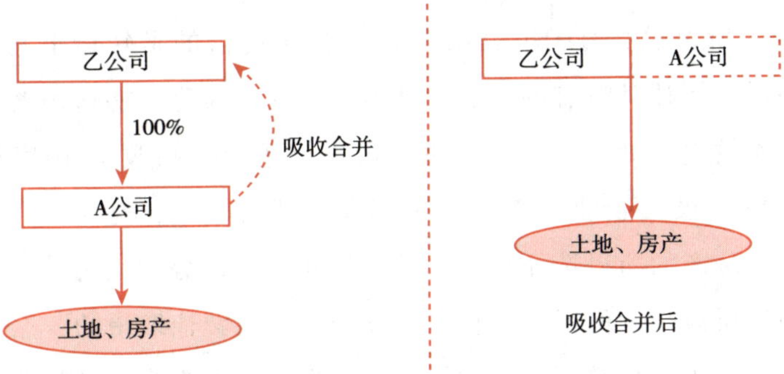

图 22 - 3　吸收合并环节

二、税务处理分析

本次交易涉及三个环节，对各个环节的税务处理简要分析如下。

（一）实物投资环节

甲公司以土地、房产出资设立全资子公司 A 公司时，甲公司涉及印花税、增值税、土地增值税及企业所得税，A 公司涉及印花税及契税。

1. 甲公司

（1）印花税。甲公司以土地、房产出资，需要按照产权转移书据缴纳 0.05% 的印花税。

（2）增值税。甲公司以土地、房产出资设立全资子公司 A 公司，并未涉及债权、负债及劳动力的一并转移，不能构成“业务”的转让，需要按照规定计算缴纳增值税。

（3）土地增值税。本次交易发生时土地增值税有效的文件是《财政部 国家税务总局关于企业改制重组有关土地增值税政策的通知》（财税〔2018〕57 号），其第四条规定，单位、个人在改制重组时以国有土地、房屋进行投资，对其将国有土地、房屋权属转移、变更到被投资的企业，暂不征土地增值税。第五条规定，上述改制重组有关土地增值税政策不适用于房地产开发企业。如果当地税务机关认可该投资属于“单位、个人在改制重组时以国有土地、房屋进行投资”，则甲公司可以适用该政策，暂不征土地增值税。

（4）企业所得税。由于甲公司设立 A 公司的目的是转让土地、房产，设立后甲公司需要转让其持有的 A 公司 100% 股权，因此不能适用资产划转或资产收购的特殊性税务处理政策，但甲公司可以适用《财政部 国家税务总局关于非货币性资产投资企业所得税政策问题的通知》（财税〔2014〕116 号），就转让土地、房产的所得选择在不超过 5 年期限内，分期均匀计入甲公司相应年度的应纳税所得额。但甲公司在对外投资 5 年内转让取得的 A 公司股权或投资收回的，应停止执行递延纳税政策，并就递延期内尚未确认的非货币性资产转让所得，在转让股权或投资收回当年的企业所得税年度汇算清缴时，一次性计算缴纳企业所得税。

2. A 公司

（1）印花税。甲公司以土地、房产对 A 公司出资，A 公司需要按照产权转移书据缴纳 0.05% 的印花税。同时，A 公司还需要就注册资本及资本公积增加部分缴纳 0.05% 的“营业账簿”印花税。

（2）契税。本次交易发生时契税有效的文件是《财政部 税务总局关于继续支持企业 事业单位改制重组有关契税政策的通知》（财税〔2018〕17 号），其第六条第三款规定，母公司以土地、房屋权属向其全资子公司增资，视同划转，免征契税。由于在本次交易中，甲公司是以土地、房屋权属投资新设 A 公司，并非对其增资，因此不能适用免征契税的政策。

（二）股权收购环节

乙公司购买甲公司持有的 A 公司 100% 股权时，甲公司涉及印花税及企业所得税，乙公司仅涉及印花税。另外，在本次交易中，甲公司属于以转让股权名义转让房地产，有可能被要求缴纳土地增值税。

1. 甲公司

（1）印花税。甲公司转让股权，需要按照产权转移书据缴纳 0.05% 的印花税。

（2）企业所得税。甲公司需要就本次股权转让所得或损失，计算缴纳企业所得税。

（3）土地增值税。在实务中，一些公司以转让股权之名，行房地产转让之实，出于反避税的考虑，国家税务总局曾出台过三个批复，要求对上述行为征收土地增值税。例如，国家税务总局对广西壮族自治区地方税务局的批复《关于以转让股权名义转让房地产行为征收土地增值税问题的批复》（国税函〔2000〕687 号）规定："鉴于深圳市能源集团有限公司和深圳能源投资股份有限公司一次性共同转让深圳能源（钦州）实业有限公司 100% 的股权，且这些以股权形式表现的资产主要是土地使用权、地上建筑物及附着物，经研究，对此应按土地增值税的规定征税。"

在本次交易中，甲公司属于以转让股权名义转让房地产，有可能被税务机关要求缴纳土地增值税。

2. 乙公司

乙公司购买股权，需要按照产权转移书据缴纳 0.05% 的印花税。另外，乙公司确认取得 A 公司 100% 股权的计税基础为 3 555 万元。

（三）吸收合并环节

乙公司吸收合并 A 公司时，A 公司涉及印花税、增值税、土地增值税及企业所得税，乙公司涉及印花税及契税。

1. A 公司

（1）印花税。在本次吸收合并中，A 公司持有的土地、房产须过户到乙公司，A 公司需要按照产权转移书据缴纳 0.05% 的印花税。

（2）增值税。在根据《国家税务总局关于纳税人资产重组有关增值税问题的公告》（国家税务总局公告 2011 年第 13 号）及《财政部 国家税务总局关于全面推开营业税改征增值税试点的通知》（财税〔2016〕36 号），在吸收合并中，纳税人将全部或者部分实物资产以及与其相关联的债权、负债和劳动力一并转让给其他单位和个人，不属于增值税的征税范围，其中涉及的货物、不动产、土地使用权转让，不征收增值税。

但由于 A 公司除了持有土地、房产外，并无实质生产经营活动，税务机关能否允许 A 公司适用上述不征收增值税政策具有很大的不确定性。

（3）土地增值税。由于本次交易的实质是转让土地，A 公司能否适用财税〔2018〕57 号的暂不征土地增值税政策也有很大的不确定性。

（4）企业所得税。乙公司吸收合并 A 公司，根据《财政部 国家税务总局关于企业重组业务企业所得税处理若干问题的通知》（财税〔2009〕59 号），本次吸收合并可以选择适用吸收合并的特殊性税务处理政策，A 公司就本次吸收合并中将土地、房产转让给乙公司的行为可暂不确认所得，乙公司取得 A 公司相关土地、房产的计税基础以原计税基础确定。但也有个别地区认为，母公司吸收合并全资子公司不能适用特殊性税务处理。

2. 乙公司

（1）印花税。本次吸收合并中，A 公司持有的土地、房产须过户到乙公司，乙公司需要按照产权转移书据缴纳 0.05% 的印花税。

同时，乙公司还需要就注册资本及资本公积增加部分缴纳 0.05% 的“营业账簿”印花税。根据《财政部 国家税务总局关于企业改制过程中有关印花税政策的通知》（财税〔2003〕183 号），“以合并或分立方式成立的新企业，其新启用的资金账簿记载的资金，凡原已贴花的部分可不再贴花，未贴花的部分和以后新增加的资金按规定贴花”。

（2）契税。本次交易发生时契税有效的文件是《财政部 税务总局关于继

续支持企业 事业单位改制重组有关契税政策的通知》（财税〔2018〕17 号），其第三条规定，两个或两个以上的公司，依照法律规定、合同约定，合并为一个公司，且原投资主体存续的，对合并后公司承受原合并各方土地、房屋权属，免征契税。因此，本次吸收合并中乙公司承受 A 公司的土地、房屋权属，可以免征契税。

以上税务处理总结见表 22－1。

表 22－1　　　　各个环节的税务处理总结

<table>
<tr><th colspan="2">交易环节</th><th>印花税</th><th>增值税</th><th>土地增值税</th><th>企业所得税</th><th>契税</th></tr>
<tr><td rowspan="2">实物投资</td><td>投资方甲公司</td><td>缴纳</td><td>缴纳</td><td>财税〔2018〕57 号</td><td>财税〔2014〕116 号</td><td>—</td></tr>
<tr><td>被投资方 A 公司</td><td>缴纳</td><td>—</td><td>—</td><td>—</td><td>财税〔2018〕17 号</td></tr>
<tr><td rowspan="2">股权收购</td><td>转让方甲公司</td><td>缴纳</td><td>—</td><td>有可能缴纳</td><td>计算缴纳</td><td>—</td></tr>
<tr><td>收购方乙公司</td><td>缴纳</td><td>—</td><td>—</td><td>—</td><td>—</td></tr>
<tr><td rowspan="2">吸收合并</td><td>被合并方 A 公司</td><td>缴纳</td><td>财税〔2016〕36 号</td><td>财税〔2018〕57 号</td><td>财税〔2009〕59 号</td><td>—</td></tr>
<tr><td>合并方乙公司</td><td>缴纳</td><td>—</td><td>—</td><td>—</td><td>财税〔2018〕17 号</td></tr>
</table>

案例 23
铁物股份拟借壳*ST 夏利上市的税务问题分析[①]

2020 年 6 月 20 日，天津一汽夏利汽车股份有限公司（证券简称：*ST 夏利，证券代码：000927）发布了系列公告，披露了中国铁路物资股份有限公司（以下简称“铁物股份”）拟借壳*ST 夏利上市的具体操作方案。

一、交易概述

本交易拟通过一系列操作，将*ST 夏利原持有的资产及股权置换出去（净壳），再将铁物股份持有的资产装入上市公司（借壳），同时*ST 夏利的控股股东通过无偿划转股票，将实际控制人变更为铁物股份。具体见图 23－1 所示。

二、交易方案

本次交易的整体方案由上市公司股份无偿划转、重大资产出售、发行股份

① 此案例摘自《企业重组财税处理实务与案例》一书，中国财经出版传媒集团、中国财政经济出版社 2020 年 8 月出版，吴健、姜新录、朱昌山、聂磊、高行锋著。本书收录时，略有改动，增加了增值税无偿划转新政以及重大资产重组时配套融资形成的限售股增值税买入价问题。

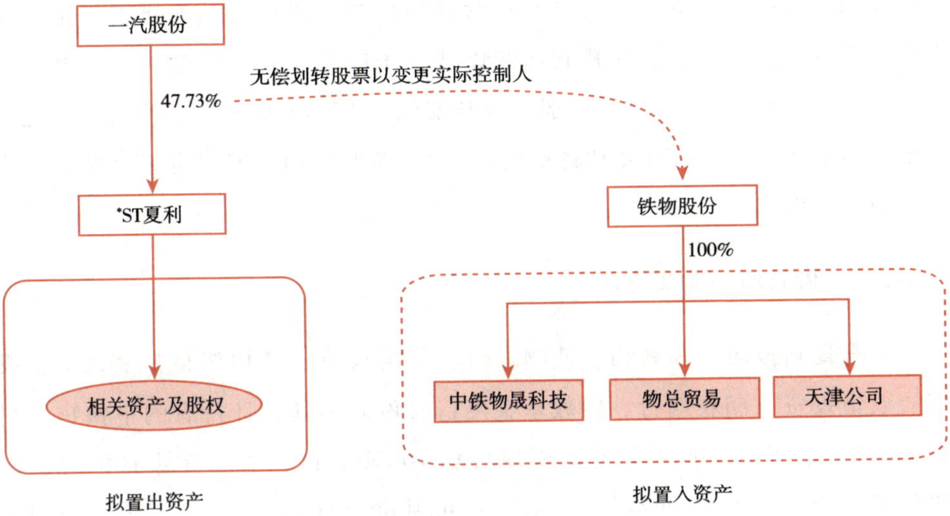

图 23－1 交易示意图

购买资产及募集配套资金四部分组成，上述股份无偿划转、重大资产出售、发行股份购买资产互为条件，共同构成本次重大资产重组不可分割的组成部分。重大资产出售中，如鑫安保险 17.5% 股权转让尚未获得银保监会批准，不影响整体方案中其他组成部分实施，除此之外，以上三项交易中任何一项因未获批准或其他原因而无法付诸实施的，则其他两项均不实施。

同时，本次募集配套资金以本次发行股份购买资产交易的成功实施为前提，但募集配套资金的成功与否不影响发行股份购买资产交易的实施。

（一）股份无偿划转

截至报告书摘要签署之日，一汽股份持有一汽夏利（即*ST 夏利）761 427 612 股股份，持股比例为 47.73%。一汽股份拟将其持有的一汽夏利 697 620 651 股股份（占一汽夏利本次交易前总股本的 43.73%，市值约 30 亿元）无偿划转给铁物股份。本次无偿划转完成后，铁物股份持有一汽夏利 697 620 651 股股份（占一汽夏利本次交易前总股本的 43.73%）。

（二）重大资产出售

一汽夏利将其拥有的截至评估基准日除鑫安保险 17.5% 股权及留抵进项

税以外的全部资产和负债转入夏利运营（留抵进项税因无法变更纳税主体而保留，后续将由一汽夏利向夏利运营以现金予以等额补偿）后，一汽夏利拟向一汽股份出售夏利运营100%股权及鑫安保险17.5%股权，一汽股份指定一汽资产为承接方，由一汽夏利将夏利运营100%股权和鑫安保险17.5%股权直接过户至一汽资产。

（三）发行股份购买资产

一汽夏利拟向中国铁物、铁物股份、芜湖长茂、结构调整基金、工银投资、农银投资、润农瑞行、伊敦基金发行股份购买其合计持有的中铁物晟科技100%股权及铁物股份持有的天津公司100%股权、物总贸易100%股权。股份发行价格为3.05元/股，不低于定价基准日前20个交易日公司股票交易均价的90%。上市公司的股票在定价基准日至发行日期间如有派息、送股、资本公积金转增股本或配股等除权、除息事项的，发行价格应将作相应调整。

（四）募集配套资金

上市公司拟向包括铁物股份在内的不超过35名符合条件的特定投资者非公开发行股份募集配套资金，募集配套资金总额不超过160 000.00万元，不超过本次交易中以发行股份方式购买资产的交易价格的100%，募集配套资金发行股份数量不超过本次交易前公司总股本的30%。本次募集配套资金中155 570.00万元用于补充标的公司流动资金，其余用于支付本次交易相关税费及中介机构费用。本次配套募集资金用于补充流动资金的比例不超过拟购买资产作价的25%。公司发行股份募集配套资金的定价基准日为本次非公开发行股票募集配套资金发行期的首日，发行价格不低于募集配套资金发行股份的定价基准日前20个交易日公司股票交易均价的80%。

本次交易完成后，上市公司控股股东将变更为铁物股份，由于铁物股份为中国铁物的控股子公司，上市公司的实际控制人仍为国务院国资委，故本次交易不会导致上市公司实际控制人发生变更。因此，本次交易不构成《重组管理办法》第十三条规定的重组上市。

三、可能存在的涉税问题分析

这是一起典型的上市公司净壳、拟上市公司借壳上市案例。在净壳及借壳过程中，各方综合利用了多种重组方式，包括无偿划转股权、非货币性资产投资、股权转让、增发股份购买资产、增发股份融资等。涉及的税种有增值税、土地增值税、契税、印花税及企业所得税。部分交易拟适用特殊性税务处理。

（一）股份无偿划转

在一汽股份无偿划转*ST夏利43.73%股份给铁物股份的过程中，会涉及增值税、印花税及企业所得税。

1. 增值税。《财政部 税务总局关于明确无偿转让股票等增值税政策的公告》（财政部 税务总局公告2020年第40号）第一条规定，纳税人无偿转让股票时，转出方以该股票的买入价为卖出价，按照“金融商品转让”计算缴纳增值税；在转入方将上述股票再转让时，以原转出方的卖出价为买入价，按照“金融商品转让”计算缴纳增值税。第四条规定，该公告自发布之日起执行；此前已发生未处理的事项，按该公告规定执行。

因此，一汽股份无偿划转其持有的*ST夏利股票给铁物股份时，应按照“金融商品转让”计算缴纳增值税，其卖出价等于买入价，实际不会产生“金融商品转让”差额，因此实际上不会产生增值税税金。买入价按国家税务总局公告2016年53号、2018年第42号、2019年第31号、2020年第9号等规定执行。铁物股份在以后转让取得的*ST夏利股票时，以一汽股份划转时的卖出价为买入价，也就是将一汽股份原来的买入价平移过来。

2. 印花税。国税函〔2004〕941号规定，对经国务院和省级人民政府决定或批准进行的国有（含国有控股）企业改组改制而发生的上市公司国有股权无偿转让行为，暂不征收证券（股票）交易印花税。对不属于上述情况的上市公司国有股权无偿转让行为，仍应征收证券（股票）交易印花税。

3. 企业所得税。该划转并不符合财税〔2014〕109号及国家税务总局公告2015年第40号中的“两类架构、四种方式”，因此不能适用特殊性税务处理（见图23－2）。

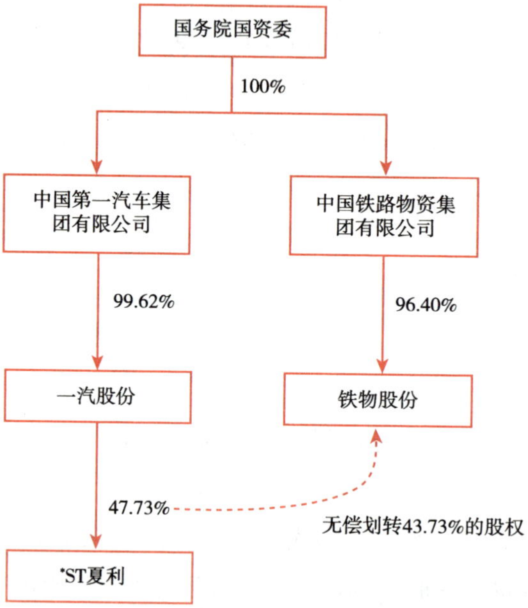

图23－2 无偿划转上市公司股权示意图

（二）重大资产出售

该过程由如下四步组成：（1）*ST夏利出资100万元货币出资设立全资子公司夏利运营。（2）*ST夏利向夏利运营现金增资4 900万元。（3）*ST夏利按账面价值向夏利运营整体划转全部资产、负债及人员（“鑫安保险”17.5%股权及母公司留抵进项税除外）。该步骤拟适用特殊性税务处理。（4）*ST夏利向一汽资产转让夏利运营100%股权及鑫安保险17.5%股权。对该过程中的税收事宜分析如下。

第一，在上述（1）及（2）的出资行为中，夏利运营仅需要就实收资本新增加部分缴纳印花税（见图23－3）。

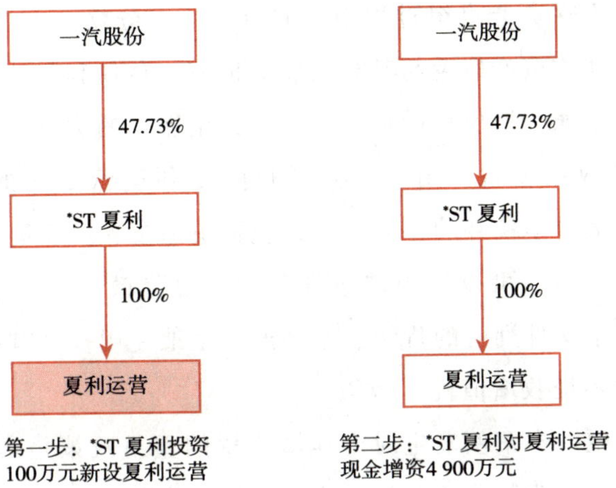

图 23－3 *ST 夏利设立夏利运营

第二，在上述（3）的资产划转过程中，会涉及增值税、土地增值税、契税、印花税及企业所得税（见图 23－4）。

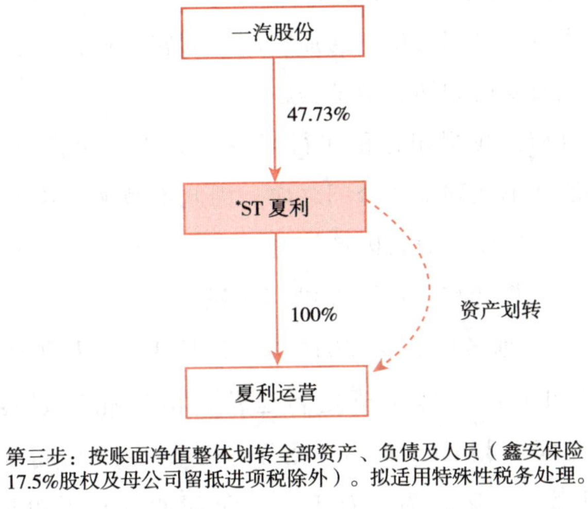

图 23－4 资产划转示意图

截至 2020 年 4 月 30 日，拟置入夏利运营的资产总额 157 428.91 万元，负债总额 340 712.86 万元，归属于母公司净资产－186 022.99 万元。以上资产中含有股权、商标权、房屋及土地使用权。

①增值税。国家税务总局公告 2011 年第 13 号及财税〔2016〕36 号文附

件2规定，纳税人在资产重组过程中，通过合并、分立、出售、置换等方式，将全部或者部分实物资产以及与其相关联的债权、负债和劳动力一并转让给其他单位和个人，不属于增值税的征税范围，其中涉及的货物、不动产、土地使用权转让，不征收增值税。由于*ST夏利向夏利运营划转的是除鑫安保险17.5%股权及留抵进项税外的整体资产，包括负债及人员。笔者认为，划转也属于资产重组的范畴，可以适用“不征收增值税”政策。对于商标权等无形资产，由于不属于文件列明的货物、不动产、土地使用权，有些地方税务机关认为不能适用“不征收增值税”政策。

②土地增值税。本案例发生时土地增值税的重组政策是《财政部 税务总局关于继续实施企业改制重组有关土地增值税政策的通知》（财税〔2018〕57号），但其中并不包含“划转”类型。因此，对非货币性资产投资外的划转行为需要计算缴纳土地增值税。

③契税。本案发生时契税的重组政策是《财政部 税务总局关于继续支持企业 事业单位改制重组有关契税政策的通知》（财税〔2018〕17号），对同一投资主体内部所属企业之间土地、房屋权属的划转，包括母公司与其全资子公司之间土地、房屋权属的划转，免征契税。

④印花税。目前，我国印花税实行列举的方式对应税经济合同进行正列举，资产划转协议并不在列举的合同之内，因此不缴纳印花税。但在资产划转协议下，如果土地、房屋及股权因产权过户，甲、乙双方对土地、房屋及股权转让部分需要按“产权转移书据”缴纳印花税。

⑤企业所得税。划转时，以2019年12月31日为划转基准日，*ST夏利按账面价值将相关资产划转至夏利运营。由于此种划转属于母子公司100%股权架构之间的划转，如不考虑下一步，企业所得税可以适用特殊性税务处理。但部分地区认为，对于含有负债的划转不得适用特殊性税务处理。

第三，在上述（4）中，*ST夏利向一汽资产转让鑫安保险17.5%股权，作价21 968.95万元，*ST夏利向一汽资产转让夏利运营100%股权，作价-20 183.14万元，合计作价1 785.81万元。会涉及印花税及企业所得税（见图23-5）。

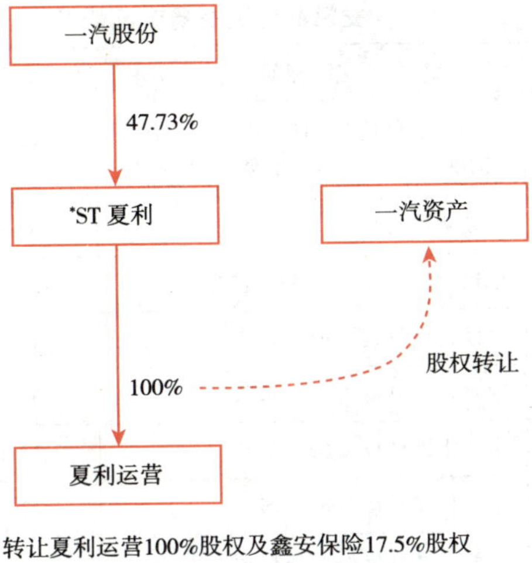

图23-5 股权转让示意图

如果（3）和（4）时间间隔在12个月内（从方案看，各个步骤应该同时进行），则此股权转让属于发生了国家税务总局公告2015年40号所称的“致使股权或资产划转不再符合特殊性税务处理条件”，所以，（3）将不能适用特殊性税务处理。

（三）发行股份购买资产

本次交易拟购买资产交易作价确定为1 212 871.36万元。其账面值与评估值见表23-1。

表23-1 账面值与评估值 单位：万元

评估对象	净资产账面价值	评估值	增值额	增值率
中铁物晟科技100%股权	422 520.70	1 178 994.33	756 473.63	179.04%
天津公司100%股权	19 854.52	20 474.58	620.06	3.12%
物总贸易100%股权	11 949.88	13 402.45	1 452.57	12.16%
合计	454 325.1	1 212 871.36	758 546.26	166.96%

按照发行股份价格3.05元/股计算，上市公司本次发行股份购买资产发行的股票数量总计为3 976 627 415股，具体见表23-2。

表 23－2　　交易标的及交易金额情况

序号	交易对方	交易标的	交易金额（万元）	发行股份数量（股）
1	铁物股份	中铁物晟科技 33.41% 股权及天津公司 100% 股权、物总贸易 100% 股权	427 749.19	1 402 456 373
2	芜湖长茂	中铁物晟科技 28.34% 股权	334 094.54	1 095 391 932
3	结构调整基金	中铁物晟科技 18.89% 股权	222 729.69	730 261 288
4	工银投资	中铁物晟科技 9.45% 股权	111 364.85	365 130 644
5	农银投资	中铁物晟科技 4.72% 股权	55 682.42	182 565 322
6	润农瑞行	中铁物晟科技 2.83% 股权	33 409.45	109 539 194
7	中国铁物	中铁物晟科技 1.89% 股权	22 272.97	73 026 129
8	伊敦基金	中铁物晟科技 0.47% 股权	5 568.24	18 256 533

此次购买的资产为中铁物晟科技 100% 股权、天津公司 100% 股权、物总贸易 100% 股权，涉及印花税及企业所得税。

1. 印花税。各方按照“产权转移书据”缴纳。

2. 企业所得税。本次股权收购，收购比例 100%，大于 50%；支付对价全部为上市公司 *ST 夏利新增发的股份，股权支付比例 100%，大于 85%；本次股权收购具有合理商业目的；股权出售方取得上市公司新增发的股份锁定期均在 12 个月以上；各方承诺不改变收购资产原实质经营性活动。因此，对交易中的公司制股东，各方可以选择特殊性税务处理：股权出售各方暂不确认本次股权转让所得（758 546.26 万元），取得 *ST 夏利新增发的股份的计税基础以其原持股的计税基础确定；*ST 夏利取得中铁物晟科技 100% 股权、天津公司 100% 股权、物总贸易 100% 股权的计税基础也以原股东的计税基础确定。

（四）募集配套资金

上市公司 *ST 夏利拟非公开发行股份募集配套资金，总额不超过 160 000.00 万元，需要就新增加的股本部分缴纳印花税，税率为万分之五，但根据《财政部 税务总局关于对营业账簿减免印花税的通知》（财税〔2018〕50 号），自 2018 年 5 月 1 日起减半征收。

四、值得探讨的三个问题

（一）留抵税金的处理

值得关注的是，各方确认并同意，根据*ST夏利2019年度审计报告，截至评估基准日，*ST夏利母公司留抵进项税经审计金额为511 923 567.43元，因纳税主体无法变更，前述留抵进项税保留，将由*ST夏利向夏利运营支付现金进行等额补偿，最终应补偿金额按《资产出售协议补充协议》约定，经税务鉴证的一汽夏利截至交割日母公司留抵进项税金额调整。需要讨论的问题是，*ST夏利支付的补偿要不要冲减留抵税金？能否在其企业所得税前列支？夏利运营收到的该等补偿要不要缴纳增值税及企业所得税？

笔者认为，该补偿其实是划转的一部分，系由于划转资产不足而发生的补偿。*ST夏利就留抵税金向夏利运营支付的补偿也应按划转进行税务处理，即作为权益性交易冲减资本公积等，不得在企业所得税前扣除。由于资产注入后，*ST夏利纳税主体不变，此部分进项税金仍可继续抵扣，不需要做进项税金转出。夏利运营收到的该部分补偿也按划转作权益性交易处理，不需要缴纳增值税及企业所得税。

（二）本案例中的分步交易问题

财税〔2009〕59号第十条规定，企业在重组发生前后连续12个月内分步对其资产、股权进行交易，应根据实质重于形式原则将上述交易作为一项企业重组交易进行处理。国家税务总局公告2015年第48号第六条规定，企业重组业务适用特殊性税务处理的，申报时，当事各方还应向主管税务机关提交重组前连续12个月内有无与该重组相关的其他股权、资产交易情况的说明，并说明这些交易与该重组是否构成分步交易，是否作为一项企业重组业务进行处理。本案例中的交易算作几次交易？

对重组发生前后连续12个月内分步交易的，要根据实质重于形式原则来判断多步骤交易是否属于同一项交易。这里需要关注如下两点：

（1）“重组发生”的时点如何判断。相关文件并未提及以哪个时间点为准来计算前后连续12个月，这个时间点可以有重组各方作出重组决定的日期、相关部门如证监会的审批日期、税法中的重组完成日等。笔者认为，分步交易时间持续一般比较长，相关部门的审批日期及重组完成日都是交易在接近完成的时间，不太适合。以重组主导方作出重组决定的日期更为妥当。

（2）实质重于形式原则如何把握。笔者认为，可以从以下方面来综合判断：重组交易的总体目标，只有通过多步骤交易才能达到重组的总体目标或商业后果；各项交易之间是否具有实质性的关联，从整体看是否为一项交易；各项交易是否互为前提或互为因果关系，后次交易是否必须以前次交易为前提才能进行。如《企业重组财务处理实务与案例》一书中第四章资产（股权）划转例4－29中的交易，其业务实质为上市公司将某产品事业部相关的业务划转给新设立的孙公司A，属于分步交易，各步骤的业务之间相互关联，后次交易以前次交易为前提，整体看属于一个交易。

结合以上讨论，笔者认为，本次交易应划分为三个交易：*ST夏利原持有的资产及股权置换出去（此交易包括多个步骤）；铁物股份持有的资产装入上市公司；*ST夏利的控股股东一汽股份无偿划转*ST夏利股票给铁物股份。此三个交易中的各项子交易必须统一适用特殊性税务处理或一般性税务处理，但三个交易之间不必统一适用特殊性税务处理或一般性税务处理。

（三）募集配套资金时，特定投资者取得股票的增值税买入价

本次交易中，上市公司拟向包括铁物股份在内的不超过35名符合条件的特定投资者非公开发行股份募集配套资金，募集配套资金总额不超过160 000万元。铁物股份等35名符合条件的特定投资者取得的股票属于有限售期的股票，但其是否属于增值税规定中的限售股，在以后出售该部分股票时，增值税买入价如何确定？

梁富山在2018年11月《税务研究》杂志上发表论文《上市公司重大资产重组配套融资形成的限售股涉税分析》。为明确配套融资形成限售股问题，其向证监会官网咨询："证监会令127号第44条规定'可以同时募集部分配套资金'，结合国家税务总局公告2016年第53号第五条第（三）项规定，请问募集部分配套资金而非公开发行的股份是属于国家税务总局公告2016年第53

号第五条第（三）项‘因上市公司实施重大资产重组形成的限售股’，还是属于一般非公开发行股份（定向增发）形成的限售股，或是其他情形界定？”证监会回复如下：“根据《上市公司重大资产重组管理办法》第二条，上市公司发行股份购买资产应当符合本办法的规定。因此，我们认为，上述股份应属于国家税务总局公告 2016 年第 53 号中规定的‘因上市公司实施重大资产重组形成的限售股’。”

笔者认为，该募集配套资金虽然属于重大资产重组的一个组成部分，但其成功与否，并不会影响本次重大资产重组，其与重大资产重组在性质上有本质区别，前者是资产重组行为，后者是现金购买股票行为。因此，铁物股份等 35 名符合条件的特定投资者取得的股票属于现金购买上市公司股票的行为，建议其增值税买入价以实际成交价为准。

例如，2016 年 1 月 27 日，BS 公司发布公告《BS 公司发行股份购买资产并募集配套资金暨关联交易预案》明确：BS 公司拟向 M 集团公司等在内的 17 名股东发行股份购买其持有的 H 公司 100% 股权，发行价格为定价基准日前 120 个交易日上市公司股票交易均价的 90%，即 10.29 元/股。同时，BS 公司拟采用锁价发行的方式向 NF 公司等 10 名特定对象非公开发行股份募集配套资金不超过 77.50 亿元，发行价格为定价基准日前 20 个交易日公司股票交易均价的 90%，即 13.45 元/股。证监会就 BS 公司申请作出予以核准决定前的最后一次停牌时间为 2016 年 7 月 13 日，停牌前一日股票收盘价 14.65 元①。

对于此次重大资产重组并同时募集资金形成的限售股增值税买入价，笔者认为应该区别对待：（1）对于 M 集团公司等在内的 17 名股东而言，其是出售资产的行为，建议适用重大资产重组形成的限售股，以 BS 公司因重大资产重组股票停牌前一交易日的收盘价为买入价，即最后一次停牌前一日股票收盘价 14.65 元；（2）对于 NF 公司等 10 名特定对象而言，其属于现金购买上市公司股票的行为，建议以实际成交价为准，即 13.45 元/股。

① 本案例摘自姜新录、陈爱华．增值税下限售股买入价的确定规则［J］．财务与会计．2020（13）．

案例 24
以不公允增资及利用税收洼地进行的避税案例

拟上市公司在进行首次公开发行股票上市或上市公司在进行重大资产重组时，按规定须对有关事项进行详细披露，其中会涉及一些税务问题的披露。从披露的情况看，一些公司存在利用税收征管漏洞或滥用税收筹划进行恶意避税的问题。本部分介绍了某上市公司披露的交易对手税收筹划案例。

一、基本案情

（一）案例概述

2020 年 9 月 22 日，上市公司甲公司在《甲公司重大资产购买报告书（草案）（修订稿）》及《甲公司关于上海证券交易所对公司重大资产重组信息披露问询函的回复公告》中披露了交易对手的税收筹划。甲公司拟以 11 亿元现金支付方式收购两个标的企业 100% 股权，两标的企业均为持股型公司，分别持有两个目标公司 80% 股权。甲公司披露，本次交易对手为新设立的持股平台，主要考虑如下："1. 新设交易对手主要基于税务筹划考虑。交易对方均在本次交易前成立，与目标公司所在地的纳税政策相比，交易对方注册地的税负较低。所以目标公司各最终出资人出于税务筹划考虑，按照对目标公司的原始出资比例在税负较低的地区设立投资主体，投资主体通过标的公司向目标公司出资的方式将本次交易的纳税地点转移至税负较低的地区。2. 新设目标公司持股平台主要是为了减少交易影响考虑。为了避免目标公司层面直接股权变动在当地引起较多的关注，交易对方提前成立控股平台、调整目标公司股权结构，并在持股平台层面实施本次交易。”

在甲公司资产收购案例中，目标公司原股东先搭建合伙企业持股架构，再由合伙企业以不公允增资方式低价取得目标公司 80% 股权，最后将 80% 股权以市场价格转让给上市公司，而合伙企业注册地的税负较低，很可能核定征收个人所得税。

（二）操作方式

笔者根据甲公司公告，将该避税操作方式提炼如下（下文为收购其中一个标的的操作手法，两个标的操作手法一致）。

上市公司拟收购 B 公司拥有的部分资产，该部分资产的评估价值为 5.5 亿元。B 公司注册资金 3 000 万元，A 公司持有其 100% 股权（见图 24 - 1）。

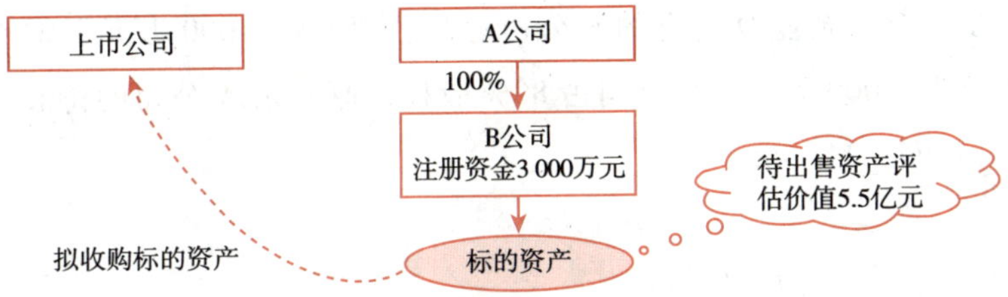

图 24 - 1　税收筹划前的交易路径

为了降低本次交易中的各项税收负担，资产转让方进行了如下操作。

1. 搭建合伙企业架构

第一步，A 公司各自然人股东按原对 A 公司的持股比例先搭建合伙企业持股架构，分别设立合伙企业 D 及其全资子公司 E 公司（真实交易中是设立了两个合伙企业，并共同持有 E 公司 100% 股权。为了简化，此处只画了一个合伙企业）（见图 24 - 2）。

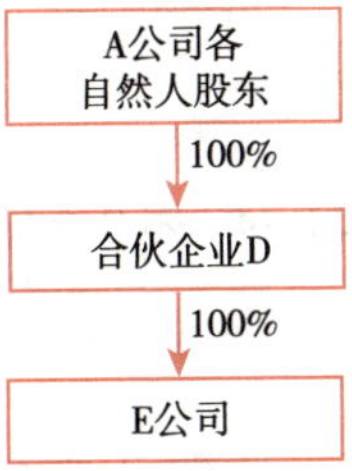

图 24 - 2　搭建合伙企业架构

2. 将待出售资产分立

第二步，B公司将拟出售资产分立至新设公司C。分立后，C公司注册资金为1 000万元，但持有评估值为5.5亿元的待出售资产（见图24－3）。

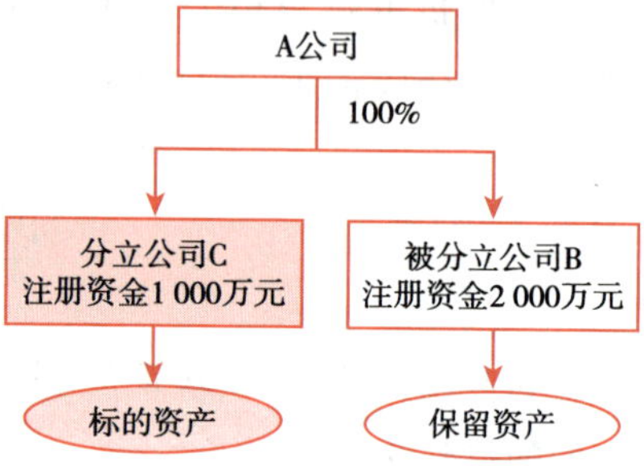

图24－3　将待出售资产分立

3. 不公允增资

第三步，合伙企业D持有的E公司对C公司增资4 000万元，增资后C公司注册资金为5 000万元。E公司占80%股权，原股东A公司的持股比例被稀释为20%（见图24－4）。

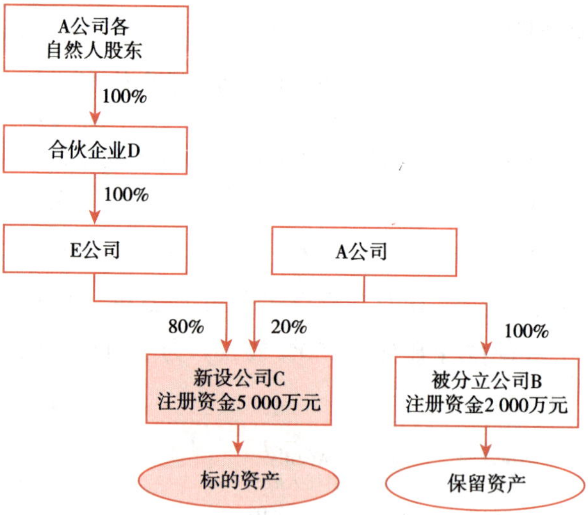

图24－4　不公允增资

4. 股权转让

第四步，上市公司出资5亿元收购合伙企业D持有的E公司100%股权

（见图 24－5）。

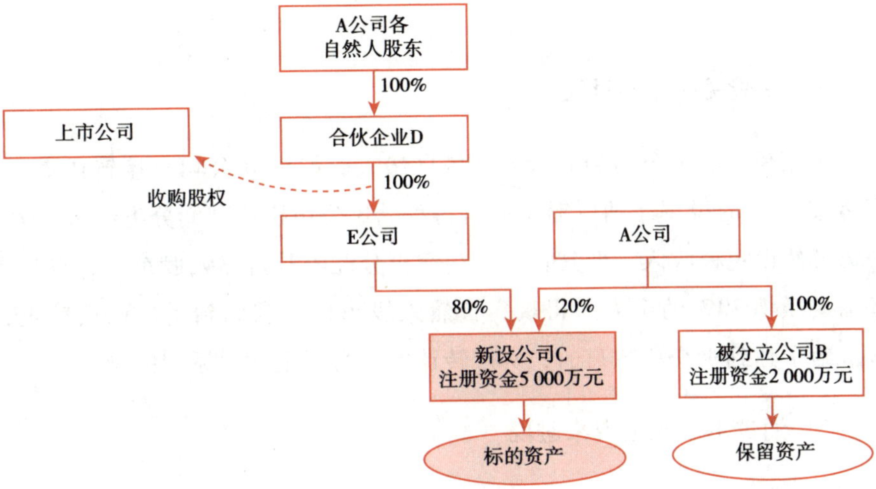

图 24－5　股权收购

5. 交易完成

交易完成后，上市公司通过持有 E 公司的 100% 股权间接持有分立企业 C 公司 80% 股权，从而达到收购标的资产之目的。而合伙企业 D 通过对 E 公司出资 4 000 万元达到取得 5 亿元收入的目的。如果合伙企业 D 再能够核定征收个人所得税，本次交易中的税负将极低（见图 24－6）。

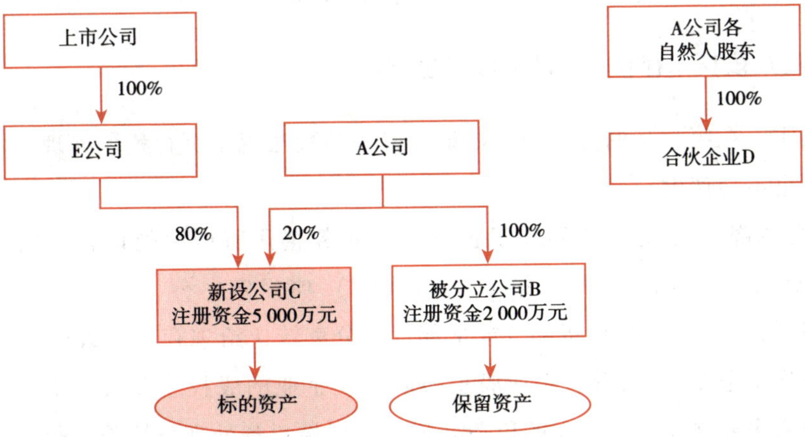

图 24－6　交易完成后的股权架构

二、案例分析

（一）该避税操作的目的

在本案例中，A 公司的股东为 4 名自然人。如果 B 公司直接转让资产，B 公司将按 25% 的税率缴纳巨额企业所得税，B 公司税后利润分配给 A 公司后，A 公司虽然做免税收入，但其将税后利润再分配给其自然人股东时，自然人股东还需要缴纳 20% 的个人所得税，自然人股东税后利润到手的税负较重，为 40%。为了达到少交税款目的，资产转让方进行了上述一系列的操作。

（二）通过不公允增资来避税

在第二步操作中，B 公司新设分立 C 公司后，C 公司虽然注册资金为 1 000 万元，但其持有资产的公允价值为 5.5 亿元，因此在第三步中，E 公司对 C 公司增资 4 000 万元，却享有 80% 股权明显不合理，属于不公允增资，其实质为 A 公司向 E 公司进行利益输送，而此时 E 公司的实际控制人与 A 公司的实际控制人相同。经过上述操作，将本应由 B 公司实现的所得转移到 E 公司，再由合伙企业 D 按公允价格转让 E 公司股权，最终所得由合伙企业 D 来实现。而合伙企业 D 由于“注册地的税负较低”，很可能核定征收个人所得税，最终自然人将得以较低的税负实现税后所得。

（三）该操作存在严重的税收隐患

其实，在第二步的分立中，如果严格按照税法规定进行税务处理，本次避税问题也不会产生。

《财政部 国家税务总局关于企业重组业务企业所得税处理若干问题的通知》（财税〔2009〕59 号）第一条第（六）项规定，分立，是指一家企业（以下称为被分立企业）将部分或全部资产分离转让给现存或新设的企业（以下称为分立企业），被分立企业股东换取分立企业的股权或非股权支付，实现企业的依法分立。企业分立的税务处理有一般性税务处理与特殊性税务处理。

在适用特殊性税务处理时，“分立企业接受被分立企业资产和负债的计税基础，以被分立企业的原有计税基础确定”，因此C公司取得各项资产和负债的计税基础以B公司的计税基础确定。本次分立后，C公司注册资金仅1 000万元，但其持有资产的公允价值为5.5亿元，只有通过特殊性税务处理才可以实现。

根据财税〔2009〕59号文，企业分立，适用特殊性税务处理的条件包含“具有合理商业目的，且不以减少、免除或推迟缴纳税款为主要目的”“被分立企业所有股东按原持股比例取得分立企业的股权”“企业重组中取得股权支付的原主要股东，在重组后连续12个月内，不得转让所取得的股权”等条件。根据以上规定，本案例不能适用特殊性税务处理：（1）从本案例操作方式看，其主要目的是减少缴纳税款，不具有合理商业目的。甲上市公司也披露：“新设交易对手主要基于税务筹划考虑”“新设目标公司持股平台主要是为了减少交易影响考虑”。（2）本次分立后，新设公司C公司立即增加了新股东E公司，不符合“被分立企业所有股东按原持股比例取得分立企业的股权”。（3）A公司在分立后立即转让了其持有的C公司股权，不符合“企业重组中取得股权支付的原主要股东，在重组后连续12个月内，不得转让所取得的股权”。综上，本次分立不能适用特殊性税务处理，只能适用一般性税务处理。

在适用一般性税务处理时，根据财税〔2009〕59号文，“被分立企业对分立出去资产应按公允价值确认资产转让所得或损失”“分立企业应按公允价值确认接受资产的计税基础”。因此B公司需要按公允价值5.5亿元确认待出售资产的转让所得，C公司也应按公允价值5.5亿元确认取得待出售资产的计税基础。同时，B公司的股东A公司取得的对价应视同被分立企业分配进行处理。但很显然，该避税操作中各方并未按照此规定进行税务处理，因此存在很大的税收隐患。

对于以上操作，如果严格按照税法及其他规定，相关处理见表24－1。

表24－1　各个交易环节的企业所得税处理

交易事项	当事方	企业所得税处理
B公司派生分立C公司	被分立方B公司	B公司应按公允价值5.5亿元确认待出售资产的转让所得
	分立方C公司	C公司应按公允价值5.5亿元确认取得待出售资产的计税基础
	被分立方股东A公司	A公司取得的对价应视同被分立企业分配进行处理

续表

交易事项	当事方	企业所得税处理
E公司对C公司增资	投资方E公司	应按增资后被投资方资产的公允价值与其出资额计算持股比例
	被投资方的其他股东	应按增资后被投资方资产的公允价值与其出资额计算稀释后的持股比例
上市公司收购E公司股权	股权转让方D合伙企业	按公允价值确定对E公司的股权转让所得或损失
	上市公司	按公允价值确定取得E公司股权的计税基础

三、启示及建议

不公允增资是资本市场比较常见的避税手法。还有一些股权收购方通过低价对标的企业进行增资，即以不公允出资方式取得标的企业股权，股权收购方场外支付部分股权收购款，以达到原股东逃避个人所得税纳税义务目的。此类操作侵蚀了个人所得税税基，危害性较大。另外，不公允增资避税往往与核定征收或财政返还相结合。目前，各地对核定征收的避税漏洞基本堵塞，但对不公允增资，由于现行税法并无明确规定，属于反避税范畴，基层税务机关往往难以应对。笔者建议，完善我国个人所得税反避税相关规定，出台具体操作规程。

03

第三篇

投资收回及其他

案例 25
上市公司对赌协议税务案例

关于对赌协议的税务处理，目前在国家层面一直没有规范，实务中执行口径较多。纳税人在处理对赌协议税收问题时，应及早谋划，厘清交易实质，合理设计交易方案，并加强与主管税务机关的沟通。本部分介绍了某上市公司由于对赌协议而产生的欠缴税款案例，并对对赌协议及其中的税务问题进行了简要分析。

一、案例介绍

2021 年 8 月 26 日，A 上市公司披露，公司将应收未收的业绩补偿款计入营业外收入，从而产生企业所得税 1 亿元，一直欠缴。具体情况如下。

（一）股权收购

2015 年 3 月，A 上市公司与甲公司的股东四家合伙企业签订了股权转让协议及补充协议，前者购买后者持有的甲公司 100% 股权。本次交易价格参考某资产评估机构出具的评估报告上载明的评估价值，经交易各方协商确定为 80 000.00 万元。

2016 年 4 月，甲公司完成工商变更登记，成为 A 上市公司的全资子公司。

（二）业绩承诺

A上市公司与甲公司的股东四家合伙企业签订补充协议约定，四家合伙企业承诺甲公司2015年度、2016年度、2017年度实现的扣除非经常性损益后的归属母公司股东的净利润分别不低于6 500.00万元、8 125.00万元、10 150.00万元。

示意图见图25－1。

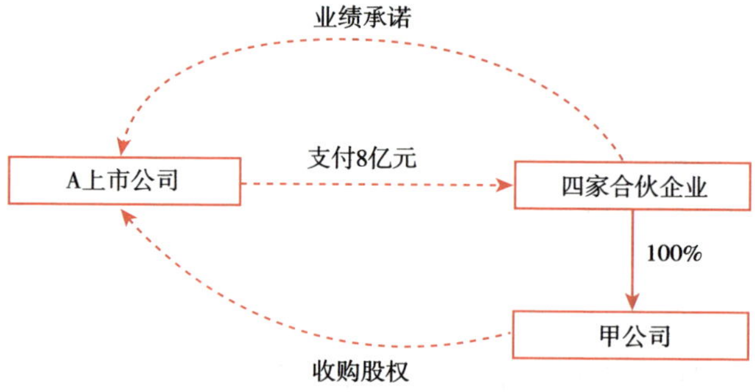

图25－1　交易示意图

（三）补偿方式

1. 盈利补偿

如在承诺期内，甲公司当年度未能达到原股东向A上市公司承诺的净利润数额，则原股东应在当年度《专项审核报告》出具之日起20个工作日内，以现金方式完成全部补偿，当年的补偿金额按照如下方式计算：

当期应补偿金额＝（截至当期期末累计承诺净利润数－截至当期期末累计实现净利润数）÷承诺期内各年度承诺净利润之和×本次交易的总对价－已补偿金额。

按前述公式计算的结果小于0的，A上市公司不将此前已取得的补偿返还给原股东。

2. 减值补偿

在利润承诺期届满后六个月内，即在2018年6月30日前，A上市公司聘请具有证券业务资格的会计师事务所对标的股权进行减值测试审核，并在A上市公司公告前一年度年报后30个工作日内出具《减值测试审核报告》。根据《减值测试审核报告》，若标的股权发生减值且在承诺期末减值额大于原股东已补偿总额（具体为补偿期限内已补偿股份总额总数 × 本次发行价格 + 现金补偿总额），则原股东应对 A 上市公司另行补偿。因标的股权减值应补偿金额的计算公式为：

减值补偿金额 = 期末减值额 − 原股东在承诺期内已支付的补偿额

原股东应在《减值测试审核报告》出具之日起 20 个工作日内以现金方式向上市公司支付减值补偿金额。标的股权减值补偿金额与盈利补偿金额合计不超过原股东所获得的交易价格总和。

（四）业绩完成情况

根据会计师事务所出具的《业绩承诺实现情况的专项审核报告》，甲公司 2015 年、2016 年、2017 年分别实现的利润情况见表 25－1。

表 25－1　**利润情况表**　单位：万元

年度	2015	2016	2017
承诺利润	6 500.00	8 125.00	10 150.00
归属于母公司股东的净利润	6 587.66	8 056.42	2 777.15
扣除非经常性损益后的归属母公司股东的净利润	6 537.26	7 772.73	2 697.46
低于承诺净利润数	—	352.27	7 452.54
完成比例	100.57%	95.66%	26.58%

（五）减值测试

A 上市公司聘请某资产评估机构对甲公司截至 2017 年 12 月 31 日的 100% 股东权益价值进行了以减值测试为目的的评估，并出具了《资产评估咨询报告》。通过以上测试，A 上市公司得出以下结论：于 2017 年 12 月 31 日，本次购买的甲公司 100% 股权的评估值为 33 952.98 万元，本次交易的价格为 80 000.00 万元，减值 46 047.02 万元。

（六）业绩补偿情况

1. 应收补偿情况

根据 A 上市公司与甲公司原股东签署的《股权转让协议》及补充协议，

原股东须向 A 上市公司的补偿金额为：

2017 年度业绩补偿金额 =（截至 2017 年期末累计承诺扣除非经常性损益后的净利润数 - 截至 2017 年期末累计实现的扣除非经常性损益后的净利润数）÷ 承诺期内各年度承诺的扣除非经常性损益后的净利润之和 × 本次交易的总对价 - 已补偿金额 = [（6 500.00 + 8 125.00 + 10 150.00）-（6 537.26 + 7 772.73 + 2 697.46）] ÷（6 500.00 + 8 125.00 + 10 150.00）× 80 000.00 - 1 017.19 = 24 064.71（万元）

2017 年度减值补偿金额 = 期末减值额 - 原股东在承诺期内已支付的补偿额 460 470 172.00 - 10 171 931.54 = 450 298 240.46（元）

综上，甲公司原股东应补偿金额为 450 298 240.46 元。

2. 未及时收到补偿的原因

根据协议约定，A 上市公司无须向甲公司原股东支付剩余的第四期收购款 7 000.00 万元。扣除该收购款后，甲公司原股东尚须向 A 上市公司支付补偿款 380 298 240.46 元。

A 上市公司称，甲公司之前年度业绩补偿款未按期支付的原因主要为：（1）本次业绩承诺应补偿额尚未回收部分共计 380 298 240.46 元，金额较大，因此业绩补偿方无法及时筹集足额资金；（2）股份补偿方所持上市公司的股份尚在锁定期内且被质押，且无足够资金用于解除质押，该等股份无法及时用于业绩补偿。以上原因造成甲公司原股东无法按期支付业绩补偿款。

2017 年年报后，上市公司已通过向业绩补偿方出具催收业绩承诺补偿款的通知、协商沟通等多种形式向业绩补偿方积极催收业绩补偿款。

A 上市公司称，公司股东 B 公司已履行其之前所作出的承诺，在公司无法收回业绩补偿款的情况下，由公司股东 B 公司负责收回。B 公司已与公司签订协议，按账面余额收购公司应收甲公司的业绩补偿债权，双方协议明确了该等款项的具体支付时间。同时，对于协议生效日至实际付款日之间的未付款项，转让协议约定 B 公司按照同期银行贷款利率计算相应利息。但因 B 公司及其关联方涉及较大金额的诉讼及仲裁，该补偿款一直未支付。

同时，A 上市公司称，由于甲公司不认可 2017 年度的审计数据，大额资金使用、大额资产损失均不按照 A 上市公司对子公司管理制度的要求报批，A

上市公司无法对甲公司管理人员进行调整等原因，A上市公司认为：已无法对甲公司的经营、人事和财务等实施控制，2018年度不再将该公司纳入合并报表范围。甲公司失控后，上市公司多次采取行政手段收回控制权，但均遭到相关人员的抵制，最后上市公司采取法律手段，于2021年4月28日披露了收到某人民法院的民事判决书，强制收回甲公司的控制权。

（七）欠税产生的原因

A上市公司称，甲公司2017年度实际利润未完成承诺数且商誉产生减值，甲公司原股东应补偿公司4.61亿元，公司计入营业外收入，由此产生企业所得税1亿元。由于甲公司原股东未实际赔付给公司，导致公司没有资金缴纳这笔大额企业所得税，因此一直挂账未交。

公司已多次向某市政府、某市税务局及某省税务局汇报了公司未缴该笔企业所得税的原因和公司的实际困难，同时向某市政府催讨公司应收的土地征收款，并向某市税务局承诺在收到征收款后，将补缴该部分欠缴税款。

因此，上述欠缴企业所得税主要是由于公司未收到业绩补偿款所致。

（八）会计处理依据

2018年4月，深圳证券交易所下发了《关于对A上市公司2017年年报的问询函》，要求上市公司就甲公司确认4.61亿元其他营业外收入的原因、依据及其合理性要求，相关会计处理是否符合《企业会计准则》的要求等进行补充披露，并要求其年审会计师发表专业意见。A上市公司在《关于2017年年报问询函回复的公告》中进行了答复，主要内容如下。

1. 根据《企业会计准则第20号——企业合并》第十一条第（四）项规定，“在合并合同或协议中对可能影响合并成本的未来事项作出约定的，购买日如果估计未来事项很可能发生并且对合并成本的影响金额能够可靠计量的，购买方应当将其计入合并成本”。即对于非同一控制下企业合并形成的长期股权投资的或有对价，按照其在购买日的公允价值计入企业合并成本。同时，按照《企业会计准则第22号——金融工具确认和计量》的相关规定对或有对价进行确认和后续计量，除满足金融工具列报准则界定的权益工具之外，或有对价在后续会计期间均应以公允价值重新计量且其变动计入损益或其他综合收益。与此同时，对于被收购方未能完成盈利预测业绩情况的，按照《企业会计准则第8号——资产减值》的规定，对各年末商誉进行减值测试，并根据测试结果计提减值准备。

2. 证监会会计部“上市公司执行企业会计准则案例解析（2017）”案例3－07“或有对价的确认和计量”的相关规定。

或有对价安排属于以现金结算的安排，收购方可以根据标的企业于购买日之后的盈利情况而要求出让方向其返回部分已经支付的对价，存在一项应收的金融资产。结算或有对价的方式为现金，不属于权益结算的或有对价。除权益结算以外的或有对价的公允价值变动全部计入当期损益。

由于或有条件为标的公司在购买日后的实际盈利情况，不属于购买日已经存在的情况，因此，不应再对购买日合并对价及商誉的金额进行调整。

由于标的企业的实际业绩情况与承诺业绩有较大落差，合并形成的相关资产所能创造的净现金流量可能已远低于原预计金额，属于资产发生减值的迹象。

3. 证监会会计部《会计监管工作通讯》2017第1期——并购交易中业绩补偿条款的会计处理的规定。

或有对价是否为权益性质，应按照《企业会计准则第37号——金融工具列报》的规定来判断。从目前资本市场并购重组交易的或有对价安排来看，或有对价的总体金额，须返还的股份数量等均随着标的企业实际业绩的情况发生变动，不满足权益工具的确认条件。

在实务中，依据被购买方于购买日后的实际盈利情况进行的业绩补偿并不属于购买日已经存在的情况，因此，该或有对价的变化即使发生在购买日后12个月内，也不属于计量期间的调整事项，不应对购买日合并成本及商誉的金额进行调整。

在实务中，对于除权益结算以外的或有对价可以划分为以公允价值计量且其变动计入当期损益的金融资产/金融负债，其后续公允价值变动应计入当期损益，这与国际财务报告准则的处理原则一致。同时，按照目前我国的企业会计准则，对于满足金融资产确认条件的以自身股份作为企业合并或有对价安排的，也可以划分为可供出售的金融资产，其后续公允价值变动计入其他综合收益。

在一般情况下，因或有对价公允价值变动所产生的收益应当小于需确认的商誉等资产减值损失。企业取得业绩补偿款不具有持续性，根据解释性公告第1号的规定，应确认为非经常性损益。因并购重组产生的商誉，其减值与企业的其他长期资产减值性质相同，属于企业日常经营活动产生，应作为企业的经常性损益。

综上，年审会计师事务所认为，甲公司的减值补偿相关会计处理符合《企业会计准则》的要求。

二、对赌协议介绍[①]

近年来，因对赌协议引发的税收问题越来越成为社会各方关注的税收热点问题，尤其是在个人所得税方面，但由于税收政策尚未及时跟进，使得实践中关于对赌协议的税企争议不断发生。

（一）对赌协议概念

对赌协议，又称估值调整协议（Valuation Adjustment Mechanism，VAM），是股权投资中常用的一种价值调整机制与合同安排，是资产收购方等投资方与资产出让方等融资方在签订并购或者融资协议时，对于未来不确定情况达成的一种约定。如果约定的目标实现，一方将享有某种权利；如果约定的目标没有实现，一方需要给予某种补偿。

对赌协议的出现一般是由于交易双方因信息不对称或对交易标的物的估值不能充分认识而引发的一种估值调整机制，有利于保护投资方及融资方的利益。在并购重组中，交易双方为加快重组进程，一般会搁置争议，并增设相应条款，约定双方在设定的对价外，要根据未来不确定情况的出现与否行使相关权利或履行相关义务。这种约定在我国重组交易合同中通常表现为“业绩补

① 此处部分内容摘自《企业重组财税处理实务与案例》一书，中国财政经济出版社 2020 年 8 月出版，吴健、姜新录、朱昌山、聂磊、高行锋著。

偿条款”，资本市场俗称“对赌协议”。

（二）九民纪要关于对赌协议的表述

2019 年 11 月 8 日，《最高人民法院关于印发〈全国法院民商事审判工作会议纪要〉的通知》（法〔2019〕254 号）正式发布，其中值得注意的是，该会议纪要（也称“九民纪要”）就对赌协议的相关问题作出说明，这是对赌诞生以来获得的最权威发声。虽然九民纪要既不是立法，也不是司法解释，不能作为裁判依据进行援引，但人民法院在裁判文书中的“本院认为”部分具体分析法律适用的理由时，提出可以根据九民纪要的相关规定进行说理，一定程度上解决了在民商事法律的适用过程中，法律本身应当如何来理解、应用中的一些重点难题，对当前和未来一些具体商事关系起到规制和引导作用。

九民纪要在关于“对赌协议”的效力及履行方面，有如下表述。

实践中俗称的“对赌协议”，又称估值调整协议，是指投资方与融资方在达成股权性融资协议时，为解决交易双方对目标公司未来发展的不确定性、信息不对称以及代理成本而设计的包含了股权回购、金钱补偿等对未来目标公司的估值进行调整的协议。从订立“对赌协议”的主体来看，有投资方与目标公司的股东或者实际控制人“对赌”、投资方与目标公司“对赌”、投资方与目标公司的股东、目标公司“对赌”等形式。人民法院在审理“对赌协议”纠纷案件时，不仅应当适用合同法的相关规定，还应当适用公司法的相关规定；既要坚持鼓励投资方对实体企业特别是科技创新企业投资原则，从而在一定程度上缓解企业融资难问题，又要贯彻资本维持原则和保护债权人合法权益原则，依法平衡投资方、公司债权人、公司之间的利益。对于投资方与目标公司的股东或者实际控制人订立的“对赌协议”，如无其他无效事由，认定有效并支持实际履行，实践中并无争议。但投资方与目标公司订立的“对赌协议”是否有效以及能否实际履行，存在争议。对此，应当把握如下处理规则。

与目标公司“对赌”。投资方与目标公司订立的“对赌协议”在不存在法定无效事由的情况下，目标公司仅以存在股权回购或者金钱补偿约定为由，主张“对赌协议”无效的，人民法院不予支持，但投资方主张实际履行的，人民法院应当审查是否符合公司法关于“股东不得抽逃出资”及股份回购的强制性规定，判决是否支持其诉讼请求。

投资方请求目标公司回购股权的，人民法院应当依据《公司法》第三十五条关于“股东不得抽逃出资”或者第一百四十二条关于股份回购的强制性规定进行审查。经审查，目标公司未完成减资程序的，人民法院应当驳回其诉讼请求。

投资方请求目标公司承担金钱补偿义务的，人民法院应当依据《公司法》第三十五条关于“股东不得抽逃出资”和第一百六十六条关于利润分配的强制性规定进行审查。经审查，目标公司没有利润或者虽有利润但不足以补偿投资方的，人民法院应当驳回或者部分支持其诉讼请求。今后目标公司有利润时，投资方还可以依据该事实另行提起诉讼。

（三）对赌协议的构成要素

九民纪要就对赌的范围、对赌的主体等进行了解释，然而在实践中，对赌协议的类型比较复杂，且不断有创新形式出现，很多对赌的形式并不在九民纪要的解释范围内。当然，有些合同约定并不一定是对赌协议，要判断其是否成为一份对赌协议，关键判断其是否具备对赌协议的各项构成要素。根据目前的实践，笔者认为，对赌协议的构成要素有：对赌主体、对赌标的、支付补偿方、被补偿对象、补偿方式、对赌期间等。

（四）对赌协议的分类

对赌协议并没有一个权威的明确分类，但根据并购重组实践，笔者认为可以有以下分类。

1. 按对赌主体不同

按对赌主体不同，分为投资方与目标公司股东对赌、投资方与目标公司对赌、投资方同时与目标公司及其股东对赌。

2. 按对赌标的不同

按对赌标的不同，分为实现的业绩、完成的其他财务指标、上市时间、企业行为、管理层去向等具体事件。

3. 按补偿方向的不同

按补偿方向的不同，分为正向对赌、反向对赌。

正向对赌，是或有对价的一种，常见于国内企业在进行海外并购的交易中。正向对赌时，对赌各方约定，如果未来对赌标的达到约定的条件，投资方要追加一定的支付对价。从财务角度来说，投资方的投资款经过了最初的“预付”和后期的“追加”两次投资。

而国内并购实务中最常见的方式是反向对赌。反向对赌是指投融资双方在达成交易时，事先约定目标资产未来可以实现的盈利预期，双方以此为基础约定收购总价款。如果目标资产未来实现事先约定的盈利预期，则对赌结束。如果目标资产未来没有实现事先约定的盈利预期，则出让方应向收购方返还约定金额的价款。从财务角度来说，第一次是投资者作为收购方完成“付款”操作，第二次是资产出让方完成“返还”操作。

4. 按基础资产的不同

按基础资产的不同，分为增资型对赌、资产收购型对赌。

增资型对赌，是指在投资者对目标公司进行增资时，以被投资的公司为基础资产进行对赌，通常采用目标公司及资产的未来盈利能力或未来能否上市等作为对赌标的。从财务角度来说，与目标公司股东对赌属于投资者与目标公司股东的资金往来，与目标公司对赌属于投资者与目标公司的资金往来。

资产收购型对赌，是指在收购方对目标公司或标的资产进行收购时，收购方以被收购公司或标的资产作为基础资产进行对赌，通常采用目标公司或标的资产的未来盈利能力作为对赌标的。从财务角度来说，资产收购型对赌属于投资者与被投资公司之间的资金往来，股权收购型对赌属于投资者与被投资公司股东之间的资金往来。

5. 按补偿方式的不同

按补偿方式的不同，分为现金补偿、股权补偿、现金＋股权混合补偿、股权回购。

在反向对赌协议中，对赌主体需要约定对赌失败后的补偿方式，一般有现金补偿，股份（股票）补偿，或现金及股份（股票）同时补偿。很多上市公司在重大资产重组协议中约定，首先用股份（股票）进行补偿，不足部分用现金补足。也有约定，补偿义务人可以选择用股份（股票）或现金来补偿。

6. 按补偿义务人的不同

按补偿义务人的不同，分为卖方补偿、买方补偿、其他第三方补偿。

常见的补偿义务人是资产（股权）转让方，被补偿对象是资产（股权）收购方，但也有个别案例被补偿对象是资产（股权）转让方或第三方。2014年，西部资源收购重庆开投集团持有的标的公司股权时，西部资源及其股东作出了收购标的公司后的业绩承诺，因此西部资源及其股东是支付补偿方。在2013年斯太尔收购武汉梧桐硅谷案例中，斯太尔的控股股东英达钢构对标的公司的业绩作出了承诺，因此英达钢构是支付补偿方。

三、对赌协议需要考虑的税务问题

目前实务界探讨最多的是触发对赌条款后，即对赌考核期结束后的税务问题。要分析对赌协议中的税务问题，首先需要将对赌协议按照一定的标准进行分类。为了便于税务处理分析，笔者将对赌协议大致分为四类事件：股权回购事件，正向对赌事件，业绩补偿事件（补对价、补利润），其他履约补偿事件。目前的各类对赌协议基本都可以归入此四类事件中，因此，我们按此分类梳理下其中需要解决的税务问题。

（一）股权回购对赌

股权回购事件中需要考虑的税务问题主要有：股权回购与原股权转让是一次交易或是两次交易？各方应该如何进行税务处理？

（二）正向对赌

正向对赌事件中需要考虑的税务问题主要有：资产（股权）收购方所收购资产（股权）计税基础的确认；资产（股权）转让方转让收入额的确认，即或有对价的处理；资产（股权）转让方纳税义务发生时间的确定。

（三）业绩补偿对赌

业绩补偿事件是目前对赌协议最常见的方式，也是讨论最多的问题。补偿的方式可能是支付现金补偿，或者支付股票补偿。从目前上市公司的实践看，补偿方式有补对价及补利润两种。

1. 补对价

在补对价的情况下，仅涉及两方，一般是原资产或股权出售方与购买方。业绩补偿在更多的情况下可以理解为是对原资产或股权估值的调整，税务处理相对简单。

支付补偿方一般是资产/股权出售方，需要考虑：支付的补偿能否冲减原转让收入？补偿部分已经缴纳的个人所得税或企业所得税能否退回？

收到补偿方一般是资产（股权）收购方，需要考虑：收到的补偿是否作为收入计入应纳税所得额？是否调减资产/股权的计税基础？

2. 补利润

在补利润的情况下，目标公司一般是接受补偿方，此时涉及三方的税务处理，相对比较复杂，不能简单地按估值调整来对待，需要具体情况具体分析。

支付补偿方一般是股权出售方，需要考虑：支付的补偿能否冲减原转让收入？补偿部分已经缴纳的个人所得税或企业所得税能否退回？

收到补偿方一般是目标公司，需要考虑：收到的补偿是否作为收入计入应纳税所得额？

股权购买方是否需要调减股权的计税基础？

（四）其他履约对赌

我们将业绩补偿事件外的其他补偿全部归入其他履约补偿事件。该类事件需要考虑的税务问题主要有：

（1）支付方支付的补偿能否作为相关费用在其税前扣除？

（2）收到补偿的一方是否将补偿作为收入计入应纳税所得额？

笔者认为，分析处理对赌协议中的税务问题，不能一概而论，应首先对交易进行定性，再按照避免重复征税及对交易实质征税的原则，结合具体案例进行具体分析。

在本案例中，A 上市公司应该收到的业绩补偿是基于股权收购而产生，该款项可以视为双方对于原股权收购价格的调整。在当初股权转让协议达成时，交易双方对于目标公司甲公司的估值不能准确确定，A 上市公司支付的 8 亿元可以视为一种预付款的性质，最终的股权收购款将视甲公司的业绩实现情况再进行调整。因此，一般情况下，对此种类型的业绩补偿款，股权收购方不应当做应税项目，在税务处理上较为合理的处理方式是冲减长期股权投资成本；股权转让方较为合理的处理方式是冲减原股权转让收入。

对于类似的问题，海南省税务机关曾经明确过。海南省地方税务局在 2014 年 5 月 5 日下发的《海南省地方税务局关于对赌协议利润补偿企业所得税相关问题的复函》（琼地税函〔2014〕198 号）是目前可以见到的唯一一个地方性执行口径，然而该文虽对收到补偿的一方明确可以作为最初受让股权的定价调整，却对支付补偿的一方如何进行税务处理没有作出明确。但该文作为就对赌协议的税务处理进行有益的尝试，还是受到业界的一致好评。该文全文如下：

海南航空股份有限公司：

你公司《关于对赌协议利润补偿企业所得税相关问题的请示》（琼航财〔2014〕237 号）收悉，经研究，现答复如下：依据《中华人民共和国企业所得税法》及《中华人民共和国企业所得税法实施条例》关于投资资产的相关规定，你公司在该对赌协议中取得的利润补偿可以视为对最初受让股权的定价调整，即收到利润补偿当年调整相应长期股权投资的初始投资成本。

海南省地方税务局

2014 年 5 月 5 日

但既然目前税法对收到的业绩补偿如何进行税务处理没有作出明确规定，A 上市公司可能出于厚增业绩的需要将该应收业绩补偿款 4.61 亿元计入营业外收入，那么税务机关要求 A 上市公司就此部分缴纳企业所得税也显得较为合理。

四、处理对赌协议税收问题的建议

由于目前税法对于对赌协议的税务处理尚未跟进，在国家层面没有出台相应的税务处理规则。笔者建议，纳税人在处理此类问题时，尽量做到如下几点。

（一）合理设计交易路径

由于税法中的征税对象必须是确定性的交易。在正向对赌中，交易价款由两部分组成：一部分是确定性的款项，一般在交易达成时须支付部分或全部；另一部分是不确定性的款项，能否实现须根据标的资产在交易后的业绩表现而定。在交易达成时前者是需要立即纳税的，后者由于金额及时间的不确定，无须在交易达成时立即纳税。因此，从税收风险防控的角度而言，正向对赌模式是一种较为科学的模式。我们从上市公司实践看，已经有越来越多的公司采用正向对赌的模式（也有将正向对赌称为“盈利能力支付计划安排”）。如图 25－2 所示，交易双方约定，股权转让价款 7 亿元，如标的公司未实现业绩承诺，股权转让方须退还 2 亿元，最终转让方实现的股

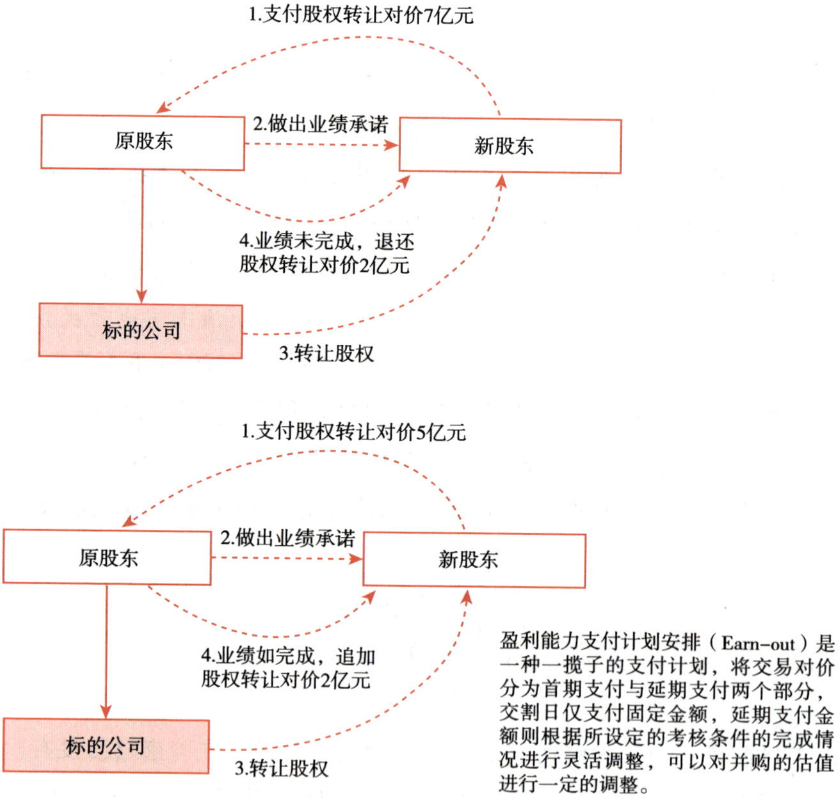

图 25－2　交易路径

权转让收入是 5 亿元。其实，如对交易模式稍作变化，也完全可以实现上述目的，即可以将股权转让款约定为两部分：第一部分是 5 亿元的固定价款，在交易达成时支付；第二部分的 2 亿元视标的公司业绩实现情况再决定是否支付，如标的公司未实现业绩承诺，将不再支付，最终股权转让方实现的转让收入仍为 5 亿元。但后者设计的交易路径可以避免因对赌失败需要退税的不便。

（二）加强与税务机关沟通，必要时报备

企业持续经营，对赌失败后产生的亏损可以在以后期间弥补。但个人所得税实行综合与分类相结合税制，对财产转让所得个人所得税实行按次征收，在已经缴纳个人所得税后，因对赌失败导致个人所得税多缴，却无与之相适用的退税相关规定，导致税收待遇不公。比如，按照《国家税务总局关于发布〈股权转让所得个人所得税管理办法（试行）〉的公告》（国家税务总局公告 2014 年第 67 号）第九条规定，纳税人按照合同约定，在满足约定条件后取得的后续收入，应当作为股权转让收入。一些对赌协议会包含双向对赌条款。如 2015 年 2 月 17 日，建设机械发布《发行股份购买资产并募集配套资金暨关联交易报告书》，通过发行股份购买资产方式取得自贡天成工程机械有限公司 100% 股权，以收益现值法进行评估并作为定价参考依据。天成机械原控股股东暨实际控制人王志荣对目标公司的业绩进行了承诺，当天成机械未完成业绩承诺时，王志荣应当对上市公司进行补偿，当业绩超额完成时，超额业绩部分奖励给王志荣。根据国家税务总局公告 2014 年第 67 号，股权转让后期收到的款项应作收入处理，因此王志荣若得到了超额业绩奖励，则要被视为股权转让收入，缴纳个人所得税。若对赌失败，王志荣向上市公司支付了业绩补偿，却没有可以退还个人所得税的依据。对同一事项，收入增加后征税，而收入减少后却没有退税，政策显失公允。又如，在华谊兄弟 2015 年收购东阳美拉 70% 股权一案中，由于东阳美拉未完成 2018 年度、2020 年度的业绩承诺，冯小刚向华谊兄弟两次共补偿了 2.36 亿元。因此，建议纳税人在遇到此类问题时，加强与主管税务机关的沟通，必要时，可将对赌协议等有关资料提前向税务机关报备，防止当业绩补偿发生时出现个人不能退税的问题。

（三）厘清交易实质，维护自身权益

在对赌协议中，首先应该分析交易的实质，对相关交易进行定性，从而根据交易实质进行课税，避税重复征税。在对赌协议中，若发生了业绩补偿，承诺方因支付补偿使得其原可支配收益减少，笔者认为，应调整其原来确认的资产或股权转让所得，原来已经缴纳的税款应予退回；取得补偿的一方相应增加了可支配收益，应调整其所取得资产的计税基础。建议纳税人遇到此类问题时，应积极维护自身权益。

案例 26 股权代持中的税收问题及典型案例介绍

在实务中，一些公司的实际出资人由于各种原因，如为了规避股东身份的限制、为了规避关联关系等，会选择股权代持的方式，即约定由名义出资人作为公司工商登记的股东代实际出资人持有股权，但由实际出资人履行出资义务并享有投资收益。近年来，在注册制大背景下，拟上市公司在首发上市资料中披露的代持股还原案例较多，本部分介绍了几起代持股还原时的税务处理典型案例，简要分析了其中的税收问题及部分税务机关的态度。

一、典型案例介绍

（一）锋尚文化：补征个税及滞纳金上千万元

2020 年 6 月 22 日，北京锋尚世纪文化传媒股份有限公司在《首次公开发行股票并在创业板上市招股说明书（申报稿）》中披露了股权代持及还原过程中的涉税处理情况。税务机关对代持时的股权转让行为要求纳税人核定补缴税款 345.67 万元并加收滞纳金 692.89 万元，但并未披露代持股还原时的税务处理（代持及还原间隔时间 7 个月）。节选内容如下。

2007 年 9 月，沙晓岚、王芳韵将持有锋尚有限的股权转让给北京金典文化艺术有限公司（以下简称“金典文化”），委托金典文化进行代持；2008 年

4月，金典文化将持有锋尚有限的股权转让给沙晓岚、王芳韵，对上述股权代持进行了还原。沙晓岚、王芳韵委托金典文化代为持有锋尚有限的股权系基于业务发展角度考虑，由于当时锋尚有限注册资本较小，拟通过未分配利润转增的方式增加注册资本，而法人股东就未分配利润转增注册资本无须缴纳相应税费。

根据沙晓岚、王芳韵和金典文化于2017年8月签署的《股权转让确认书》，确认因股权代持和股权代持还原发生的股权转让行为均为各方的真实意思表示，沙晓岚、王芳韵与金典文化于2007年9月签署的《股权转让协议》及2008年4月签署的《股份转让协议》均已履行完毕，上述股权转让实际属于委托持股及解除、还原代持股权，沙晓岚、王芳韵与金典文化均未向对方支付股权转让价款；各方确认，相互之间均不存在任何债权债务；截至全部委托持股关系解除时，锋尚有限股权权属明确、清晰，沙晓岚、王芳韵与金典文化未发生也不存在任何股权争议、纠纷及潜在争议、纠纷。

根据发行人与主管税务机关的沟通，由于锋尚有限在未分配利润转增注册资本时，其名义股东金典文化不存在纳税义务，主管税务机关无法在未分配利润转增注册资本环节向实际股东沙晓岚、王芳韵征收个人所得税。但由于沙晓岚、王芳韵将其持有的锋尚有限股权转让给金典文化时，未及时申报纳税，主管税务机关认定应在股权转让环节按照锋尚有限当时净资产金额核定股权转让价格并向沙晓岚、王芳韵征收个人所得税。2018年10月15日，沙晓岚、王芳韵就上述事项主动申报并缴纳了税款及滞纳金。2018年10月24日，国家税务总局北京市东城区税务局出具《涉税情况说明》：鉴于沙晓岚、王芳韵就上述股权转让事项自行申报补缴个人所得税税款及滞纳金，对其不予进行行政处罚。

根据上海浦东发展银行股份有限公司北京东三环支行提供的银行回单，沙晓岚、王芳韵已于2018年10月15日向国家税务总局北京市东城区税务局申报缴纳税款及滞纳金合计1 038.56万元。其中，沙晓岚应缴财产转让所得个人所得税259.25万元、滞纳金519.67万元；王芳韵应缴财产转让所得个人所得税86.42万元、滞纳金173.22万元。从结果上来看，若主管税务机关在未分配利润转增注册资本环节向沙晓岚、王芳韵追缴个人所得税，其应补缴的个人所得税款项为200.00万元；而由于锋尚有限当时净资产大于未分配利润转增后的注册资本，沙晓岚、王芳韵实际补缴的个人所得税款项合计345.67万元高于前述未分配利润转增注册资本环节的潜在纳税义务金额。

综上所述，上述委托持股解除不存在纠纷，沙晓岚、王芳韵不存在因该等事项被主管税务机关行政处罚的风险。

经核查，保荐机构、发行人律师认为：沙晓岚、王芳韵与金典文化之间的委托持股关系已彻底解除，且未发生也不存在任何股权争议、纠纷及潜在争议、纠纷；沙晓岚、王芳韵就相关股权转让事项已自行申报补缴个人所得税税款及滞纳金，主管税务机关对其不予进行行政处罚，沙晓岚、王芳韵不存在因该等事项被主管税务机关行政处罚的风险，不构成本次发行上市的法律障碍。

（二）冠石科技：通过司法确权还原代持股

2021年7月28日，南京冠石科技股份有限公司在《首次公开发行股票并上市招股说明书》中披露了代持股的还原情况，公司股东张建巍股权由他人代持，为使税务认可无偿转让解除代持，各方约定采用司法判决的方式对历史上曾经存在的股权代持关系进行确认。节选内容如下。

（1）2012年6月，有限公司第一次股权转让，形成股权代持。2012年原股东牟宗团退出公司，同意将其持有的公司40%出资份额转让给股东张建巍。

张建巍自2011年即开始筹划子女赴美留学事宜并计划长期在美国陪读，考虑到未来可能频繁、长时间赴美，为避免作为公司股东长期不在国内，影响公司正常经营（如无法及时办理相关工商登记手续等），张建巍安排两名亲属代其持有公司全部股权。2012年5月15日，张建巍分别与费菊芬、范红岩签署《股权代持协议》，由费菊芬代张建巍持有有限公司60%出资份额，范红岩代张建巍持有有限公司40%出资份额。费菊芬为张建巍配偶马晓叶之姨母，范红岩为张建巍弟弟张建桥之配偶，两人均认可上述代持原因。

张建巍与费菊芬签署的《股权代持协议》主要内容如下："甲方（即张建巍）委托乙方（即费菊芬）以乙方名义对南京冠石科技有限公司出资30万元，本次出资完成后，乙方代甲方持有南京冠石科技有限公司的出资占南京冠石科技有限公司注册资本总额的比例为60%，股权比例为60%。上述代持股权以乙方名义记载于公司章程和工商登记等相关文件中，但上述代持股权的实际出资人及所有人为甲方。”

张建巍与范红岩签署的《股权代持协议》主要内容如下：“甲方（即张建巍）委托乙方（即范红岩）以乙方名义对南京冠石科技有限公司出资 20 万元，本次出资完成后，乙方代甲方持有南京冠石科技有限公司的出资占南京冠石科技有限公司注册资本总额的比例为 40%，股权比例为 40%。上述代持股权以乙方名义记载于公司章程和工商登记等相关文件中，但上述代持股权的实际出资人及所有人为甲方。”

冠石有限成立前，张建巍于 1994 年 6 月至 1996 年 8 月任南京蓝天股份有限公司生产经理；于 1996 年 8 月至 2002 年 1 月任 SMC（中国）有限公司销售经理。张建巍在前述原单位未签署竞业禁止协议，且其最近一次在原单位任职与 2012 年进行股权代持的间隔时间已超过 10 年，远超出通常情况下竞业禁止协议约定的竞业限制期限。因此，发行人的股权代持事项不涉及规避竞业限制的情形。此外，由于张建巍于股权代持期间始终为发行人的法定代表人及执行董事，故发行人的股权代持事项不涉及规避与客户或供应商的关联关系的情形。另外，发行人的股权代持事项亦不涉及其他因素或法律风险的情形。2012 年 5 月 23 日，有限公司召开股东会，全体股东一致同意股东张建巍将其持有的有限公司 30 万元出资额作价 30 万元转让给费菊芬，股东牟宗团将其持有的有限公司 20 万元出资额作价 20 万元转让给范红岩。上述股权转让定价系参考原股东的原始出资额确定。同日，张建巍、牟宗团分别与费菊芬、范红岩签署《股权转让协议》。费菊芬并未向张建巍实际支付股权转让款，范红岩向牟宗团支付的股权转让款来自股权实际持有人张建巍向其支付的现金。未采用转账方式的原因，系由于张建巍以前习惯使用现金，认为亲属之间使用现金更加方便。

（2）2016 年 3 月，有限公司第二次股权转让，解除股权代持。冠石有限于 2015 年 7 月起筹划登陆资本市场事宜并聘请了相关中介机构。通过与中介机构的接触，张建巍意识到股权代持事项直接影响公司上市，故决定进行股权代持还原。

2015 年 11 月 20 日，有限公司召开股东会，全体股东一致同意公司原股东费菊芬将其持有的公司 60 万元出资额作价 0 万元转让给股东张建巍，范红岩将其持有的公司 40 万元出资额作价 0 万元转让给股东张建巍，上述股权转让系解除代持，股权还原，故股权转让定价均为 0 元。同日，张建巍分别与费菊芬、范红岩签署《股权转让协议》。

根据费菊芬与张建巍签署的《股权转让协议》，“由于转让方持有的南京冠石 60% 的股权实为受让方所有，转让方同意将持有的南京冠石 60% 的股权无偿转让给受让方”。根据范红岩与张建巍签署的《股权转让协议》，“由于转让方持有的南京冠石 40% 的股权实为受让方所有，转让方同意将持有的南京冠石 40% 的股权无偿转让给受让方”。

由于张建巍与费菊芬、范红岩并非直系亲属，上述解除股权代持相关事项难以在税务上得到认可，因此经相关自然人协商，决定采取司法判决的方式对历史上曾经存在的股权代持关系进行确认。

根据南京市玄武区人民法院于 2017 年 10 月 19 日作出的（2017）苏 0102 民初 6273 号《民事判决书》，“本案中，原、被告于 2012 年 5 月 15 日签订的股权代持协议系当事人真实意思表示，内容没有违反法律、行政法规的强制性规定，协议合法有效。”“2015 年 11 月 20 日，原告（受让方）与被告（转让方）签订股权转让协议，约定：鉴于双方于 2012 年 5 月 15 日签订股权代持协议，双方就转让代持的冠石公司 60% 股权达成如下协议，转让方同意将持有的冠石公司 60% 的股权无偿转让给受让方。”“被告费菊芬辩称：对原告诉称的代持股事实及诉请请求均不持异议，现愿意将利润分配款返还给原告。”

根据南京市玄武区人民法院于 2017 年 10 月 19 日作出的（2017）苏 0102 民初 6272 号《民事判决书》，“本案中，原、被告于 2012 年 5 月 15 日签订的股权代持协议系当事人真实意思表示，内容没有违反法律、行政法规的强制性规定，协议合法有效。”“2015 年 11 月 20 日，原告（受让方）与被告（转让方）签订股权转让协议，约定：鉴于双方于 2012 年 5 月 15 日签订股权代持协议，双方就转让代持的冠石公司 40% 股权达成如下协议，转让方同意将持有的冠石公司 40% 的股权无偿转让给受让方。”“被告范红岩辩称：对原告诉称的代持股事实及诉请请求均不持异议，现愿意将利润分配款返还给原告。”

本次起诉前，费菊芬、范红岩已配合张建巍完成股权还原，但张建巍为确定股权关系，避免未来产生纠纷的可能，故以费菊芬、范红岩未返还股东利润分配款为由，以诉讼方式确定股权关系。南京市玄武区人民法院作出一审判决后，费菊芬、范红岩均未提起上诉。

至此，张建巍与费菊芬、范红岩自2012年5月形成的股权代持关系已彻底解除，股权代持形成及解除过程不违反相关法律法规的强制性规定，股权代持各方对该等股权（包括代持期间增资形成的股权）不存在争议、潜在纠纷，代持解除后公司的股权结构真实、清晰、稳定。

在股权代持期间，张建巍始终为有限公司的执行董事及法定代表人，实际仍履行其作为执行董事的相关职责，参与公司重大事项的内部决策，范红岩为有限公司的普通员工并担任监事，门芳芳为有限公司的经理，费菊芬为有限公司的普通员工。

目前，费菊芬、范红岩均为公司普通员工。在股权代持期间及该期间前后，费菊芬、范红岩与张建巍不存在单笔或累计交易金额在1万元以上的异常资金往来。

2016年3月10日，冠石有限股东会作出分红决议，同意冠石有限2012年至2015年度利润分配方案，其中费菊芬持股60%，利润分配金额为30万元，范红岩持股40%，利润分配金额为20万元。如前所述，张建巍为确定股权关系，避免未来产生纠纷的可能，故以费菊芬、范红岩未返还股东利润分配款为由，以诉讼方式确定股权关系。因此，相关分红款当时未直接支付给张建巍，而是支付给费菊芬、范红岩，系为以诉讼方式确定股权关系所作的安排，与代持事实并不相悖。

（三）迈拓仪表：代持还原时足额缴纳了个人所得税

2020年9月22日，迈拓仪表股份有限公司在相关发行上市材料中披露，代持还原时正常足额缴纳了个人所得税。节选内容如下。

代持相关各方仅因迈拓仪表设立时所处位置距城区相对较远，交通不便，为方便文件签署及行政登记事宜办理，且代持方与被代持方之间具备亲属/长期合作的信任关系，由沈激、路兵作为代持方代持股权。

2016 年 12 月，股权转让包括两个部分：第一部分为恢复公司股东实际权益的代持还原；第二部分为调整公司股权结构的非代持还原股权转让。为简化工商变更程序，上述代持还原及非代持还原股权转让以合并计算转让出资额的方式于同一次工商变更中进行相关变更登记。

代持解除事宜涉及的股权转让因转让目的系解除代持，恢复被代持方的实际股东身份，因此被代持方与代持方确认股权转让价款无须支付。

非代持还原的股权转让定价依据为参照公司 2016 年 11 月末的净资产，经相关转让方和受让方沟通协商确认，定价公允，本次股权转让受让方已支付全部股权转让价款，不存在任何纠纷或潜在纠纷。

2016 年 12 月，沈激将股权转让给孙卫国、杨荣福、葛建平、唐绪锦、赵家事、陈渠、吴正新，已经缴纳个人所得税 462.68 万元。该股权转让包含代持还原及非代持还原的股权转让两部分，其中代持还原涉及的股权转让因转让目的系解除代持，恢复被代持方的实际股东身份，被代持方与代持方双方确认无须支付对价，但相关方仍按照同次股权转让价格缴纳了相应的个人所得税；非代持还原的股权转让部分也已经足额缴纳相应的个人所得税。

尽管该次股权转让包含代持还原及非代持还原的股权转让两部分，但税务主管部门仍要求按照工商变更的股权转让情况，即两部分股权转让合计，征收个人所得税，相关股东均已按照税务主管部门要求足额缴纳个人所得税。截至本补充法律意见书出具日，代持相关各方就代持及解除代持事项不存在纠纷或潜在纠纷，公司股东不存在其他未披露的委托持股、信托持股等利益安排，不存在影响公司实际控制权稳定的事宜。

（四）伟创电气：因不懂政策，代持还原缴纳个税

2020 年 9 月 24 日，苏州伟创电气科技股份有限公司在相关发行上市材料中披露，因对税法相关规定不熟悉，代持还原缴纳了个人所得税。后期税务机关认为股权转让收入偏低，调整了其他股东的转让收入要求补税，但对代持还原的未再要求补缴个税。节选内容如下。

深圳伟创于 2005 年 7 月 1 日设立，设立时胡智勇所持深圳伟创的股权由迟玮代持，原因是胡智勇当时未办理深圳韦尔离职手续，胡智勇 2008 年从该

公司离职，该公司已于2013年1月15日注销。迟玮系胡智勇配偶的哥哥的配偶。

2016年4月，深圳伟创的认缴出资额为5 000万元，实缴出资额为500万元，迟玮、唐淑彦、宋奇勋、邓雄等人分别将其持有深圳伟创全部或部分股权按实缴出资额的价格转让给胡智勇、莫竹琴、骆鹏、左洪浪等13人，其中迟玮将股权转让给胡智勇、唐淑彦将股权转让给莫竹琴系股权代持还原，将股权转让给骆鹏、左洪浪等人系深圳伟创为优化股权结构，引入管理人员持股，共同致力于公司发展。除代持还原外，本次股权受让方均为深圳伟创经营管理层关键人员，为激励其长期服务于公司，因此原股东以低于净资产的价格转让股权。

根据深圳伟创提供的完税凭证，2016年5月，深圳伟创已按照初步匡算的2016年2月净资产32 529 170.23元为本次股权转让方代缴个人所得税合计4 092 599.75元，各转让方已在2016年9月前将深圳伟创代为缴纳的个税款项返还给深圳伟创；因对税法相关规定不熟悉，尽管是股权代持还原，迟玮及唐淑彦仍然缴纳了个人所得税，迟玮、唐淑彦缴纳个人所得税的资金分别由胡智勇、莫竹琴以自有资金提供。

2018年6月，针对本次股权转让，邓雄、宋奇勋应税务主管部门的通知再次补缴个人所得税合计289 216.12元，再次补缴税款的原因为本次股权转让各转让方申报的股权转让收入较深圳伟创2015年度汇算清缴财务报表载明的净资产66 302 715.17元存在偏低的情形，应税务主管部门通知，核定各转让方按照深圳伟创2015年度汇算清缴时的净资产66 302 715.17元减去截至2016年2月的亏损11 082 139.49元后的净资产金额55 220 575.68元再次补缴个人所得税；由于此时本次发行上市的中介机构已进场，且认为股权代持还原可以不用缴纳个人所得税，经与税务主管部门沟通并提交相关股权代持证明资料后，税务主管部门未要求迟玮及唐淑彦补缴个人所得税。

除股权代持还原外，由于本次股权转让的受让方均为深圳伟创经营管理层关键人员，为激励其长期服务于公司，因此原股东以低于净资产的价格转让股权，具有合理性；且各转让方已履行了纳税义务，邓雄及宋奇勋已按照税务主管部门核定的深圳伟创净资产金额补缴税款，不属于违法违规行为；截至本回复签署之日，各转让方及受让方不存在因上述股权转让事项受到税务主管部门处罚的情形。

二、股权代持中的税收问题

股权代持，就是别人代持你的股权。一般有个人替个人代持，也有企业替个人代持，比如职工持股会替个人代持。股权代持中的税收问题主要是代持期间的税收问题和代持股还原时的税收问题。

（一）股权代持期间的税收问题

股权代持期间的税收问题，主要是股息红利的处理。如果个人之间代持，代持人被征税后，转交实际出资人时还要不要纳税？企业代个人持股的，企业免税后，转交实际出资人的，企业是否做利润分配处理？实际出资人是否不再纳税？以上问题并没有标准答案。

（二）代持股还原时的税收问题

代持股还原也称为“隐名股东显名化”，会涉及如何还原问题，以及股息红利税收的处理问题。代持还原，目前绝大多税务局的做法是按股权转让来处理，难点在于如果平价转让且低于公司净资产，股权转让价格会不会被调增？也有个别通过司法裁定来处理。股息红利的处理更复杂，比如，通用电梯原本由个人出资设立，但由美国通用代持了一段时间，个人取得股息红利本来按20%缴纳个税，但很可能因为代持，美国通用按10%的税率缴纳了非居民企业所得税，其将税后利润返还实际出资人时，实际出资人有没有补缴个人所得税？代持还原后，原自然人由于股权代持而少缴的个人所得税要不要补缴？如何补缴？

笔者认为，代持股还原无非有两种途径：一是通过司法确权或司法裁定处理。此时应该是相关方持相关司法文书直接到市场监管部门办理股权变更，再到税务机关作股权变更确认，不会涉及税收问题；另一种是按股权转让来处理。股权转让就会涉及股权转让价格是否公允问题，笔者认为，如果相关各方能提供有效证据证明股权系代持的，对股权转让价格按原成本价的，税务机关应予认可。如果相关各方不能提供有效证据证明股权系代持的，股权转让价格应按公允价格，此时很可能会涉及股权转让所得，进而需要缴纳企业所得税或个人所得税问题。

目前，税法认可的股权代持行为仅一种：《国家税务总局关于企业转让上市公司限售股有关所得税问题的公告》（国家税务总局公告 2011 年第 39 号）对因股权分置改革造成的企业代个人持有的限售股，转让时按不重复征税原则来处理，由名义股东企业一方来纳税。

三、税务机关的态度

近年来，股权代持诉讼案件日益增多。《最高人民法院关于适用〈中华人民共和国公司法〉若干问题的规定（三）》第二十一条至第二十八条及《全国民商事审判工作会议纪要》第二十八条规定，是股权代持案件当前审理的主要法规基础。股权代持及股东资格确认纠纷的法律关系相对复杂，涉及三重法律关系，即实际出资人与名义股东之间的代持关系、实际出资人与公司及其他股东之间的内部关系及第三人与实际出资人、名义股东或公司之间的外部关系，相关纠纷的解决应兼顾公司法与民法典合同编、物权编等规则的调整与协调。

笔者认为，税务机关作为行政执法机关，既无能力也无权力去探究外在法律形式背后的经济实质，不宜轻易按照“实质重于形式”原则去处理代持股涉税事宜。因此，税务局没能力也无权去认定股权代持行为，只能依据法律形式来征税，也就是以企业在市场监管部门登记的名义持股人为准来征税，否则，税务机关可能会陷入代持双方的民事纠纷中。从实际案例看，如无特别原因，比如司法机关的裁定等，税务机关并不承认股权代持行为，而是按照股权所表现出的法律形式来处理相关涉税事宜。因此，对于代持股的还原问题，税务机关一般按照普通的股权转让来处理。

2020 年 7 月 28 日，《国家税务总局厦门市税务局关于市十三届政协四次会议第 1112 号提案办理情况答复的函》（厦税函〔2020〕125 号）就《关于降低厦门股权代持关系下实际出资人双重税负的提案》进行了答复，主要内容如下。

（一）关于显名股东纳税义务的认定

《中华人民共和国税收征收管理法实施细则》第三条第二款规定："纳税人应当依照税收法律、行政法规的规定履行纳税义务；其签订的合同、协议等与税收法律、行政法规相抵触的，一律无效。"显名股东作为登记在股东名册上的股东，可以依股东名册主张行使股东权利，依据《中华人民共和国企业所得税法》《中华人民共和国个人所得税法》，是符合税法规定的转让股权和取得投资收益的纳税人，其取得股息红利所得、股权转让所得，应当依法履行纳税义务。

《公司注册资本登记管理规定》（国家工商行政管理总局令第 64 号）第八条规定"股东或者发起人必须以自己的名义出资"，明确了行政管理的方式是要求股东以自己的名义出资。而《最高人民法院关于适用〈中华人民共和国公司法〉若干问题的规定（三）》第二十五条的相关规定，仅说明人民法院认可代持合同具有法律效力，规范的是代持当事人内部的民事法律关系，不属于对《公司注册资本登记管理规定》中关于股东出资规定的调整或变化。

（二）关于隐名股东纳税义务的认定

1. 隐名股东为自然人的情形。《中华人民共和国个人所得税法》第二条，明确了应当缴纳个人所得税的九种所得，显名股东将取得的税后股息红利所得、股权转让所得，转付给隐名股东（自然人），不属于法律规定应当缴纳个人所得税的所得。

2. 隐名股东为企业的情形。《中华人民共和国企业所得税法》第六条规定，企业以货币形式和非货币形式从各种来源取得的收入，为收入总额，包括其他收入；第七条、第二十六条，分别列明了法定的不征税收入和免税收入。据此，隐名股东（企业）从显名股东取得基于代持合同关系产生的所得，不属于法定的不征税收入和免税收入，应当按照企业所得税法规定缴纳企业所得税。

（三）其他

关于显名股东（企业）取得股息红利后，转付给隐名股东（企业），隐名股东（企业）是否能够适用“符合条件的居民企业之间的股息、红利等权益性投资收益为免税收入”的问题，由于隐名股东（企业）和显名股东（企业）之间并未构成股权投资关系，隐名股东（企业）从显名股东（企业）取得的收入不符合股息、红利所得的定义，税法也未规定可以“穿透”作为隐名股东（企业）取得权益性投资收益对其免税。

关于提案提到的《国家税务总局关于企业转让上市公司限售股有关所得税问题的公告》（国家税务总局公告2011年第39号），其适用情形仅限于限售股。

笔者认为，股权代持行为，虽然在司法上予以认可，但却算不上是规范的民事行为，税法又怎么能去规范其税务处理呢？只能遇到具体问题具体处理，总的原则是不应重复征税。但在实务中，由于各种原因，股权代持其实存在很大的税务风险，一些股权代持行为付出了高昂的税收成本，建议相关纳税人注意妥善保存相关证据资料，提前统筹考量股权代持中的税务问题，防范股权代持中的税收风险。

案例 27
利用定向分红进行避税案例

企业在分红时，没有按照各个投资者的出资比例分红，而是仅向个别投资者分红，就是俗称的“定向分红”。笔者的微信公众号“陇上税语”曾介绍了笔者挖掘的几起定向分红案例，如《定向分红！你增资 1.4 亿元，3 天后给你分红 2 亿元，你再实缴》《又见定向分红！用 1.4 亿元分红款支付 1.37 亿元股权收购款》《这个定向分红的税务筹划被深交所详细问询》等，引起了读者朋友们的极大兴趣。一些朋友讨论，税务机关是否可以对定向分红避税行为进行纳税调整？如果可以，该如何进行调整？本部分以常州某股份有限公司的定向分红避税案为例，分析当前的税收规定及税务机关的反避税措施。

一、定向分红案例

近日，常州某股份有限公司（以下简称“发行人”）在招股说明书中披露了报告期内公司股利分配的具体情况，其中涉及定向分红：2018 年 10 月，发行人股东会决议向持股 35% 的股东宁波 A 公司定向分红 1.4 亿元，其他股东不参与本次分红。定向分红的原因为宁波 A 公司需要资金支付原外方股东 M 公司的股权转让款项。

2016 年 6 月，外国企业 M 公司出资 9 461.28 万元入股发行人，占 35% 的股权，公司变更为外商投资企业。增资后发行人股东有两名，为李某 65%、M 公司 35%。

2018 年 9 月，M 公司将其持有的公司 35% 股权以 1.37 亿元转让给宁波 A 公司。发行人称，转让价格系经双方友好协商后基于公司账面净资产评估值而确定的，转让价格所基于的公司净资产中已包含未分配利润等留存收益。转让后发行人股东有两名，为李某 65%、宁波 A 公司 35%。而宁波 A 公司由李某持有 100% 股权（见图 27－1）。

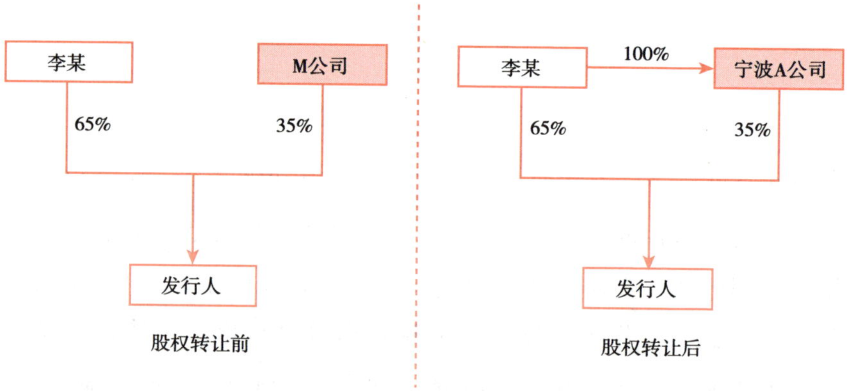

图 27－1　股权转让前后的股权架构图

发行人认为，在作出定向分红决定时，发行人仅有李某及宁波 A 公司两名股东，李某直接和间接持有发行人 100% 股权，发行人对宁波 A 公司定向分红不存在损害其他股东利益的情形，且股权转让完成后的分红行为并不影响原外方股东 M 公司的权益。另外，作出定向分红决定时，发行人系有限责任公司，相关决定经全体股东表决通过，不存在违反发行人当时有效的公司章程或公司法等法律法规的情形。综上，前述定向分红符合当时有效的公司章程及相关法律法规的规定，且具有合理性。

发行人还披露，宁波 A 公司支付股权转让款的资金来源为合法的分红所得，宁波 A 公司在 2018 年年度汇算清缴中已将该笔分红所得作为免税收入进行了纳税申报（见图 27－2）。

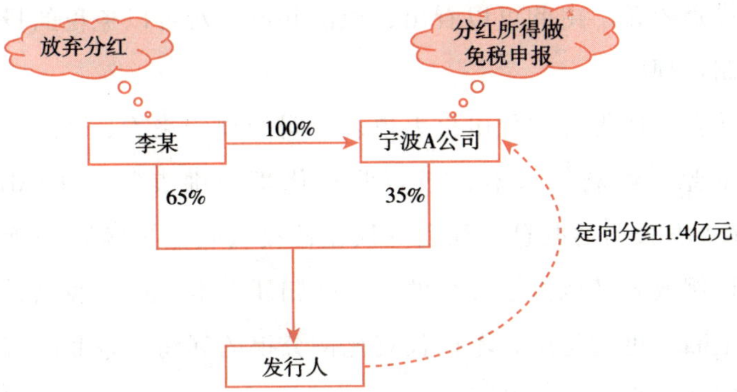

图 27－2　定向分红示意图

二、本案例的税务处理分析

(一) 企业取得不按出资比例的分红，能享受免税优惠吗?①

在实务中，企业通常按照出资比例进行利润分配，但一些企业由于各种原因不按照出资比例，而是按照章程约定的比例进行利润分配。在这种情况下，有的企业投资者可能取得了超过投资比例的所得。

在《公司法》层面，企业可以不按照股权出资比例进行利润分配。《公司法》第三十四条规定，有限责任公司股东按照实缴的出资比例分取红利；公司新增资本时，股东有权优先按照实缴的出资比例认缴出资。但是，全体股东约定不按照出资比例分取红利或者不按照出资比例优先认缴出资的除外。

同时，《中华人民共和国企业所得税法》第二十六条规定，符合条件的居民企业之间的股息、红利等权益性投资收益，属于免税收入。《中华人民共和国企业所得税法实施条例》第八十三条进一步解释，“符合条件的居民企业之间的股息、红利等权益性投资收益”，指居民企业直接投资于其他居民企业取得的投资收益，不包括连续持有居民企业公开发行并上市流通的股票不足 12

① 此处部分内容摘自《中国税务报》记者阚歆旸于 2020 年 12 月 4 日在《中国税务报》发表的文章《不按出资比例分配利润，能享受免税优惠吗?》，在该文中，笔者接受了《中国税务报》的采访。

个月取得的投资收益。由此可以看出，税法并没有对可以免税的投资收益，作出比例的限制性规定。

此外，从企业所得税纳税申报表填表说明的规定来看，“符合条件的居民企业之间的股息、红利等权益性投资收益优惠明细表”（A107011）第7列“依决定归属于本公司的股息、红利等权益性投资收益金额”明确：填报纳税人按照投资比例或者其他方法计算的，实际归属于本公司的股息、红利等权益性投资收益金额。也就是说，不按投资比例分得的利润，企业能否享受免税优惠，现行规定并未限制。

综上所述，从法律层面看，如果发行人在报市场监管部门备案的公司章程中明确不按出资比例分配红利，而是按约定的比例进行分红，那么宁波A公司按约定比例取得的分红，可以享受免缴企业所得税优惠，但有一个前提条件——企业不宜经常性地调整分配比例，否则容易被质疑为利益输送，从而被认定为存在不合理商业目的。

（二）该案属于一个避税安排

一般认为，避税安排具有以下特征：（1）以获取税收利益为唯一目的或者主要目的；（2）以形式符合税法规定，但与其经济实质不符的方式获取税收利益。

在本案例中，如果各股东按出资比例分配利润，李某应该分得的利润为14 000×65% =9 100（万元），其应就股息红利所得缴纳个人所得税9 100×20% =1 820（万元）。

李某持有宁波A公司100%股权，双方具有关联关系。李某通过设立宁波A公司，以李某放弃分红、发行人仅对宁波A公司定向分红的方式，将本属于李某的投资收益9 100万元全部分配至宁波A公司，而宁波A公司将9 100万元作为免税收入进行纳税申报。

如果宁波A公司不对李某分配利润，通过以上安排，李某可以减少其由于股息红利所得应该缴纳的个人所得税1 820万元。即使宁波A公司以后对李某进行利润分配，李某也至少可以获得延迟纳税的利益，因此该安排明显不具有合理商业目的，获取了不当税收利益，属于“减少、免除或者推迟缴纳税款”的情形，应当定性为一个避税安排。

（三）税务机关纳税调整的可能结果

如果税务机关对该案进行了纳税调整，调整的结果会是什么？理论上，可能有以下几种结果。

1. 宁波 A 公司取得的 1.4 亿元分红不能免税

发行人实现的税后收益已经缴纳过企业所得税，因此发行人的法人股东取得税后分红时，应予免税。为了避免重复征税，《企业所得税法》第二十六条规定，符合条件的居民企业之间的股息、红利等权益性投资收益免征企业所得税。该条款所称的股息红利收益需要依托权益性投资而产生。在本案例中，宁波 A 公司在尚未实际投资 1.37 亿元时就取得了 1.4 亿元的收益，该收益显然不是依托股权投资而产生，系通过特殊安排而获得，并不满足权益性投资收益的条件，因此不能免征企业所得税。如对其免税，违背了税收立法的初衷。

2. 李某应补缴个人所得税 1 820 万元

由于该案例不具有商业实质，因此需要还原交易实质，对交易重新进行定性来征税。从交易实质上分析，是李某将自己本应取得的股息红利让渡于宁波 A 公司，因此对李某应采取反避税措施，视同发行人对其分红，征收个人所得税 1 820 万元。

3. 李某补缴个人所得税，宁波 A 公司不能免税

极端的调整结果是，税务机关要求李某补缴个人所得税 1 820 万元，同时对宁波 A 公司取得的 1.4 亿元分红不予免征企业所得税，而应视为宁波 A 公司接受了李某的捐赠，按照捐赠所得征收企业所得税。

（四）税务机关能否进行纳税调整

1. 我国税法中的反避税条款

目前我国税法中的反避税条款，主要有以下几个。

《中华人民共和国税收征收管理法》第三十六条规定，“企业或者外国企业在中国境内设立的从事生产、经营的机构、场所与其关联企业之间的业务往

来，应当按照独立企业之间的业务往来收取或者支付价款、费用；不按照独立企业之间的业务往来收取或者支付价款、费用，而减少其应纳税的收入或者所得额的，税务机关有权进行合理调整”。

《中华人民共和国企业所得税法》第四十一条规定，“企业与其关联方之间的业务往来，不符合独立交易原则而减少企业或者其关联方应纳税收入或者所得额的，税务机关有权按照合理方法调整”。

《中华人民共和国个人所得税法（2018 修正）》第八条规定：“有下列情形之一的，税务机关有权按照合理方法进行纳税调整：（三）个人实施其他不具有合理商业目的的安排而获取不当税收利益。”

《国家税务总局关于发布〈特别纳税调查调整及相互协商程序管理办法〉的公告》（国家税务总局 2017 年 6 号公告）第一至第四十六条。

2. 纳税调整缺乏具体操作规程

理论分析相对简单，但在实践中实施纳税调整其实具有较大难度，因为现行《个人所得税法》第八条仅对税务机关的反避税作出了原则性规定，并没有在个人所得税法实施条例中作出细化规定，也没出台其他可以实施的具体操作办法。而在企业所得税中，国家税务总局于 2009 年就下发了《特别纳税调整实施办法（试行）》（国税发〔2009〕2 号印发）以及其他配套文件。税务机关要否定一个交易安排的商业实质需要强有力的证据来支撑，因此，在个人所得税领域，以我国目前税法中的上述相关规定，想要否定一个交易安排的商业实质显得甚是困难。

2014 年，国家税务总局颁布了《一般反避税管理办法（试行）》（国家税务总局令第 32 号）。但一般反避税措施操作起来也并不是那么容易，需要国家税务总局审批，且并不适用于个人和非跨境交易，因此，在本案例中，一般反避税措施并不能适用于李某及宁波 A 公司。面对李某的避税安排，税务机关可能面临束手无策的尴尬局面。

然而，在实务中，已经有税务机关开始尝试运用“合理商业目的”条款来挑战企业的不合理商业安排。2021 年 8 月 20 日，某市税务局某税务所出具的一份《责令限期改正通知书》在网上流传。该《通知书》显示，某自然人转让股权相关事项的纳税申报，实施了不具有合理商业目的的安排而获取了不当税收利益，税务机关要求其重新办理该事项的纳税申报。该《通知书》罕见地援引了《个人所得税法》第八条第一款第（三）项的规定，即个人实施其他不具有合理商业目的的安排而获取不当税收利益的，税务机关有权按照合理方法进行纳税调整。

三、政策建议

定向分红最早见于 2006 年平安银行（原深发展，证券代码：000001）的董事会决议公告。当时深发展拟向流通股股东实施有条件的定向分红，进行股权分置改革，这一决议的出现在当时引起了较大的关注。

定向分红的问题实质上是《公司法》第三十四条关于分红权的规定："股东按照实缴的出资比例分取红利；公司新增资本时，股东有权优先按照实缴的出资比例认缴出资。但是，全体股东约定不按照出资比例分取红利或者不按照出资比例优先认缴出资的除外。"该规定导致了公司股东在一致同意的情况下可以约定分红比例，从而突破了公司同股同权的基本原则，但税收法规对该突破并没有相应的应对措施，仅通过企业所得税纳税申报表填表说明，很含蓄地在一定程度上予以认可。

近年来，新的经济方式不断涌现，对赌协议、认缴制、股权代持、定向分红等新事物层出不穷，《公司法》也在不断修改完善，然而税法对于这些变化只有极少的文件规定予以衔接，大量新问题尚未纳入税法的规范范围。就定向分红而言，理论上法无禁止即许可，同时多个非关联方共同投资一个企业，并不一定构成关联方七种确认条件的前六种，只能从兜底条款"（七）双方在实质上具有其他共同利益"来确认，认定为关联方极为困难，因此一些定向分红甚至都无法通过反避税的相关法规进行约束。但本案例中李某持有 A 公司 100% 股份，可以认定为 A 公司的关联方。

近年来，企业 IPO 试点注册制改革，而注册制的核心是信息披露。随着注册制改革的不断深入，税务问询在上市审核过程中将发挥越来越大的作用，证交所对企业上市申请的税务合规性关注度越来越高，很多企业原来不会公开的涉税信息都会被问询出来，因此，我们看到了越来越多的定向分红案例。一些定向分红行为明显是出于避税目的，侵蚀了税基，扰乱了税收秩序，对守法经营者造成极大的不公。

当然，也并不是所有的定向分红都是出于避税目的，需要具体案件具体分析。但对目前一些肆无忌惮地通过定向分红进行避税的安排，我们呼吁有权机关尽快出台应对措施，制定个人所得税反避税操作及管理办法，打击恶意避税行为。

案例 28
上市公司股东减持股票的增值税处理案例

单位转让上市公司股票需要计算缴纳增值税，关键在于要准确计算金融商品转让的买入价，其计算比较复杂。本部分以上市公司股东减持股票为例，分析其增值税买入价的确定及增值税税款的计算过程，并介绍了几起上市公司股东减持限售股补税案例。

一、基本案情

2020 年 3 月，甲上市公司发布《控股股东减持股份结果公告》称，控股股东 A 集团通过大宗交易方式减持公司股份 21 000 000 股，占公司总股本的 1.997%。减持价格区间 5.10—5.33 元/股，减持总金额 109 860 000.00 元。A 集团为增值税一般纳税人，无其他金融商品转让，其在甲公司上市前的持股成本为 1 元/股。

A 集团持有的股票来源有五类：（1）IPO 前取得：341 102 151 股；（2）未分配利润转增股本取得：204 661 291 股；（3）集中竞价交易取得：28 258 784 股；（4）行政划转取得：127 417 478 股；（5）资本公积转增股本取得：210 431 911 股。具体如下。

1. 2014 年 10 月 9 日，甲公司首发上市，股票发行价为 1.68 元/股。其中

A 集团持股 341 102 151 股，限售期 36 个月。

2. 2015 年 4 月 23 日，甲上市公司 2014 年年度股票股利分配到账，分配方案为每 10 股送红股 6 股。其中 A 集团获得 204 661 291 股。

3. 2017 年 5 月 3 日至 2018 年 2 月 3 日，A 集团通过上海证券交易所交易系统集中竞价方式累计增持公司股份 28 258 784 股，占公司目前总股本的 2.69%，累计增持金额为 300 025 207.82 元。

4. 2019 年 1 月 11 日，公司收到 A 集团转来的《中国证券登记结算有限责任公司过户登记确认书》，B 公司将其所持公司全部股份共计 23 800 000 股（占公司总股本 2.26%）无偿划转给 A 集团的过户工作已经完成，股份性质为无限售流通股，过户日期为 2019 年 1 月 10 日。

B 公司所持股票 23 800 000 股为通过参与 2015 年甲上市公司非公开发行股票取得，B 公司认购价为 15.71 元/股。

经 A 集团确认，B 公司并未就股票无偿划转部分申报缴纳金融商品转让增值税。

5. 2019 年 4 月 2 日，公司收到 A 集团转来的《中国证券登记结算有限责任公司过户登记确认书》，C 公司持有的公司全部股份 71 817 478 股（占总股本 6.83%）、D 公司持有的公司全部股份 31 800 000 股（占总股本 3.02%）无偿划转给 A 集团的过户工作已经完成，股份性质为无限售流通股，过户日期为 2019 年 4 月 1 日。

C 公司所持股票为 IPO 前取得 55 635 924 股，2015 年 4 月 23 日，获得上市公司分配红股 33 381 554 股。2016 年 9 月，C 公司通过二级市场减持 17 200 000 股，无偿划转前持有 71 817 478 股。

D 公司所持股票 31 800 000 股为通过参与 2015 年甲上市公司非公开发行股票取得，D 公司认购价为 15.71 元/股。

经 A 集团确认，C 公司、D 公司并未就股票无偿划转部分申报缴纳金融商品转让增值税。

6. 2019 年 5 月 6 日，甲上市公司 2018 年度的股票股利分配到账，分配方案为每 10 股资本公积转增 3 股。其中，A 集团获得 210 431 911 股。

二、税务处理

（一）政策规定

1. 金融商品转让征收增值税

根据《关于全面推开营业税改征增值税试点的通知》（财税〔2016〕36号）规定，单位转让上市公司股票，应按照“金融商品转让”征收增值税。

金融商品转让，按照卖出价扣除买入价后的余额为销售额。金融商品的买入价，可以选择按照加权平均法或者移动加权平均法进行核算，选择后 36 个月内不得变更。

2. 限售股买入价规定

《国家税务总局关于营改增试点若干征管问题的公告》（国家税务总局公告 2016 年第 53 号，以下简称“53 号公告”），对限售股的买入价确定方式进行了明确。

单位将其持有的限售股在解禁流通后对外转让的，按照以下规定确定买入价：

（一）上市公司实施股权分置改革时，在股票复牌之前形成的原非流通股股份，以及股票复牌首日至解禁日期间由上述股份孳生的送、转股，以该上市公司完成股权分置改革后股票复牌首日的开盘价为买入价。

（二）公司首次公开发行股票并上市形成的限售股，以及上市首日至解禁日期间由上述股份孳生的送、转股，以该上市公司股票首次公开发行（IPO）的发行价为买入价。

（三）因上市公司实施重大资产重组形成的限售股，以及股票复牌首日至解禁日期间由上述股份孳生的送、转股，以该上市公司因重大资产重组股票停牌前一交易日的收盘价为买入价。

3. 按孰高原则确定买入价

《国家税务总局关于明确二手车经销等若干增值税征管问题的公告》（国家税务总局公告 2020 年第 9 号）第四条规定：

单位将其持有的限售股在解禁流通后对外转让，按照《国家税务总局关于营改增试点若干征管问题的公告》（2016 年第 53 号）第五条规定确定的买入价，低于该单位取得限售股的实际成本价的，以实际成本价为买入价计算缴纳增值税。

4. 无偿划转取得股票买入价的规定

《财政部 税务总局关于明确无偿转让股票等增值税政策的公告》（财政部 税务总局公告2020年第40号，以下简称“40号公告”）明确了无偿转让股票时的卖出价和买入价。

纳税人无偿转让股票时，转出方应以该股票的买入价为卖出价，按照“金融商品转让”计算缴纳增值税；转入方将上述股票再转让时，应以原转出方的卖出价为买入价，按照“金融商品转让”计算缴纳增值税。

40号公告自发布之日起执行。此前已发生未处理的事项，按该公告规定执行。

（二）A集团持股买入价的确定

1. 首发上市前取得部分

2014年10月9日，甲公司首发上市，股票发行价为1.68元/股，高于A集团的实际持股成本。其中A集团持股341 102 151股，根据2016年第53号公告及2020年第9号公告，该部分股票的买入价为首次公开发行（IPO）的发行价，即1.68元/股，该部分股票的买入价共为341 102 151股×1.68元/股=573 051 613.68元。

2. 限售期内送、转股取得部分

2015年4月23日，甲上市公司2014年年度利股利分配到账，分配方案为每10股送红股6股。其中，A集团获得204 661 291股。A集团获得该部分红股时，股票全部处于限售期内，根据53号公告，该部分股票的买入价也为首次公开发行（IPO）的发行价，即1.68元/股，该部分股票的买入价共为204 661 291股×1.68元/股=343 830 968.88元。

3. 二级市场增持部分

2017年5月3日至2018年2月3日，A集团通过上海证券交易所交易系统集中竞价方式累计增持公司股份28 258 784股，占公司目前总股本的2.69%，累计增持金额为300 025 207.82元。该部分股票属于非限售股，由于税法对非限售股买入价的确定方式并没有特别规定，应以其实际成交价为准。

因此，该 28 258 784 股的买入价为实际成交价格 300 025 207. 82 元。

4. 无偿划转取得部分

对于 A 集团无偿划转取得的股票，根据 40 号公告，应以原转出方的卖出价为买入价，具体分析如下：

（1）B 公司所持股票 23 800 000 股为通过参与 2015 年甲上市公司非公开发行股票取得，B 公司认购价为 15. 71 元/股。该部分股票属于非限售股，买入价应以其实际成交价为准。因此，该部分买入价为 23 800 000 股 ×15. 71 元/股 =373 898 000. 00 元。

（2）C 公司所持股票为 IPO 前取得 55 635 924 股，2015 年 4 月 23 日，获得上市公司分配红股 33 381 554 股。2016 年 9 月，C 公司通过二级市场减持 17 200 000 股，无偿划转前持有 71 817 478 股。C 公司所持股票为 IPO 限售股及限售期内由上述股份孳生的送、转股，根据 53 号公告，该部分股票的买入价也为首次公开发行（IPO）的发行价，即 1. 68 元/股，买入价共为 71 817 478 股 ×1. 68 元/股 =120 653 363. 04 元。

（3）D 公司所持股票 31 800 000 股为通过参与 2015 年甲上市公司非公开发行股票取得，D 公司认购价为 15. 71 元/股。该部分股票属于非限售股，买入价应以其实际成交价为准。因此，该部分买入价为 31 800 000 股 ×15. 71 元/股 =499 578 000. 00 元。

以上 A 集团通过无偿划转方式取得股票的买入价合计为 373 898 000. 00 + 120 653 363. 04 +499 578 000. 00 =994 129 363. 04（元）。

5. 限售期后送、转股取得部分

2019 年 5 月 6 日，甲上市公司 2018 年年度股利分配到账，分配方案为每 10 股资本公积转增 3 股。其中 A 集团获得 210 431 911 股。A 集团获得该部分转增股时，股票已经全部解禁，其买入价按 0 计算。

综上，A 集团取得股票的买入价总计为 573 051 613. 68 +343 830 968. 88 + 300 025 207. 82 +994 129 363. 04 +0 =2 211 037 153. 42（元），A 集团减持前持股数量 911 871 615 股，单位买入价为 2 211 037 153. 42 元 ÷911 871 615 股 = 2. 42 元/股。

以上计算见表 28 －1。

表 28 - 1　　**A 集团有限公司股票买入价计算表**

单位：元

序号	时间	变动方向	变动数量	期末持股数量	事件	单价	变动的买入价	期末总买入价	加权平均买入价
1	2014. 10. 09	增加	341 102 151	341 102 151	首发上市	1. 68	573 051 613. 68	573 051 613. 68	1. 68
2	2015. 04. 23	增加	204 661 291	545 763 442	红股到账	1. 68	343 830 968. 88	916 882 582. 56	1. 68
3	2018. 01. 31	增加	28 258 784	574 022 226	二级市场增持	10. 62	300 025 207. 82	1 216 907 790. 38	2. 12
4	2019. 01. 10	增加	23 800 000	597 822 226	无偿划转	15. 71	373 898 000. 00	1 590 805 790. 38	2. 66
5	2019. 04. 01	增加	71 817 478	669 639 704	无偿划转	1. 68	120 653 363. 04	1 711 459 153. 42	2. 56
6	2019. 04. 01	增加	31 800 000	701 439 704	无偿划转	15. 71	499 578 000. 00	2 211 037 153. 42	3. 15
7	2019. 05. 06	增加	210 431 911	911 871 615	转增股到账	0	0	2 211 037 153. 42	2. 42
8	2020. 03. 05	减少	-21 000 000	890 871 615	二级市场减持	2. 42	-50 820 000. 00	2 160 217 153. 42	2. 42

（三）A 集团减持股票的增值税计算

1. 卖出价

A 集团股票卖出价为其股票减持收入：109 860 000.00 元。

2. 买入价

减持部分的买入价：21 000 000 股×2.42 元/股＝50 820 000.00 元

3. 销售额

金融商品转让含税销售额：109 860 000.00－50 820 000.00＝59 040 000.00（元）

金融商品转让不含税销售额：59 040 000.00÷（1＋6%）＝55 698 113.21（元）

4. 税款计算

金融商品转让增值税：55 698 113.21×6%＝3 341 886.79（元）

三、限售股减持补税案例

数家公司曾披露过上市公司股东减持限售股补缴税款事宜。

（一）河北宣工

河北宣工于 2017 年 10 月 9 日发布《关于补缴税款的公告》称：

根据冀张地税稽检通一〔2017〕14 号《张家口市地方税务局稽查局税务检查通知书》，张家口市地方税务局稽查局对我公司 2014 年 1 月 1 日至 2015 年 12 月 31 日期间涉税情况进行检查，2017 年 10 月 9 日，根据张家口市地方税务局出具的稽查结果，现将有关事项公告如下：

一、税务处理情况

张家口地方税务局稽查局抽查公司纳税申报材料后认为，根据国家税务总局 2016 年第 53 号《关于营改增试点若干征管问题的公告》的文件规定，公司 2009 至 2015 年出售中工国际股票所获收益应缴纳营业税 14 372 874.95 元，城建税 1 006 101.26 元，教育附加 431 186.26 元，地方教育附加 287 457.49 元，补缴 2016 年 9 月 1 日至 2016 年 9 月 18 日期间滞纳金 138 410.78 元，上述税款及滞纳金合计 16 236 030.74 元。2016 年 9 月 19 日至 2017 年 9 月 30 日的滞纳金需张家口市地方税务局稽查局出具相关文件后公司予以缴纳。

二、公司对补缴税款的处理

根据张家口市地方税务局稽查局的要求，公司于 2017 年 9 月 30 日缴纳营业税及城建税教育附加共计 16 097 619.96 元，滞纳金 138 410.78 元，合计 16 236 030.74 元。

（二）渝三峡

如渝三峡 A 在《2017 年年度报告》中披露：

根据国家税务总局发布的《关于营改增试点若干征管问题的公告》（国家税务总局公告 2016 年第 53 号）、国家税务总局稽查局出具的《关于 2017 年股权转让检查工作有关事项的通知》（税总稽便函〔2017〕173 号）及《关于 2017 年股权转让检查工作的指导意见》（税总稽便函〔2017〕165 号）等文件，公司报告期补缴了以前年度出售北陆药业股票所获收益的增值税、营业税及其附加共计 14 336 860.70 元。

（三）山西经济建设投资集团

山西经济建设投资集团有限公司在 2017 年 11 月发布的《债券募集说明书》中披露：

根据《国家税务总局关于营改增试点若干征管问题的公告》（国家税务总局公告 2016 年第 53 号）的规定，税务局要求公司对 2014 年年度转让股票补缴营业税及附加合计 6 409 093.54 元，相应调减企业所得税 1 456 377.83 元。调减 2016 年初未分配利润 4 952 715.71 元，调增 2016 年初应缴税金 4 369 133.49 元，调增 2016 年初其他应付款（滞纳金）583 582.22 元。

（四）星湖科技

星湖科技在《2016 年年度报告（修订稿）》中披露：

公司原持有广发证券原始股 7 402 910 股，广发证券于 2010 年 3 月借壳上市。2011—2013 年公司在二级股票市场陆续出售所持广发证券原始股股票，合计取得投资收益 232 893 340.75 元。公司按出售股票产生的账面投资收益金额的 5% 计提并缴纳营业税，以及相关城建税、教育费附加，合计缴纳税款 13 042 027.06 元。2015 年肇庆市端州区地方税务局以出售原始股相关税收政策不明确为由，全部退回原缴纳税款。2016 年 8 月国家税务总局发布《关于营改增试点若干征管问题的公告》（国家税务总局公告 2016 年第 53 号）文，规定："因上市公司实施重大资产重组形成的限售股，以及股票复牌首日至解禁日期间由上述股份孳生的送、转股，以该上市公司因重大资产重组股票停牌前一交易日的收盘价为买入价。"公司经与肇庆市端州区税局沟通，按照最新规定重新计算了出售广发证券原始股需缴纳的税款，与之前公司账面计提的税款之间的差异 4 098 126.27 元，计入当期营业外收入。

（五）海南椰岛

2013 年海南椰岛（股票代码：600238）发布《海南椰岛（集团）股份有限公司关于税务行政处理事项的公告》（公告编号：2013－035），主要内容为：公司于 2009—2011 年减持了持有的三安光电（股票代码：600703）股票，海南省地税稽查局经检查要求公司补缴营业税及附加 2139 万元，并加收滞纳金 1 115 万元，公司申请税务行政复议。

经查阅资料，海南椰岛以三安光电股票恢复上市首日的开盘价 12.65 元为买入价计算应缴纳的金融商品转让营业税及附加，但海南地税认为应以海南椰岛的受让成本 1 元为买入价计算，故需要补税。

三安光电股份有限公司，股票简称三安光电，曾用名为：活力 28→ST 活力→ST 天颐→天颐科技→*ST 天颐→S*ST 天颐→NST 天颐→ST 天颐→ST 三安。前身为沙市活力二八股份有限公司，1996 年向社会公开发行社会公众股 2 000 万股。2007 年，公司名称由"天颐科技股份有限公司"变更为"三安光电股份有限公司"。由于天颐科技 2004—2006 连续三年亏损，根据上交所规定于 2007 年 5 月 25 日停止上市。2007 年，三安集团通过司法拍卖获取天颐科技原控股股东持有的股票 5 429.7 万股，拍卖价每股 1 元。随后三安集团通过上市公司增发股票购买资产的方式向上市公司注入优质资产。2008 年 7 月 8 日，天颐科技恢复上市。上市首日，股票无涨跌幅限制，当日开盘价为 12.65 元。

由于对买入价的确认有待明确，2014 年海南地税中止了税务行政复议审理。2015 年，海南椰岛与海南地税达成一致认识，恢复审理。最终确定以天颐科技恢复上市首日的开盘价为买入价，即 12.65 元，海南椰岛并未少缴税款，本案例圆满收官。

此案例由于对买入价的确认有区别，计算的税款相差 2 000 多万元。如果此案例发生于《国家税务总局关于明确中外合作办学等若干增值税征管问题的公告》（国家税务总局公告 2018 年第 42 号，以下简称“42 号公告”）出台之前，按 53 号公告买入价应为“因重大资产重组股票停牌前一交易日的收盘价为买入价”；如果此案发生在 42 号公告出台之后，按 42 号公告买入价应为“以上市公司完成资产重组后股票恢复上市首日的开盘价为买入价”。42 号公告出台后，此类限售股的买入价确定就比较合理了。

四、限售股增值税买入价总结

限售股的增值税问题比较复杂，相关文件也比较多，最关键是买入价的确定问题。除了上例中的 53 号公告和 40 号公告外，与买入价相关的文件还有《国家税务总局关于明确中外合作办学等若干增值税征管问题的公告》（国家税务总局公告 2018 年第 42 号）、《国家税务总局关于国内旅客运输服务进项税抵扣等增值税征管问题的公告》（税务总局公告 2019 年第 31 号）、《国家税务总局关于明确二手车经销等若干增值税征管问题的公告》（国家税务总局公告 2020 年第 9 号）。

关于增值税买入价的相关规定见表 28－2。

表 28－2　股票增值税买入价的确定

序号	限售股形成原因	买入价的确定	文件依据
1	上市公司实施股权分置改革时，在股票复牌之前形成的原非流通股股份，以及股票复牌首日至解禁日期间由上述股份孳生的送、转股	以该上市公司完成股权分置改革后股票复牌首日的开盘价为买入价	税务总局公告 2016 年第 53 号
2	公司首次公开发行股票并上市形成的限售股，以及上市首日至解禁日期间由上述股份孳生的送、转股	以该上市公司股票首次公开发行（IPO）的发行价为买入价	税务总局公告 2016 年第 53 号
3	因上市公司实施重大资产重组形成的限售股，以及股票复牌首日至解禁日期间由上述股份孳生的送、转股，因重大资产重组停牌的	以该上市公司因重大资产重组股票停牌前一交易日的收盘价为买入价	税务总局公告 2016 年第 53 号，税务总局公告 2018 年第 42 号

续表

序号	限售股形成原因	买入价的确定	文件依据
4	因上市公司实施重大资产重组形成的限售股，以及股票复牌首日至解禁日期间由上述股份孳生的送、转股，在重大资产重组前已经暂停上市的	以上市公司完成资产重组后股票恢复上市首日的开盘价为买入价	税务总局公告 2018 年第 42 号
5	因同时实施股权分置改革和重大资产重组而首次公开发行股票并上市形成的限售股，以及上市首日至解禁日期间由上述股份孳生的送、转股	以该上市公司股票上市首日开盘价为买入价	税务总局公告 2019 年第 31 号
6	按照税务总局公告 2016 年第 53 号第五条规定确定的买入价，低于该单位取得限售股的实际成本价的	以实际成本价为买入价计算缴纳增值税	税务总局公告 2020 年第 9 号
7	转入方将无偿转入的股票再转让的	以原转出方的卖出价（买入价）为买入价	财政部 税务总局公告 2020 年第 40 号

另外，对于转让北京证券交易所股票，《财政部 税务总局关于北京证券交易所税收政策适用问题的公告》（财政部 税务总局公告 2021 年第 33 号）明确，新三板精选层转为北交所上市公司，以及创新层挂牌公司通过公开发行股票进入北交所上市后，涉及增值税相关政策，按《财政部 国家税务总局关于全面推开营业税改征增值税试点的通知》（财税〔2016〕36 号）及有关规定执行。

由于股票减持一般涉及的金额比较大，涉及的增值税税金也较大，因此，纳税人需要掌握相关规定，准确计算税款，避免税收风险。

案例 29
上市公司公告中的股息红利税收政策

上市公司在发布权益分派方案时，通常会对应该扣缴的所得税情况进行详细说明，本部分以某上市公司的权益分派方案为例，介绍上市公司股息红利所得税政策。

一、上市公司权益分派方案

2021 年 5 月 13 日，某上市公司发布了《2020 年年度权益分派实施公告》，权益分派方案如下：

以公司现有总股本 607 622 856 股为基数，向全体股东每 10 股送红股 3.5000 股，派 2.0500 元现金（含税；扣税后，通过深股通持有股份的香港市场投资者、QFII、RQFII 以及持有首发前限售股的个人和证券投资基金每 10 股派 1.4950 元；持有首发后限售股、股权激励限售股及无限售流通股的个人股息红利税实行差别化税率征收，本公司暂不扣缴个人所得税，待个人转让股票时，根据其持股期限计算应纳税额［根据先进先出的原则，以投资者证券账户为单位计算持股期限，持股 1 个月（含 1 个月）以内，每 10 股补缴税款 1.1100 元；持股 1 个月以上至 1 年（含 1 年）的，每 10 股补缴税款 0.5550 元；持股超过 1 年的，不须补缴税款；持有首发后限售股、股权激励限售股及无限售流通股的证券投资基金所涉红利税，对香港投资者持有基金份额部分按10%征收，对内地投资者持有基金份额部分实行差别化税率征收]，同时，以资本公积金向全体股东每10股转增0.5000股。

分红前本公司总股本为607 622 856股，分红后总股本增至850 671 998股。

二、相关文件规定

（一）关于送、转股的几个文件及主要规定

1.《国家税务总局关于印发〈征收个人所得税若干问题的规定〉的通知》（国税发〔1994〕89号）规定：

股份制企业在分配股息、红利时，以股票形式向股东个人支付应得的股息、红利（即派发红股），应以派发红股的股票票面金额为收入额，按利息、股息、红利项目计征个人所得税。

2.《国家税务总局关于股份制企业转增股本和派发红股征免个人所得税的通知》（国税发〔1997〕198号）规定：

一、股份制企业用资本公积金转增股本不属于股息、红利性质的分配，对个人取得的转增股本数额，不作为个人所得，不征收个人所得税。

二、股份制企业用盈余公积金派发红股属于股息、红利性质的分配，对个人取得的红股数额，应作为个人所得征税。

3.《国家税务总局关于原城市信用社在转制为城市合作银行过程中个人股增值所得应纳个人所得税的批复》（国税函〔1998〕289号）规定：

《国家税务总局关于股份制企业转增股本和派发红股征免个人所得税的通知》（国税发〔1997〕198号）中所表述的“资本公积金”是指股份制企业股票溢价发行收入所形成的资本公积金。将此转增股本由个人取得的数额，不作为应税所得征收个人所得税。而与此不相符合的其他资本公积金分配个人所得部分，应当依法征收个人所得税。

4.《国家税务总局关于盈余公积金转增注册资本征收个人所得税问题的批复》（国税函〔1998〕333号）规定：

青岛路邦石油化工有限公司将从税后利润中提取的法定公积金和任意公积

金转增注册资本，实际上是该公司将盈余公积金向股东分配了股息、红利，股东再以分得的股息、红利增加注册资本。因此，依据《国家税务总局关于股份制企业转增股本和派发红股征免个人所得税的通知》（国税发〔1997〕198号）精神，对属于个人股东分得再投入公司（转增注册资本）的部分应按照“利息、股息、红利所得”项目征收个人所得税，税款由股份有限公司在有关部门批准增资、公司股东会决议通过后代扣代缴。

（二）关于股息红利差别化税收政策的文件及主要规定

1.《财政部 国家税务总局 证监会关于上市公司股息红利差别化个人所得税政策有关问题的通知》（财税〔2015〕101号）规定：

个人从公开发行和转让市场取得的上市公司股票，持股期限超过1年的，股息红利所得暂免征收个人所得税。

个人从公开发行和转让市场取得的上市公司股票，持股期限在1个月以内（含1个月）的，其股息红利所得全额计入应纳税所得额；持股期限在1个月以上至1年（含1年）的，暂减按50%计入应纳税所得额；上述所得统一适用20%的税率计征个人所得税。

2.《财政部 国家税务总局 证监会关于实施上市公司股息红利差别化个人所得税政策有关问题的通知》（财税〔2012〕85号）规定：

对个人持有的上市公司限售股，解禁后取得的股息红利，按照本通知规定计算纳税，持股时间自解禁日起计算；解禁前取得的股息红利继续暂减按50%计入应纳税所得额，适用20%的税率计征个人所得税。

前款所称限售股，是指财税〔2009〕167号文件和财税〔2010〕70号文件规定的限售股。

三、分配方案中的税收问题解读

（一）上市公司派发股息红利时的扣税方式

一般来说，上市公司的股东主要有以下几类，在派发股息红利时需要分别予以处理。

1. 个人股东、证券投资基金股东

对持有首发前限售股的个人股东、证券投资基金股东，按 10% 的税率代扣代缴个人所得税。

对持有首发后限售股的个人股东、证券投资基金股东，在派发股息红利时暂不扣税。上述股东在转让股票时，中国证券登记结算有限责任公司将按照财政部、国家税务总局、证监会《关于上市公司股息红利差别化个人所得税政策有关问题的通知》（财税〔2015〕101 号），根据股东持股期限计算实际应纳税额，由证券公司等股份托管机构从个人资金账户中扣收并划付证券登记结算公司，证券登记结算公司应于次月 5 个工作日内划付上市公司，上市公司在收到税款当月的法定申报期内向主管税务机关申报缴纳。

2. 非居民企业股东

对 A 股非居民企业股东（包含合格境外机构投资者和人民币合格境外机构投资者，即 QFII 和 RQFII）按 10% 的税率代扣非居民企业所得税。

3. 香港市场投资者

对于通过深港通持有公司 A 股的香港市场投资者，按照 10% 的税率代扣所得税。香港市场投资者中属于其他国家税收居民且其所在国与中国签订的税收协定规定股息红利所得税率低于 10% 的，企业或个人可以自行或委托公司向税务机关提出享受税收协定待遇退还多缴税款的申请，经查实后，对符合退税条件的，按已征税款和根据税收协定税率计算的应纳税款的差额予以退税。

（二）扣税后派发的现金是如何计算的？

扣税前每 10 股送红股 3.5000 股，同时派 2.0500 元现金，资本公积转增 0.5000 股。扣税后，每 10 股派 1.4950 元，是如何计算的？

对于按 10% 扣税的部分投资者，即深股通持有股份的香港市场投资者、QFII、RQFII 以及持有首发前限售股的个人和证券投资基金，应扣的税金为：$(3.5000+2.0500)\times 10\% = 0.5550$（元）。

由于此部分税金需要现金缴纳，因此，投资者实际可得到为：每 10 股送红股 3.5000 股、资本公积转增 0.5000 股及现金 $2.0500-0.5550=1.4950$（元），即每 10 股实际得到 4 股及 1.4950 元。

四、股息红利相关知识[①]

1. 什么是送股及转股?

送股，也称为红股。一般是用公司的未分配利润或/和盈余公积转增股本，实际上可理解为公司先进行利润分配，后转增股本，只不过股东得到的不是公司利润分配的现金，而是公司股票（即股票股利），也就是股东用应该得到的公司利润分配的现金购买公司股票。所以，送股的买入价就是股东应该得到的公司利润分配的现金，通常表现为红股的面值（除紫金矿业面值为0.1元/股外，其余A股面值为1元/股）。

转股，一般是用公司的资本公积转增股本，又分为用股本溢价类资本公积转增股本和非股本溢价类资本公积转增股本。股本溢价是指投资者缴付公司的出资额超出公司股票面值总额的数额，是股东缴付公司出资额的一部分。因此，用股本溢价类资本公积转增股本，实质上不是公司分配其赚取的利润，而是公司把计入“资本公积”的股东出资额转入“股本”，股东的出资总额没有变化但持股数量增加。

2. 什么叫除权、除息日?

除权日指除去送配股权利的日期；除息日指除去派息权利的日期；除权除息日指除去送配股和派息权利的日期。相应地，该日的股价将由深圳证券交易所自动调整为除权（息）价。

3. 持有首发前限售股的个人和持有首发后限售股的个人如何扣税?

持有首发前限售股的个人，解禁前取得的股息红利继续暂减按50%计入应纳税所得额，适用20%的税率计征个人所得税，实际是按10%扣税；解禁后取得的股息红利，自解禁日起计算持股时间适用差别化政策，分红时暂不扣税。

4. 股权激励限售股如何扣税?

股权激励限售股不属于应税限售股，适用股息红利差别化政策，分红时暂不扣税。

---

① 部分问题整理自中国证券登记结算有限责任公司官网，http：//www.chinaclear.cn/。

5. 同时持有限售股及流通股的如何处理?

按照限售股优先原则，即转让股票视同为先转让限售股，按规定计算缴纳个人所得税。

6. 持股期限是如何确定的?

个人转让股票时，按照先进先出法计算持股期限，即证券账户中先取得的股票视为先转让。持股期限按自然年（月）计算，持股一年是指从上一年某月某日至本年同月同日的前一日连续持股；持股一个月是指从上月某日至本月同日的前一日连续持股。持有股份数量以每日日终结算后个人投资者证券账户的持有记录为准。

7. 投资者有多个账户时如何处理?

以投资者证券账户为单位计算，持股数量以每日日终结算后个人投资者证券账户的持有记录为准，证券账户取得或转让的股份数为每日日终结算后的净增（减）股份数。

8. 权益分派公告中特别注明“含税”的派息金额是什么意思?

发行人在权益分派公告中以每 10 股或每 10 张为单位公布派息方案，方案里一般包含每个单位派发的税前金额和扣税后金额，为区分税前和税后，通常都会在税前金额后特别注明“含税”，“含税”在这里指的是发行人支付的派息金额包含持有人应缴的所得税税金。根据国家税务政策的规定，上市公司在派发股息红利时，须代扣代缴个人、证券投资基金和 QFII 的所得税，所以公告里会公布税前派息金额（即“含税”的派息金额）和扣税后的派息金额。对于非上市公司发行的企业债，税务部门规定由各兑付机构（一般为证券公司）代扣代缴所得税，所以公告里只会公布税前派息金额并注明“含税”，不再公布扣税后的派息金额，由各兑付机构依据税法完成代扣代缴工作。相关文件可参考《中华人民共和国个人所得税法》、国家税务总局《关于中国居民企业向 QFII 支付股息、红利、利息代扣代缴企业所得税有关问题的通知》国税函〔2009〕47 号、国家税务总局《关于加强企业债券利息个人所得税代扣代缴工作的通知》国税函〔2003〕612 号。

9. 上市公司实施权益分派的，对扣税后实际派发现金应如何计算?

权益分派中股息和红股要扣取 10% 的所得税，资本公积金转增股本不扣所得税。以湖南山河智能机械股份有限公司为例，公司 2009 年度权益分派方案为：向全体股东每 10 股送 2 股，派 1 元现金（含税，扣税后，个人、证券投资基金和 QFII 实际每 10 股派 0.7 元）；同时，以资本公积金向全体股东每 10 股转增 3 股。

实际派发现金计算如下：

每 10 股实际派发现金 = 派发现金 −（派发现金 × 10% + 送股数量 × 10%）= 1 −（1 × 10% + 2 × 10%）= 0.7（元）

10. QFII、证券投资基金的红利所得税如何扣缴？有文件依据吗？

QFII 和证券投资基金的红利所得税由上市公司统一代扣代缴。相关文件可参阅国家税务总局《关于中国居民企业向 QFII 支付股息、红利、利息代扣代缴企业所得税有关问题的通知》国税函〔2009〕47 号和财政部、国家税务总局《关于证券投资基金税收问题的通知》财税字〔1998〕55 号。

11. 企业投资者如何扣税？

不扣税。根据企业所得税法 26 条及实施条例 83 条，连续持有居民企业公开发行并上市流通的股票 12 个月以上而取得的权益性投资收益免征企业所得税。

案例 30
单位清算时将持有的股票分配给股东，应如何进行税务处理[①]

近期，不少上市公司发布公告称，其股东因清算注销，将持有的上市公司股票分配给其投资者。那么，在此分配过程中，应该如何进行税务处理呢？本部分以甲上市公司的股东 A 公司解散清算为例，分析说明其税务处理，并分析了股东直接持股及间接持股的税收待遇。

一、上市公司股东清算案例

2021 年 2 月 9 日，上市公司甲公司发布公告称，公司收到股东某投资管理有限公司（以下简称“A 公司”）《关于 A 公司完成证券非交易过户的告知函》，因 A 公司解散清算，A 公司所持有的公司股份将按照 A 公司股东所占 A 公司股权比例进行分配。公告称，2020 年 10 月 22 日，A 公司召开股东会，经全体股东表决，同意注销 A 公司并成立清算组，对公司资产开始进行清算。张某持有 A 公司 100% 股权。

根据甲公司 2021 年 2 月 20 日发布的《关于公司股东完成非交易过户的公告》，A 公司持有的公司首次公开发行前股份 1 448.4944 万股已通过证券非交

① 本案例原载于《注册税务师》杂志 2021 年第 6 期，作者为姜新录、王骏、王书红。本书收录时补充了部分内容，并配了插图。

易过户的方式登记至 A 公司股东张某名下，相关手续已办理完毕，A 公司于 2021 年 2 月 18 日完成过户并取得中国证券登记结算有限责任公司深圳分公司出具的《证券过户登记确认书》（见图 30－1）。

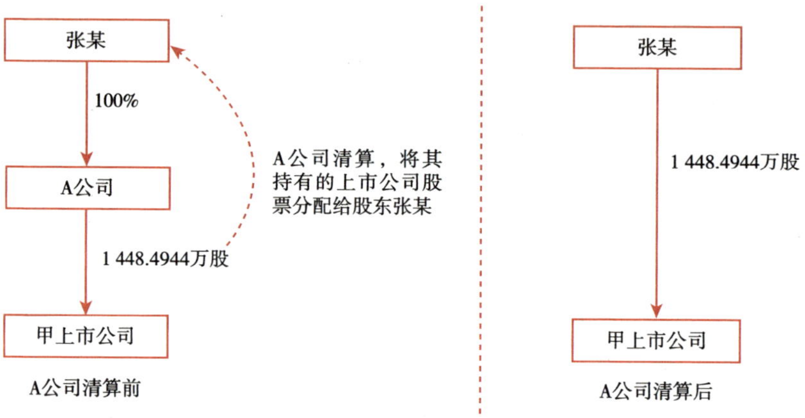

图 30－1　A 公司清算前后的交易图

假设 A 公司为小规模纳税人，2021 年 1 月 1 日 A 公司编制了清算报表并作出剩余财产分配决定，将公司持有的甲公司股票分配给股东，分配决定的前一交易日即 2020 年 12 月 31 日，甲公司股票收盘价为 110.22 元。甲公司于 2017 年 2 月 8 日在深圳证券交易所首次公开发行上市，股票发行价 9.14 元/股。A 公司持有的甲公司股票系在甲公司上市前投资取得，投资成本为每股 1 元。

按 A 公司股票过户前一日收盘价 111.45 元/股计算，该部分股票市值为 16.28 亿元。A 公司就该过户是否需要缴纳各项税收呢？

二、定性分析

在实务中，因法人资格丧失而进行股票非交易过户的涉税争议在于，是否需要缴纳相关税款？如果要，又应如何计税？其实，要解决这个问题，确定业务实质是关键。

《公司法》明确，公司因章程规定的营业期限届满或者公司章程规定的其他解散事由出现，可以进行清算。公司在清算时，应当清理公司的资产。对于实物资产，公司既可以变卖，也可以作价分配给股东。因此，公司在清算注销时，如果选择将所持有的股票分配给股东，属于公司清算的内容，是清算公司将股票作为剩余财产对股东进行的分配，其业务实质是清算企业以持有的股票资产，来换取股东持有的本公司股权。也可以理解为，清算企业回购股东持有的本公司股权，回购的对价为公司持有的股票。笔者认为，公司在清算注销时，将所持有的上市公司股票分配给股东，增值税及企业所得税均需要做销售处理，并分别计算缴纳印花税、增值税及企业所得税。

《合伙企业法》也规定，合伙期限届满，合伙人决定不再经营，合伙企业应当解散。合伙企业解散，应当由清算人进行清算。合伙企业财产在支付清算费用和职工工资、社会保险费、法定补偿金以及缴纳所欠税款、清偿债务后，其剩余财产应依照该法第三十三条第一款的规定进行分配。《合伙企业法》还规定，合伙人的出资、以合伙企业名义取得的收益和依法取得的其他财产，均为合伙企业的财产。合伙人在合伙企业清算前，不得请求分割合伙企业的财产。可见，由于合伙企业与其合伙人属于两个不同的法律主体，合伙企业的财产并不天然等于合伙人的财产。因此，笔者认为，合伙企业的合伙人从合伙企业取得的股票，属于合伙企业以股票形式分配自己清算后的剩余财产，合伙企业也需要按视同销售处理，计算缴纳增值税、印花税，同时合伙企业还要确认股票转让所得（实质是清算所得），并入合伙企业的经营所得，由合伙人分别缴纳个人所得税或企业所得税。

可见，企业在清算时，应当清理公司的资产，对实物资产可以变卖，也可以作价分配给股东。企业在清算注销时，将股票分配给股东，属于公司清算的内容，是清算企业将股票作为公司剩余财产对股东进行的分配。因此，公司清算时将股票分配给股东，其业务实质是清算企业以持有的股票资产来换取股东持有的本公司股权，或者理解为清算企业回购股东持有的本公司股权，回购的对价为公司持有的股票。

三、税务处理

通过对股票非交易过户的业务实质分析可知，股票非交易过户中的“非交易”是证券交易市场中的概念，在税法上，只要股票的所有权属发生了变化，就须按“交易”进行税务处理。企业在清算注销时，将上市公司股票分配给股东，增值税及企业所得税均需要作销售处理，分别计算缴纳印花税、增值税及企业所得税。但由于上市公司股票不同于一般的商品，有活跃交易市场，且交易价格处于不断变化当中，采取不同时点的交易价格会有不同的销售额，因此需要结合各税种的相关规定来确定销售额。

（一）印花税

《印花税暂行条例》规定，在中华人民共和国境内书立、领受该条例所列举凭证的单位和个人，是印花税的纳税义务人，应当按照该条例规定缴纳印花税。根据《财政部 国家税务总局关于调整证券（股票）交易印花税征收方式的通知》（财税明电〔2008〕2 号），从 2008 年 9 月 19 日起，调整证券（股票）交易印花税征收方式，将现行的对买卖、继承、赠与所书立的 A 股、B 股股权转让书据按千分之一的税率对双方当事人征收证券（股票）交易印花税，调整为单边征税，即对买卖、继承、赠与所书立的 A 股、B 股股权转让书据的出让方按千分之一的税率征收证券（股票）交易印花税，对受让方不再征税。因此，A 公司需要按股票过户前一日收盘价的 0.1% 缴纳证券交易印花税，为 1 448.4944 × 111.45 × 0.1% = 161.4347（万元）。

（二）增值税

1. 金融商品转让规定

根据《财政部 国家税务总局关于全面推开营业税改征增值税试点的通知》（财税〔2016〕36 号，以下简称“36 号文”），单位转让上市公司股票属于金融商品转让，需要按照卖出价减去买入价后的余额计算缴纳增值税。

2. 是否需要作销售处理

36 号文规定，销售服务、无形资产或者不动产，是指有偿提供服务、有偿转让无形资产或者不动产。有偿，是指取得货币、货物或者其他经济利益。企业在清算注销时，将股票、房产、土地使用权等分配给股东，来换取股东持有的本公司股权，属于取得了其他经济利益，因此是有偿转让股票，增值税需要作销售处理。

在营业税时代，国家税务总局曾经对类似问题作出过批复。《国家税务总局关于以不动产作为股、利进行分配征收营业税问题的批复》（国税函〔1997〕387 号）对大连市地方税务局的批复中提道，东亚公司将属于东亚公司的不动产作价作为股利分配给中外双方，所有权发生了转移，符合现行营业税关于销售不动产的规定。因此，对东亚公司分配的不动产应按“销售不动产”征收营业税。

3. 销售价格的确定

既然企业在清算注销时，将股票分配给股东属于销售行为，那么销售价格如何确定呢？

如果企业在清算注销时以现金分配的，只须按分配比例分配即可。但以实物分配的，一般需要计算实物的可变现价格，再以可变现价格与分配比例计算股东可分配的金额。因此，笔者认为，此时的销售价格应该是清算企业作出剩余财产分配决定时股票的市场价格。

4. 纳税义务发生时间

36 号文附件 1“营业税改征增值税试点实施办法”第四十五条规定：“增值税纳税义务、扣缴义务发生时间为：……（三）纳税人从事金融商品转让的，为金融商品所有权转移的当天。”因此，企业将股票分配给股东，纳税义务发生时间为股票过户的当天。

因此，A 公司在清算注销时，将股票分配给股东，需要作销售来处理，以在作出股票分配决定时以股票前一日收盘价作为卖出价，即 110.22 元/股，再减去买入价后的余额，按金融商品转让计算缴纳增值税。

《国家税务总局关于营改增试点若干征管问题的公告》（国家税务总局公告 2016 年第 53 号）规定，公司首次公开发行股票并上市形成的限售股，以及上市首日至解禁日期间由上述股份孳生的送、转股，以该上市公司股票首次公开发行（IPO）的发行价为买入价。由于 A 公司持有的甲公司股票属于首次公开发行股票并上市形成的限售股，应以甲公司的股票发行价 9.14/股为买入价。

税款计算为：1 448.4944 ×（110.22 − 9.14）/1.03 ×3% =4 264.4800（万元）。

（三）企业所得税

1. 需要计算清算所得

《财政部 国家税务总局关于企业清算业务企业所得税处理若干问题的通知》（财税〔2009〕60号，以下简称“60号文”）第三条规定，“企业清算的所得税处理包括以下内容：（一）全部资产均应按可变现价值或交易价格，确认资产转让所得或损失”。

在清算注销环节，清算企业将持有的股票以剩余财产分配的形式转移给自然人股东，需要按可变现价值确认股票的转让所得或损失。

2. 交易价格的确定

由于股票的交易处于不断的变化当中，那么企业在清算时，应以什么时间点的股票价格来确定清算所得呢？对此，目前《税法》并无很明确的规定。

企业在编制清算报表时，对实物资产的可变现价值是以其作出清算所得分配决定日期的价格来确定，由于股票的交易价格随时都会变化，一般会以最新交易价格来计算确定可变现价值。因此，笔者认为，对企业分配清算所得的，应该也以企业作出清算所得分配决定日期时点的股票交易价格来确定可变现价值。

3. 清算所得税

60号文第四条规定，企业的全部资产可变现价值或交易价格，减除资产的计税基础、清算费用、相关税费，加上债务清偿损益等后的余额，为清算所得。

对于此笔股票分配，A公司的清算所得为：1 448.4944 × (110.22 - 1.00) - 161.4347 - 4 264.4800 = 153 778.64（万元）。A公司应就清算所得按照25%的税率缴纳清算所得税。

如果清算的企业是合伙企业时，合伙企业仍须缴纳增值税及印花税，并就股票转让作为经营所得在合伙企业层面计算清算所得，再根据《财政部 国家税务总局关于合伙企业合伙人所得税问题的通知》（财税〔2008〕159号）的规定，合伙企业生产经营所得和其他所得采取“先分后税”的原则，合伙企业合伙人是自然人的，缴纳个人所得税；合伙人是法人和其他组织的，缴纳企业所得税。

四、股东取得股票后的税务处理

（一）张某应缴纳个人所得税

《国家税务总局关于个人终止投资经营收回款项征收个人所得税问题的公告》（国家税务总局公告 2011 年第 41 号）规定：

个人因各种原因终止投资、联营、经营合作等行为，从被投资企业或合作项目、被投资企业的其他投资者以及合作项目的经营合作人取得股权转让收入、违约金、补偿金、赔偿金及以其他名目收回的款项等，均属于个人所得税应税收入，应按照“财产转让所得”项目适用的规定计算缴纳个人所得税。

应纳税所得额的计算公式如下：

应纳税所得额 = 个人取得的股权转让收入、违约金、补偿金、赔偿金及以其他名目收回款项合计数 − 原实际出资额（投入额）及相关税费。

根据以上规定，A 公司在缴纳完毕各项税金并办理清算注销后，将剩余财产分配给其股东张某，张某应就从 A 公司取得的分配收入与其原实际出资额（投入额）及相关税费的差额缴纳个人所得税。

（二）张某取得的该股票不属于应税限售股

由于 A 公司在清算时已经将股票按照公允价值确认了所得，并缴纳了清算所得税，因此自然人股东张某取得的该股票成本就是 A 公司在作出清算所得分配决定日期时点的股票交易价格。

自然人从公司清算分配中取得的股票不属于《财政部 国家税务总局 证监会关于个人转让上市公司限售股所得征收个人所得税有关问题的通知》（财税〔2009〕167 号）规定的应税限售股，自然人在将来出售该股票时，根据《财政部 国家税务总局关于个人转让股票所得继续暂免征收个人所得税的通知》（财税字〔1998〕61 号），暂免征收个人所得税。

在持股期间，自然人取得的股息红利按照《财政部 国家税务总局 证监会关于上市公司股息红利差别化个人所得税政策有关问题的通知》（财税〔2015〕101 号）及《财政部 国家税务总局 证监会关于实施上市公司股息红利差别化个人所得税政策有关问题的通知》（财税〔2012〕85号）可以享受差别化税收待遇，即持股期限超过1年的，股息红利所得暂免征收个人所得税；持股期限在1个月以内（含1个月）的，其股息红利所得全额计入应纳税所得额；持股期限在1个月以上至1年（含1年）的，暂减按50%计入应纳税所得额；上述所得统一适用20%的税率计征个人所得税。持股期限是指个人从公开发行和转让市场取得上市公司股票之日至转让交割该股票之日前一日的持有时间。

五、案例总结及启示

股东持有上市公司股票，取得的所得有股息红利所得和股票减持所得。目前，我国税法针对上市公司不同类型的股东，对其取得的所得有不同的税收政策，因此，企业在上市前合理安排持股架构、选择持股方式尤为重要。

选择自然人还是企业持有上市公司股票，在获利路径上有所不同。

如果是企业持有上市公司股票，企业减持股票形成利润，在缴纳相关税收后再将收益分配给自然人，才是个人的最终收入。但如果是自然人直接持股，则减持股票并缴纳相关税收后就是个人的最终收入，相比企业持股有很大的灵活性。

在税务待遇上差别也很大。

如果持股12个月以上，企业持股税负将明显重于个人持股（以非限售股作比较），其中，股息红利所得的税负多出20%，股票转让所得的税负多出40%。见图30－2。

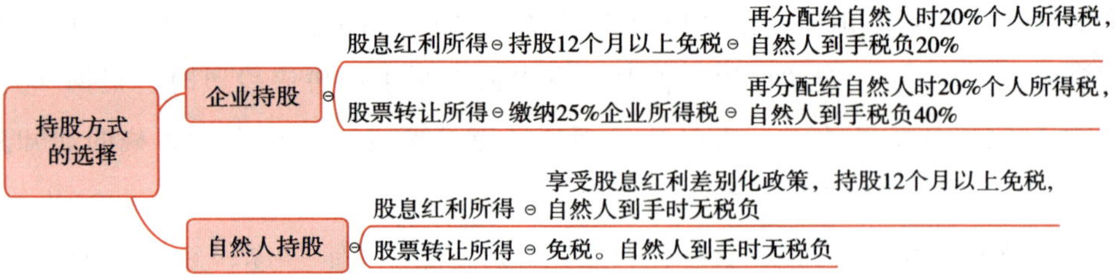

图30－2　持股方式的选择

显而易见，清算后上市公司的实际控制人不变，但自然人持股的税收负担将减轻很多，从税收视角看，本次清算的目的显而易见，因此，很多上市公司的公司制股东及合伙企业股东选择了清算，将股票分配至自然人，变自然人间接持股为直接持股。但由于清算时税负较重，建议拟上市公司在上市前就统筹考虑，合理搭建股权架构，使得股东利益最大化。

由于非交易过户中股票的金额一般比较大，一旦出现涉税问题，涉及的税款金额将很大。但据笔者了解，大量企业并未考虑股东解散清算时股票非交易过户中的税收成本，也未注意到其中的涉税问题，将股票非交易过户等同于免税或者不征税过户，在非交易过户时并未缴纳相关税款，留下很大的税收隐患。在股东解散清算时，股票的非交易过户环节如果没有缴纳税款，将会造成国家税款的永久流失。因此，建议相关企业对此问题高度重视，主动进行规范的涉税处理，防范相应税务风险。

附录 1
主要并购重组税收政策目录

一、增值税

1. 财政部 税务总局关于明确无偿转让股票等增值税政策的公告（财政部 税务总局公告 2020 年第 40 号）

2. 国家税务总局关于营改增试点若干征管问题的公告（国家税务总局公告 2016 年第 53 号）

3. 财政部 国家税务总局关于全面推开营业税改征增值税试点的通知（财税〔2016〕36 号）

4. 国家税务总局关于纳税人资产重组有关增值税问题的公告（国家税务总局公告 2013 年第 66 号）

5. 国家税务总局关于纳税人资产重组有关增值税问题的公告（国家税务总局公告 2011 年第 13 号）

二、土地增值税

1. 财政部 税务总局关于继续实施企业改制重组有关土地增值税政策的公告（财政部 税务总局公告 2021 年第 21 号）

2. 财政部 税务总局关于继续实施企业改制重组有关土地增值税政策的通知（财税〔2018〕57 号）

3. 财政部 国家税务总局关于企业改制重组有关土地增值税政策的通知（财税〔2015〕5 号）

三、契税

1. 关于继续执行企业 事业单位改制重组有关契税政策的公告（财政部 税务总局公告 2021 年第 17 号）

2. 财政部 税务总局关于继续支持企业 事业单位改制重组有关契税政策的通知（财税〔2018〕17 号）

3. 财政部 国家税务总局关于进一步支持企业事业单位改制重组有关契税政策的通知（财税〔2015〕37 号）

四、印花税

1. 财政部 税务总局关于对营业账簿减免印花税的通知（财税〔2018〕50 号）

2. 国家税务总局关于办理上市公司国有股权无偿转让暂不征收证券（股票）交易印花税有关审批事项的通知（国税函〔2004〕941 号）

3. 财政部 国家税务总局关于企业改制过程中有关印花税政策的通知（财税〔2003〕183 号）

五、个人所得税

1. 关于继续实施全国中小企业股份转让系统挂牌公司股息红利差别化个人所得税政策的公告（财政部 税务总局 证监会公告 2019 年第 78 号）

2. 财政部 税务总局 发展改革委 证监会关于创业投资企业个人合伙人所得税政策问题的通知（财税〔2019〕8 号）

3. 财政部 税务总局 证监会关于个人转让全国中小企业股份转让系统挂牌公司股票有关个人所得税政策的通知（财税〔2018〕137号）

4. 财政部 国家税务总局 证监会关于上市公司股息红利差别化个人所得税政策有关问题的通知（财税〔2015〕101号）

5. 国家税务总局关于个人非货币性资产投资有关个人所得税征管问题的公告（国家税务总局公告2015年第20号）

6. 财政部 国家税务总局关于个人非货币性资产投资有关个人所得税政策的通知（财税〔2015〕41号）

7. 国家税务总局关于发布《股权转让所得个人所得税管理办法（试行）》的公告（国家税务总局公告2014年第67号）

8. 财政部 国家税务总局 证监会关于实施上市公司股息红利差别化个人所得税政策有关问题的通知（财税〔2012〕85号）

9. 国家税务总局关于个人终止投资经营收回款项征收个人所得税问题的公告（国家税务总局公告2011年第41号）

10. 财政部 国家税务总局 证监会关于个人转让上市公司限售股所得征收个人所得税有关问题的补充通知（财税〔2010〕70号）

11. 财政部 国家税务总局 证监会关于个人转让上市公司限售股所得征收个人所得税有关问题的通知（财税〔2009〕167号）

12. 国家税务总局关于纳税人收回转让的股权征收个人所得税问题的批复（国税函〔2005〕130号）

13. 财政部 国家税务总局关于个人转让股票所得继续暂免征收个人所得税的通知（财税字〔1998〕61号）

六、企业所得税

1. 国家税务总局关于全民所有制企业公司制改制企业所得税处理问题的公告（国家税务总局公告2017年第34号）

2. 国家税务总局关于企业重组业务企业所得税征收管理若干问题的公告（国家税务总局公告2015年第48号）

3. 国家税务总局关于资产（股权）划转企业所得税征管问题的公告（国家税务总局公告2015年第40号）

4. 国家税务总局关于非货币性资产投资企业所得税有关征管问题的公告（国家税务总局公告2015年第33号）

5. 国家税务总局关于非居民企业间接转让财产企业所得税若干问题的公告（国家税务总局公告2015年第7号）

6. 一般反避税管理办法（试行）（国家税务总局令第32号）

7. 财政部 国家税务总局关于非货币性资产投资企业所得税政策问题的通知（财税〔2014〕116号）

8. 财政部 国家税务总局关于促进企业重组有关企业所得税处理问题的通知（财税〔2014〕109号）

9. 国家税务总局关于企业所得税应纳税所得额若干问题的公告（国家税务总局公告2014年第29号）

10. 国家税务总局关于非居民企业股权转让适用特殊性税务处理有关问题的公告（国家税务总局公告2013年第72号）

11. 国家税务总局关于企业混合性投资业务企业所得税处理问题的公告（国家税务总局公告2013年第41号）

12. 国家税务总局关于企业转让上市公司限售股有关所得税问题的公告（国家税务总局公告2011年第39号）

13. 国家税务总局关于贯彻落实企业所得税法若干税收问题的通知（国税函〔2010〕79号）

14. 国家税务总局关于发布《企业重组业务企业所得税管理办法》的公告（国家税务总局公告2010年第4号）

15. 财政部 国家税务总局关于企业清算业务企业所得税处理若干问题的通知（财税〔2009〕60号）

16. 财政部 国家税务总局关于企业重组业务企业所得税处理若干问题的通知（财税〔2009〕59号）

17. 财政部 国家税务总局关于企业所得税若干优惠政策的通知（财税〔2008〕1号）

七、综合政策

1. 关于全面推开划转部分国有资本充实社保基金工作的通知（财资〔2019〕49号）

2. 关于完善股权激励和技术入股有关所得税政策的通知（财税〔2016〕101号）

3. 国家税务总局 关于股权激励和技术入股所得税征管问题的公告（国家税务总局公告2016年第62号）

4. 财政部 国家税务总局关于合伙企业合伙人所得税问题的通知（财税〔2008〕159号）

附录 2
案例索引

分类	序号	案例标题	主要交易事项	涉及税种	案例简述	页码
企业设立篇	1	红筹架构的搭建、存续与拆除案例	多种重组方式组合	企业所得税、个人所得税	本部分介绍了聚辰半导体股份有限公司披露的红筹架构的搭建、存续与拆除案例，并对红筹架构拆除中的税收问题做了简要分析	3
	2	案例解析企业股东和个人股东以股权出资的税务处理	非货币性资产投资	企业所得税、个人所得税	本部分以上海某股份有限公司在首次公开发行A股股票并上市资料中披露的案例为例，梳理总结非货币性资产投资中企业所得税与个人所得税政策中的十大差异	17
	3	从一则上市公司收购案例看个人非货币性资产投资的税收政策	非货币性资产投资	个人所得税	本部分介绍了甲上市公司收购A公司股权中的个人所得税案例，分析说明非货币性资产投资中的个人所得税政策，并介绍了该政策的变迁	26
	4	DYJS以股权对HTKJ增资，如何选择并购重组税收工具？	股权出资	企业所得税	本部分以DYJS的股权出资为例，分析说明当同时可适用多项税收政策时，并购重组税收工具的选择问题	40

续表

分类	序号	案例标题	主要交易事项	涉及税种	案例简述	页码
并购重组篇	5	上市公司资产置换的税务处理分析	资产收购	增值税、土地增值税、契税、印花税、企业所得税	资产置换涉及的税种较多。在可以适用特殊性税务处理的企业重组形式中，并不包括资产置换的形式。本部分通过上市公司资产置换案例，分析了资产置换中涉及各个税种的税务处理，并提出了税收筹划思路	51
	6	上市公司发行股份收购资产案例	资产收购	增值税、土地增值税、契税、印花税、企业所得税	上市公司资产收购的案例并不经常见到，资产收购涉及的税种较多，本部分以某上市公司发行股份收购资产为例，从资产转让方的角度来分析说明各个税种的税务处理	58
	7	阿继电器与佳电股份的重大资产重组——2013 年第 66 公告的应用案例	资产置换	增值税	在上市公司实践中，有些交易并不会构成“债权、债务和劳动力一并转让”，无法适用增值税不征税政策。为解决此问题，国家税务总局出台了 2013 年第 66 号公告。本部分介绍了阿继电器与佳电股份的重大资产重组案例，分析了此公告的适用情形	66
	8	扬农化工：如何设计扬农化工的分步划转方案？	股权划转	企业所得税	扬农化工拟将公司及子公司的股权架构从五层压缩至两层，就该股权划转，《中国税务报》组织专家分别就一般性税务处理及特殊性税务处理，设计了划转方案。本部分介绍了该案例的具体情况	73
	9	上市公司零元收购少数股东股权后，无偿划转资产	资产划转	增值税、土地增值税、契税、印花税、企业所得税	大股东先通过零对价收购小股东的股权，使得划转双方成为 100% 的母子公司关系，满足了特殊性税务处理的股权架构要求，再向子公司划转资产，是一个相对比较成功的税收筹划案例。本部分通过分析该税收筹划方案，说明资产划转中涉及各个税种的税务处理	87
	10	从一起案例看划转税收政策在上市公司并购重组中的运用	资产划转	增值税、土地增值税、契税、印花税、企业所得税	本部分以某拟上市公司的资产划转为例，分析了其各个税种的税务处理合规性，总结归纳了上市公司在运用划转税收政策时存在的主要问题，并提出了几点建议	99

续表

分类	序号	案例标题	主要交易事项	涉及税种	案例简述	页码
并购重组篇	11	股权转让的特殊性税务处理案例	股权转让	企业所得税、增值税	当选择特殊性税务处理时，转让方在股权转让环节应该缴纳的企业所得税可以暂不缴纳，而是递延到收购方处置股权时缴纳。本部分从转让方的角度，对其股权转让环节及以后减持股票环节的会计处理、税务处理、纳税申报及注意事项作出分析	108
	12	案例解析股权转让的一般性税务处理与特殊性税务处理	股权转让	企业所得税	特殊性税务处理并不是税收优惠，而是一种递延纳税。本部分通过上市公司在发行股份收购股权案例中，转让方 A 公司的税务处理，来分析说明一般性税务处理及特殊性税务处理对 A 公司的影响，并总结了本案纳税义务发生时间及送转股的税务处理	119
	13	上市公司以股权转让名义转让土地使用权被征收土地增值税案例	股权转让	土地增值税	以转让股权名义转让房地产是否征收土地增值税的问题，在实践中一直存有争议，本部分介绍了上市公司恒立实业转让股权被视为转让土地使用权而被征收土地增值税案例，并收录了国家税务总局的三个批复、两个地区的执行口径、两起引起上市公司监管层关注的案例以及三个司法判例中的法院态度	127
	14	跨境重组的特殊性税务处理案例	跨境重组	企业所得税	我国税法对于跨境重组适用特殊性税务处理有着严格的限制，目前仅限于股权收购和资产收购。本部分介绍了发行人收购香港某公司持有居民企业股权时的特殊性税务处理	143
	15	港股上市公司先收购一个亏损企业，再吸收合并盈利企业	吸收合并	企业所得税	港股上市公司先收购一个有巨额亏损的企业，再由该亏损企业吸收合并上市公司控股的另一个盈利企业，并适用特殊性税务处理，从而达到避税的目的。本部分通过该避税案例，讨论了企业吸收合并中的亏损弥补问题	148
	16	吸收合并中各个税种的税务处理及办理程序	吸收合并	增值税、土地增值税、契税、印花税、企业所得税	本部分分析了吸收合并中各个税种重组政策适用的准确性，尤其是对于个人所得税的处理各地存在不同理解，提出了自己的观点，并对各个税种的办理程序作出说明	156

续表

分类	序号	案例标题	主要交易事项	涉及税种	案例简述	页码
并购重组篇	17	以分立形式剥离土地，后转让新设公司股权	企业分立	增值税、土地增值税、契税、印花税、企业所得税	在本次分立中，增值税适用了不征税政策，土地增值税适用了暂不征税政策，其认为分立不属于契税的征税范围，企业所得税没有适用特殊性税务处理。该公司的上述税务处理存在一定的风险，本部分详细介绍了该案的税务处理，并分析了其中的税务风险	168
	18	拟上市公司的分立适用了特殊性税务处理	企业分立	增值税、土地增值税、契税、企业所得税	本部分介绍了新华扬在招股说明书披露的详细分立过程，并对本次分立中各个税种及个人股东、合伙企业股东的税务处理做了简要分析	181
	19	上市公司控股股东分立，股票过户需要缴纳增值税吗？	企业分立	增值税	目前政策对不征收增值税的范围仅列举了货物、不动产及土地使用权，对其余部分是否也属于不征收增值税的范围并不明确。本部分以某公司控股股东分立为例，从政策原理及历史延续方面进行了分析	192
	20	上市公司的债务重组特殊性税务处理案例	债务重组	企业所得税	债务重组适用特殊性税务处理的公开案例并不多见。本部分介绍了某上市公司债务重组收益适用了特殊性税务处理的案例，并就债务重组特殊性税务处理的适用条件进行了讨论	198
	21	不同政策下各个税种的税务处理——以YKG资产重组为例	不同重组方式的选择	增值税、土地增值税、契税、印花税、企业所得税	本部分以DLG换股吸收合并YKG时，YKG的资产重组为例，分析说明纳税人同时符合多项税收政策时，不同并购重组税收政策下各个税种的处理问题	203
	22	被深交所关注的收购土地使用权税收筹划案例	多种重组方式组合	土地增值税	以转让股权的形式转让土地使用权是较为常见的税收筹划，其主要目的是规避相关法规及土地增值税。在本案例中，发行人以购买股权形式购买土地使用权，被深交所问询，本文分析了该案各个环节的税务处理	215
	23	铁物股份：拟借壳ST夏利上市中的税务问题	借壳上市	企业所得税、增值税为主	借壳上市在A股实践中比较常见，本部分介绍了铁物股份借壳ST夏利的交易过程，并讨论了分步交易规则及重大资产重组时配套融资形成的限售股增值税买入价问题	224

续表

分类	序号	案例标题	主要交易事项	涉及税种	案例简述	页码
并购重组篇	24	以不公允增资及利用税收洼地进行的避税案例	多种重组方式组合	企业所得税、个人所得税	拟上市公司在进行首次公开发行股票上市或上市公司在进行重大资产重组时，按规定须对有关事项进行详细披露，其中会涉及一些税务问题的披露。从披露的情况看，一些公司存在利用税收征管漏洞或滥用税收筹划进行恶意避税的问题。本部分介绍了某上市公司披露的交易对手税收筹划案例	236
投资收回及其他	25	上市公司对赌协议税务案例	对赌协议	企业所得税、个人所得税	关于对赌协议的税务处理，目前在国家层面一直没有规范，实务中执行口径较多。本部分介绍了某上市公司由于对赌协议而产生的欠缴税款案例，并对对赌协议及其中的税务问题进行了简要分析	245
	26	股权代持中的税收问题及典型案例介绍	股权代持	个人所得税	在注册制大背景下，拟上市公司在首发上市资料中披露的代持股还原案例较多，本部分介绍了几起代持股还原时的典型税务处理案例，简要分析了其中的税收问题及部分税务机关的态度	261
	27	利用定向分红进行避税案例	定向分红	个人所得税	税务机关是否可以对定向分红避税行为进行纳税调整？如果可以，该如何进行调整？本部分以常州某股份有限公司的定向分红避税案为例，分析当前的税收规定及税务机关的反避税措施	273
	28	上市公司股东减持股票的增值税处理案例	股票减持	增值税	单位转让上市公司股票需要计算缴纳增值税，关键在于要准确计算金融商品转让的买入价，其计算比较复杂。本部分以上市公司股东减持股票为例，分析其增值税买入价的确定及增值税税款的计算过程，并介绍了几个限售股减持补税案例	281
	29	上市公司公告中的股息红利税收政策	分红派息	个人所得税	上市公司在发布权益分派方案时，通常会对应该扣缴的所得税情况进行详细说明，本部分以某上市公司的权益分派方案为例，学习股息红利所得税政策	292

续表

分类	序号	案例标题	主要交易事项	涉及税种	案例简述	页码
投资收回及其他	30	单位清算时将持有的股票分配给股东，应如何进行税务处理	解散清算	印花税、增值税、企业所得税、个人所得税	股东因清算注销，将持有的上市公司股票分配给其投资者时，应该如何进行税务处理呢？本部分以甲上市公司的股东A公司解散清算为例，分析说明其税务处理，并分析了直接持股及间接持股的税收待遇	299

反侵权盗版声明

中国财政经济出版社依法对本作品享有专有出版权。任何未经权利人书面许可，复制、销售或通过信息网络传播本作品的行为，歪曲、篡改、剽窃本作品的行为，均违反《中华人民共和国著作权法》，其行为人应承担相应的民事责任和行政责任，构成犯罪的，将被依法追究刑事责任。

为了维护市场秩序，保护权利人的合法权益，我社将依法查处和打击侵权盗版的单位和个人。欢迎社会各界人士积极举报侵权盗版行为，本社将奖励举报有功人员，并保证举报人的信息不被泄露。

举报电话：（010）88190744

（010）88191661

QQ：2242791300

通信地址：北京市海淀区阜成路甲 28 号新知大厦

中国财政经济出版社总编室

邮　　编：100142